VERLAG
FRITZ
MOLDEN

PETER GLOTZ

# DER WEG DER SOZIALDEMOKRATIE

Der historische Auftrag des Reformismus

VERLAG FRITZ MOLDEN · WIEN-MÜNCHEN-ZÜRICH

2. Auflage

6.–7. Tausend



Schutzumschlag und Ausstattung: Hans Schaumberger, Wien
Lektor: Günter Treffer
Technischer Betreuer: Alfred Rankel
Satz und Druck: Astoria, Wien
Bindearbeit: Wr. Verlag
ISBN: 3-217-00601-1

# INHALT

# II. Erkenntnis und Politik



# III. Reformismus und demokratischer Sozialismus

## IV. Über die Technik von Machterwerb und Machterhalt



## V. Die Programmdiskussion der SPD: Von Godesberg nach Hannover

## VI. Die Zukunft der SPD als Organisation

*Der einzelne lebt kurz, vollendete Verwandlung erblickt er selten, eher wird er zuletzt noch Zeuge eines Rückfalls der Nation in längst widerlegte Zustände.*

Heinrich Mann

# Vorwort

## 1

Diese Welt wird von großen Drohungen geängstigt. Ich weiß, daß fast jede Generation sich einbildet, kurz vor der Apokalypse zu stehen; man soll sich nicht zu wichtig nehmen. Aber es gelingt mir nicht, mit einem sarkastischen Aperçu die Gespenster zu verscheuchen, die von Biedenkopf über Dahrendorf bis Steffen jeder gesehen hat: Naturzerstörung, Rohstoffkrise, die Gefahr der nuklearen Selbstzerstörung, Überbevölkerung und Welthungerkatastrophe. Dazu kommt die Legitimationskrise der Politik in den westlichen wie in den östlichen Industriestaaten. Werden wir diese Herausforderungen bewältigen?

Selbstverständlich weiß ich das nicht. Selbstverständlich fehlt mir die Kraft zu jeder Variation von Fortschrittsglauben. Ich fürchte, daß wir, die Politiker, unsere Gesellschaften grausamen Anpassungsprozessen ausliefern, wenn wir so weitermachen wie bisher. Aber wahrscheinlich ist dies schon eine romantische Bemerkung. Wir werden so weitermachen müssen wie bisher, weil uns die Mechanismen der Loyalitätsbeschaffung etwas anderes nicht ermöglichen. Immerhin gibt es die Hoffnung, daß sich der Abstand zwischen dem Notwendigen und dem Durchsetzbaren verringern läßt.

Dieses Buch ist der Versuch, die Antwort der Sozialdemokratie auf diese Herausforderungen zu analysieren. Es beschreibt den sozialdemokratischen „Weg“; ich hoffe, daß die westeuropäischen Staaten ihn einschlagen werden — und nicht den konservativen.

Ich gehöre nicht zu denen, die den politischen Gegner für blind oder schlecht halten. Nichts vergiftet das so dringend notwendige Klima konstruktiver Problemlösung in der Bundesrepublik mehr als die bodenlose Attitüde der Selbtsgewißheit, mit der mancher Progressive die CDU zur Agentur des Großkapitals und mancher Konservative die SPD zum Steigbügelhalter des Kommunismus stempelt. Diese Art von Diskussion zerstört jeden intellektuellen Anstand. Aber ich räume ein, daß ich der Auffassung bin, daß die deutschen Konservativen die Herausforderungen unserer politischen Situation nicht bewältigen können, weil sie zu eng mit politischen Gruppierungen verflochten sind, die vom Status quo profitieren. Ich kann mir nicht vorstellen, daß das konservative Lager in der Bundesrepublik konsequenten Umweltschutz, eine Umsteuerung des Wachstums, kontrollierte Abrüstung und wirksame Entwicklungshilfe durchsetzen könnte. Läuft die breite Unterströmung der öffentlichen Meinung, von der sich die Konservativen bisher tragen ließen, nicht gegen all diese Ziele?

Der sozialdemokratische Weg führt aber auch in eine ganz andere Richtung als der kommunistische. Auch dies versuche ich in den folgenden sechs Kapiteln erneut verständlich zu machen.

Ich bin Sozialdemokrat. Meine Hoffnung richtet sich darauf, daß diese Partei ihre Wachstumsprobleme — in die sie seit dem Godesberger Programm, seit dem Entschluß, breite Volkspartei zu werden, geraten ist — bewältigt. Daß ihr die Integration der unterschiedlichen sozialen Schichten von der Mitte bis nach links, quer durch die gesellschaftliche Hierarchie, gelingt. Daß sie eine soziale Koalition zustande bringt, die die notwendigen Veränderungen durchsetzen kann. Aber Hoffnung ist nicht Sicherheit.

## 2

Kurt Biedenkopf hat kürzlich behauptet: „Der SPD fehlt als Partei der prinzipielle Konsensus. Was sie zusammenhält, ist der Wille zur Regierungsmacht und die Einsicht, daß beide Seiten für die Durchsetzung ihrer eigenen Interessen aufeinander angewiesen sind. Die sozialistischen Pragmatiker können die SPD nur mit Hilfe der Marxisten in der Regierungsverantwortung halten. Die Marxisten sehen in der SPD das

Instrument zur Durchsetzung ihrer ideologischen Position und können schon aus diesem Grunde auf den Zugang zur Partei nicht verzichten."

Ich halte diese Analyse für falsch. Zwar kann es keinen Zweifel darüber geben, daß die SPD heute — wie seit hundert Jahren — in (mindestens) zwei Flügel zerfällt. Aber meine These ist gerade, daß in der gegebenen politischen Situation programmatisch und politisch-psychologisch die Chance einer gemeinsamen Politik der beiden Grundströmungen innerhalb der Sozialdemokratie gegeben ist. Ich behaupte, daß der soziallibeal-rationalistische und der reform-sozialistische Flügel in den nächsten beiden Jahrzehnten genügend Stoff für eine gemeinsame Politik haben, wenn die einen die prinzipienlosen Praktizisten und die anderen die sozialistischen Schwärmer disziplinieren. Dieses Buch ist ein Versuch, diese These zu belegen.

## 3

Das Zauberwort der vergangenen Monate hieß „Tendenzwende". Den Sozialdemokraten war es gelungen, mit Begriffen wie „Lebensqualität", „Reformen", „Compassion" das Bewußtsein der Menschen mit Hilfe von Sprache zu beeinflussen. Jetzt ist den Konservativen mit diesem Wort eine eindrückliche Formel geglückt. Sie signalisiert allerdings — noch — keine Wende zur konservativen *Partei.*

Aber ein Stimmungswandel im Land ist unverkennbar. Er hat verschiedene Gründe. Einmal gibt es eine Pendelbewegung im menschlichen Bewußtsein; jeder Ausschlag zum Experiment, zum Wagnis, birgt einen früher oder später kommenden Rückschlag zur Tradition in sich. Vor allem verlaufen sich diejenigen Anhänger eines geplanten sozialen Wandels, die die Opfer nicht mit einkalkuliert hatten. Die modische Zustimmung zur Reform, zur Gleichheit der Chancen, zur gesellschaftlichen Dynamik weicht der modischen Zustimmung zu Tradition, Hierarchie und Kontinuität. Das ist nicht ganz so einfach wie der Wechsel von kurzen zu langen Röcken, aber es hat damit zu tun. Die Industriellengattinnen, die evangelischen und katholischen Akademien und die Kulturredaktionen werden künftig Helmut Schelsky häufiger einladen als Daniel Cohn-Bendit. Das spricht nicht gegen Schelsky.

Aber es gibt auch tiefer liegende Gründe. Einer ist sicherlich die katastrophale Überschätzung der Möglichkeiten der Politik in den letzten sechs bis acht Jahren gewesen. An dieser Fehleinschätzung waren auch wir Sozialdemokraten nicht schuldlos. Millionen von Menschen — am wenigsten übrigens die Unterschichten — hatten die echte Hoffnung, daß die Misere ihrer ganz privaten Existenz durch die (sozialliberale) Politik rasch verändert werden könnte. Die junge Mutter, die unter dem Rollenkonflikt zwischen Beruf und Mutterschaft leidet; der Aufsteiger, der die Belastung der Arbeitsteilung aufsprengen möchte; das junge Ehepaar, das mit seiner Zweierbeziehung nicht fertig wird: sie alle hatten der Politik Lösungen zugetraut, die sich schnell und durchschlagend auf ihr eigenes privates Leben auswirken. Sie spüren jetzt, daß sie Illusionen nachgejagt sind. Die Reform des Ehe- und Familienrechts, die Bildungsexpansion, die Umgestaltung unserer Städte sind langfristige Prozesse; die Zerstörung so vieler Hoffnungen auf die rasche Verminderung des Unglücks durch die Politik wirft die Menschen aufs Private zurück; in den Filmen von Jean Eustache und Ingmar Bergman ist dies ebenso gespiegelt wie in den Texten von Peter Handke oder Peter Schneider.

Im übrigen muß man sich klarmachen, daß Reformen nicht etwa Zufriedenheit erzeugen, sondern oft genug Unzufriedenheit. Wenn man Menschen ermutigt, ihr Recht zu verlangen, werden sie mit dem Stückchen Recht, das man ihnen verschaffen kann, oft nicht zufrieden sein. Reformen — Konservative wissen das — erzeugen einen unstillbaren Drang nach weiteren Reformen. Das meint die Formel von der „Revolution der steigenden Erwartungen". Dieses Risiko muß man eingehen, wenn man Reformen für notwendig hält.

Deswegen darf die „Tendenzwende" für die Sozialdemokraten kein Anlaß sein, abzuschwören. Auch dies möchte ich in diesem Buch verständlich machen. Ich bin der letzte, der bestreiten würde, daß wir alle miteinander in den letzten Jahren zuweilen allzu hymnische Töne angeschlagen haben. Aber es wäre ein großer Irrtum zu glauben, daß man solche Fehler heute durch zynisches Reden oder durch Tribute an das „gesunde Volksempfinden" ausgleichen könnte. Man macht sich nicht wählbar, indem man die Ideale, die man gestern mit großem Schwung verkündet hat, heute ironisiert. Die deutsche Sozialdemokratie, die beispielsweise seit Jahren die Demokratisierung der Gesellschaft als entscheidendes gesellschaftspolitisches Prinzip vertreten hat, würde unglaubwürdig werden, wenn sie dieses Prinzip heute preisgäbe. Programmatischer Defätismus in der Krise würde dem politischen Gegner intellektuell den Boden bereiten.

Es gibt für die Sozialdemokratie manchen Anlaß zur Selbstprüfung; es gibt aber keinen Anlaß zur Mutlosigkeit. Im Bewußtsein der Menschen, in ihrer Art zusammenzuleben, in ihrer Art, auf Befehle zu reagieren, in ihrem Verhältnis zur Tradition haben in den vergangenen fünf Jahren nicht umkehrbare Prozesse stattgefunden. Während die oberflächlichen Propagandisten des konservativen Lagers behaupten, es habe sich nichts geändert, wissen die nachdenklichen Konservativen, daß Millionen von Frauen, von Jugendlichen, von Untergebenen ein neues Selbstbewußtsein entwickelt haben. Man kann diesen Prozeß verschieden beurteilen; aber man wird ihn nicht mehr lange leugnen können. Die Reformer haben keinen Grund, den Mut zu verlieren, solange sie nicht die Nerven verlieren.

## 4

Ich möchte in diesem Buch den — von rechts und links — als Schimpfwort benutzten Begriff „Reformismus" positiv umwerten. Die Sozialdemokratie muß sich dazu bekennen, daß sie von ihren Anfängen bis heute eine reformistische Partei war, auch wenn sie nicht immer ein reformistisches Programm hatte. Sie muß die geistige Tradition des Reformismus lebendig werden lassen; sie muß weitertragen, was Männer wie Eduard Bernstein und Paul Sering (um die Autoren der beiden bedeutendsten Arbeiten des Reformismus zu nennen) formuliert haben: die angesammelte Erfahrung der deutschen Arbeiterbewegung (soweit sie sich nicht für den Kommunismus entschieden hat). Eine solche Rückbesinnung verlangt eine Abgrenzung von einigen Theoriestücken der sozialistischen Tradition. Die Diktatur des Proletariats, der demokratische Zentralismus, der „wissenschaftliche Sozialismus", aber auch die ökonomistische Verengung des Sozialismus auf Sozialisierung oder eine existentialistische Mythologie der Befreiung durch den Akt der Revolution — das alles sind Elemente sozialistischer Theorie, mit denen sich eine reformistische Sozialdemokratie kritisch auseinandersetzen muß. Und zwar nicht nur auf akademischer Ebene; die Sozialdemokratie muß vielmehr deutlich machen, daß ihr politisches Spektrum zwar breit, aber nicht unbegrenzt ist — nach links und nach rechts. Kurt Schumacher hatte recht, als er sowohl den Marxismus als auch die Bergpredigt als Motive für sozialdemokratisches Engagement gelten lassen wollte — aber nicht jede Spielart von Marxismus und nicht jede Spielart von Christentum, müßte man hinzufügen.

Wer eine Rekonstruktion des Reformismus versucht, muß die Pluralität der Begründungen für „vorletzte" politische Ziele betonen. Die SPD ist keine Weltanschauungsgemeinschaft, sondern eine politische Partei. Was sie in den nächsten Jahrzehnten verwirklichen will, kann von einem demokratischen Marxismus her begründet werden; aber ebenso aus einer skeptizistischen, rationalistischen Grundhaltung. Die Beschränkung auf eine einzige Variante der Begründung wäre die Beschränkung auf einen einzigen Sektor der möglichen Anhängerschaft. Die Sozialdemokratie darf beispielsweise nicht dulden, daß die geistigen Instrumente des kritischen Rationalismus heute von hochschulpolitisch verschreckten Professoren zur FDP oder CDU getragen werden; langsam beginnt sie das zu begreifen. Die geistige Spannung zwischen Kant und Hegel muß *innerhalb* der programmatischen Diskussion der Sozialdemokratie erhalten bleiben. Intellektuelle Einspurigkeit führt in der Politik zur Zertrümmerung der eigenen Basis.

Im übrigen möchte ich etwas dazu beitragen, den unhistorischen Irrglauben zu zerstören, die Sozialdemokratie müsse die „Gültigkeit des Fortschritts als politisches Programm" (Biedenkopf) vertreten. Wenn irgendwo, dann wird die Hoffnung auf eine bessere Welt in der Sozialdemokratie weitergetragen werden. Sicher ist in dieser Partei auch Platz für Progressisten, für die Vertreter von Geschichtszielen. Aber der Kampf für den Fortschritt muß sich nicht mit Illusionen über die Natur des Menschen und die Möglichkeiten der Politik verbinden. Ich bin kein Marxist. Aber ich rate den Fortschrittsgläubigen — oder denen, die der Sozialdemokratie pauschal Fortschrittsgläubigkeit unterstellen — die Lektüre des Marxisten Jochen Steffen. Sie würden dann sehen, daß sich leidenschaftlicher Kampf für den Fortschritt gut vereinbaren läßt mit abgrundtiefem Pessimismus. Der Glaube an „historische Notwendigkeiten" ist ein verblaßtes Heiligenbild des Sozialismus.

In der Bundesrepublik hat man in den letzten Jahren gelernt, daß die „neue Linke“ einen falschen Politisierungsbegriff in die Gesellschaft der Bundesrepublik getragen hatte; der Anspruch auf permanente politische Beteiligung führt dazu, daß die Entscheidungen im Sinne der winzigen aktiven Minderheit fallen, die diesen Anspruch befriedigen kann. Die Politisierungskampagnen der neuen Linken haben sicher das Ergebnis gehabt, daß die „Repräsentanten“ nicht mehr so unkontrolliert schalten und walten können wie vorher; und das ist gut. Aber gegenüber der zuweilen etwas irrationalen Hochschätzung des Amateurs in der Politik muß wieder zur Geltung kommen, daß Politik auch Handwerk ist. Wer in diesem Geschäft pfuscht, wer unpräzise ist, erzeugt Ungerechtigkeit und Leid — und zwar ohne alle Umwege.

Deswegen müssen wir die Begeisterung für das Gutgemeinte dämpfen und dem Gutgemachten Achtung verschaffen. Bei einem Politiker zählt nicht, was er will, sondern was er zustande bringt. Das Idealbild einer demokratischen Gesellschaft kann nicht darin bestehen, daß eine kleine Elite ausgefuchster Profis einer Masse von unbeteiligten, desinteressierten Bürgern gegenübersteht. Aber die Politik als permanente Volksbewegung ist schlechte Utopie. Wir müssen das Versacken in privatistische Resignation ebenso bekämpfen wie die Begeisterung für idealistischen Dilettantismus. Wir müssen — und gerade bei der jungen Generation — den Boden bereiten für reformistische „Tugenden“: für Fähigkeit zur Prognose, Mißtrauen gegen Prophetie, Präzision im Detail, Begabung zum systematischen Experiment, Geduld, Toleranz — und Sensibilität gegenüber menschlichem Leid.

Das Kardinalproblem des Reformismus hat am gültigsten Bert Brecht formuliert; in seinem Gedicht über die „Nachtlager“ wägt er die Chance zu unmittelbarer Humanität gegen die Gefährdung struktureller Ohnmacht:

Ich höre, daß in New York
An der Ecke der 26. Straße und des Broadway
Während der Wintermonate jeden Abend ein Mann steht
Und den Obdachlosen, die sich ansammeln
Durch Bitten an Vorübergehende ein Nachtlager verschafft.

Die Welt wird dadurch nicht anders

Die Beziehungen zwischen den Menschen bessern sich nicht
Das Zeitalter der Ausbeutung wird dadurch nicht verkürzt.
Aber einige Männer haben ein Nachtlager
Der Wind wird von ihnen eine Nacht lang abgehalten
Der ihnen zugedachte Schnee fällt auf die Straße.

Leg das Buch nicht nieder, der Du das liesest, Mensch.

Einige Menschen haben ein Nachtlager
Der Wind wird von ihnen eine Nacht lang abgehalten
Der ihnen zugedachte Schnee fällt auf die Straße.
Aber die Welt wird dadurch nicht anders
Die Beziehungen zwischen den Menschen bessern sich dadurch nicht
Das Zeitalter der Ausbeutung wird dadurch nicht verkürzt.

## 5

Das Buch hat sechs Abschnitte. Ich gebe eine kleine Gebrauchsanweisung für eilige Leser.

Wer vor allem an aktuellen Problemen interessiert ist, sollte lediglich Kapitel VI lesen: Es beschäftig sich mit Zustand und Zukunft der SPD. Kapitel V ist eine Darstellung der Programmdiskussion innerhalb der SPD von 1959, dem Godesberger Parteitag, bis heute. Hier wird bewußt ausführlich aus Parteitagsprotokollen zitiert, die nachzulesen nur wenige sich die Mühe machen. Dieses Kapitel eignet sich zum Beispiel als Lektüre für Leute, die sich ein Urteil über die intellektuellen Ziele der Partei bilden — und ihr vielleicht sogar beitreten — wollen. Die Kapitel I bis IV dagegen richten sich an engagierte Sozialdemokraten, aber auch an engagierte Gegner des demokratischen Sozialismus — rechts und links. Ich bemühe mich dort um eine Auseinandersetzung mit den theoretischen (Kapitel I bis III) und strategischen (Kapitel IV) Alternativen zum Reformismus auf der Linken; also mit dem „wissenschaftlichen Sozialismus“, der „neuen Linken“ und der „Strategie der Arbeiterbewegung im Neokapitalismus“, wie André Gorz das genannt hat. Diese Kapitel stehen lediglich aus systematischen Gründen am Anfang; didaktisch gehörten sie an den Schluß. Wer Diskussionen solcher Art nicht gewöhnt ist, sollte sie erst einmal überblättern; für Außenstehende sind unsere „theoretischen“ Auseinandersetzungen etwas mühsam. Sie sind trotzdem notwendig.

Das Buch ist innerhalb von drei Jahren, 1972 bis 1975, neben der täglichen Arbeit geschrieben worden; in Urlaubswochen und Nachtstunden. Es ist deshalb stilistisch nicht so „aus einem Guß“, wie ich es mir wünschen würde. Teile, vornehmlich des IV. und VI. Kapitels, sind bereits in Zeitschriften vorveröffentlicht worden, insbesondere in der Beilage zur Wochenzeitung „Das Parlament“ und der „Berliner Stimme“.

Ich widme dieses Buch meinem Lehrer Waldemar von Knoeringen (1906—1971).

Bonn, 10. Mai 1975 *Peter Glotz*

KAPITEL I

# Reform in einer kapitalistischen Demokratie

## 1. THEORETISCHE ÜBERLEGUNGEN EINES PRAKTIKERS

Als 1973 in einer Debatte des Bundestages der CDU-Abgeordnete von Weizsäcker gesellschaftspolitische Grundsatzfragen anschnitt und auf diese Weise der Auseinandersetzung eine theoretische Wendung gab, entstand bei den Sozialdemokraten die Frage, wer auf diese Rede antworten sollte. Ein alter Fuhrmann der Fraktion kleidete diese Frage in die Worte: Na, wer ist denn nun bei uns fürs Feuilleton zuständig?

Die Kritik, die in dieser Frage steckt, ist gar nicht unberechtigt. Es gab und gibt in der Politik, besonders in sozialistischen Parteien, scholastische Diskussionen, die die tägliche Auseinandersetzung um die jeweils nächste Reform behindern, weil im endlosen Streit um die Ziele von übermorgen die Schwierigkeiten von heute verdrängt werden. Und es gibt Funktionäre, denen man zwar gegenüber den Ungerechtigkeiten unserer Gesellschaftsordnung Sensibilität und ehrliche Empörung bescheinigen muß, die aber bei der Beseitigung oder Verringerung dieser Ungerechtigkeiten versagen. Solche Leute taugen nicht für die Politik.

Mein Beruf ist Politik; ich bin Funktionär, Abgeordneter. Wieso beschäftige ich mich also mit so preziösen Themen wie zum Beispiel (in Kapitel II dieses Buches) „Toleranz und Verblendung"? Will ich „fürs Feuilleton" zuständig werden? Will ich den Sozialphilosophen ins Handwerk pfuschen?

Keineswegs. Aber heute ist „Theorie" in der europäischen Sozialdemokratie ein scharfes Instrument im politischen

Machtkampf. Die Motivationskrise, die die kapitalistischen Demokratien Westeuropas erschüttert, hat ihren Grund in einer „systematischen Verknappung der Ressource ‚Sinn' ".[1] Aber die Philosophen und Journalisten, die Sozialwissenschaftler und die gebildeten Technokraten in den Verwaltungen können die komplizierten Güterabwägungen der Politik nicht für die Politiker vornehmen. Sie präsentieren die Probleme und formulieren die Argumente; ihre Verknüpfung in politischer Absicht — ich meine damit nicht: in manipulativer Absicht, sondern: in der Absicht, die Entscheidungen, die man trifft, hinlänglich zu begründen — können sie uns nicht abnehmen.

Um das noch direkter zu sagen: Wenn ich mich hier mit Erkenntnis- und Staatstheorie herumschlage — was in Deutschland bei der dunklen Formulierungskraft aller Hegelianer für unsereinen kein besonderes Vergnügen ist —, dann tue ich das in durchaus politischer Absicht.

Ich will mich nicht überheben und die Philosophie der Identität, die Dialektik oder das Prinzip der Erkennbarkeit der Welt „widerlegen". Ich will nur — im Rahmen einer intensiven Diskussion der europäischen Linken — verständlich machen, warum die Sozialdemokraten (z. B.) *nicht* für eine Volksfront, *nicht* für eine zeitweilige Diktatur des Proletariats, *nicht* für eine Konfliktstrategie nach den Vorschlägen von André Gorz eintreten sollten. Um dies zu begründen, ist heute eine Auseinandersetzung mit „Toleranz und Verblendung" notwendig. Im übrigen hat Lenin recht, der im Nachwort zur ersten Auflage von „Staat und Revolution" schrieb: „Es ist angenehmer und nützlicher, die ‚Erfahrungen der Revolution' durchzumachen, als über sie zu schreiben." [2] Dasselbe gilt für reformistische Politik.

Warum ist für die Existenz und den Erfolg der Sozialdemokratie die theoretische Diskussion so wichtig?

Ich gehe bei der Beantwortung dieser Frage von der aktuellen politischen Situation in der Bundesrepublik aus. Sie läßt sich heute schlagwortartig folgendermaßen kennzeichnen:

Der Schwung der außerparlamentarischen Opposition ist weitgehend erlahmt; die „Veteranen" der Revolte von 1968 trifft man heute teils als clevere Technokraten, die „Projekte" verkaufen, teils als verbiesterte Assistenzprofessoren, teils als überzeugte DKP-Funktionäre, teils (glücklicherweise:

größtenteils) als vollständig reformistisch sozialisierte Sozialdemokraten. Der Rest: versprengte Minderheiten, die zwischen Aktionismus und Resignation schwanken; die „linke Szene", fast erdrückt von einem galoppierenden Realitätsverlust. Alexander Kluges Film „Gelegenheitsarbeit einer Sklavin" hat diesen Realitätsverlust plastisch dargestellt: Am Ende führt die weibliche Hauptfigur ihren Kampf gegen den Kapitalismus als Verkäuferin von heißen Würstchen, die in Agitationsmaterial gewickelt sind.

Nur sehr wenige Menschen können lang andauernde Mißerfolgserlebnisse ertragen, ohne den Kontakt zur Realität zu verlieren — oder sich anzupassen.

Parallel dazu (und durch Enttäuschungen mit der außerparlamentarischen Linken beschleunigt) entwickelt sich langsam, aber stetig ein Neokonservatismus, der auf bestimmte Teile der technischen Intelligenz, der Administration, sogar der „vermittelnden" Intelligenz (Journalisten, Künstlerschaft) seine Wirkung nicht verfehlt. Helmut Schelsky, Hans Maier, Wilhelm Hennis, von Kurt Biedenkopf in den Dienst genommen, können Rechtfertigungsgründe für eine Anpassung an die heute gegebene Herrschaftsstruktur unserer Gesellschaft liefern, die bei solchen Gruppen nicht unwirksam sind. Jene, die der SPD 1969 aus Opportunismus zuliefen, sind schon wieder weg; die Unpolitisch-Gutwilligen, die der „hohe Ton" der Regierungserklärung von 1969 fasziniert hat — wir haben die gleichen Mittel benützt und die gleichen Fehler gemacht wie 1960 die Regierung Kennedy — wechseln zur FDP. Und auch bei der ganz jungen Generation werden Re-Aktionen deutlich; in manchen Gymnasien in Bayern laufen ganze Oberklassen mit fliegenden Fahnen zur Schülerorganisation der CSU. Wenn die Sozialdemokratie diese Gefahr nicht konsequent erkennt, erhält der Konservatismus in der Bundesrepublik eine neue Chance, obwohl die konservative Theorie nahezu verfallen schien.

Die deutsche Sozialdemokratie befindet sich in dieser Situation in einem Zwiespalt. Die Öffnung der SPD (die nie eine reine Arbeiterpartei war) zur Volkspartei schon in der Weimarer Republik, konsequent dann aber nach 1945, festgeschrieben im Godesberger Programm von 1959, hat den Klassenkonflikt in die Partei selbst verlegt. Einerseits hat diese Entscheidung — *für* die Volkspartei — die SPD erst mehrheitsfähig gemacht; andererseits hat sie Schichten mit sehr unterschiedlichen wirtschaftlichen Interessen, kulturellen Idealen und Glückserwartungen aufeinanderprallen lassen. Dieser Prozeß wurde in den späten sechziger Jahren verschärft durch den forcierten Zustrom junger Intellektueller, die aus den oberen Mittelschichten stammten und aus der Studentenbewegung zur SPD stießen. Die Konsequenz: Flügelkämpfe, von denen der politische Gegner profitiert.

Natürlich sind manche Sozialdemokraten — des linken wie des rechten Flügels — sehr konsterniert, wenn man ihre idealen Auseinandersetzungen um die „Überwindung des Systems" oder die „Erhaltung des Rechtsstaats" als Machtkämpfe interpretiert. Aber es sind Machtkämpfe, in denen die „Theorie" zum Instrument wird. Hinter den „theoretischen" Streitfällen verbergen sich uneingestandene Aggressionen, die nur sozialpsychologisch erklärbar sind — aus der (beiderseitigen) Angst vor der Bedrohung durch den gänzlich anderen. Der Haß manches Jungsozialisten gegen bestimmte Führungsfiguren der Partei kommt unter anderem aus einem in die Politik verlagerten Vater-Sohn-Konflikt. Und der Haß manches „bürgerlichen" Sozialdemokraten gegen Angehörige der antiautoritären Jugendbewegung wird aus der unbegriffenen Erfahrung gespeist, daß alle seine Qualitäten und Qualifikationen an diesen jungen Leuten wirkungslos abprallen.

Adolf Berle sagt mit Recht: „Auch die elementarste Organisation braucht eine zentrale Idee, aus der jene Loyalität erwächst, die dem Machthaber von seinen Untertanen entgegengebracht wird."[3] Genau um diese Loyalität — und damit auch: um jene zentrale Idee — wird in der Sozialdemokratie gerade gekämpft. Manche haben das im übrigen auch schon begriffen. So schrieb vor dem Juso-Bundeskongreß 1974 der Jungsozialist Utz Peter Reich eine bedenkenswerte Analyse nieder.

Dort heißt es über die Juso-Theorie-Debatten: „Die derzeit auf Bundesebene geführte Theorie-Debatte ist in Wirklichkeit ein Kampf um die Macht auf dieser Ebene." Die auf diese These folgende Schilderung erscheint vollständig zutreffend — im übrigen nicht nur für die Diskussion bei den Jungsozialisten:

„Dort (bei einer Bundesausschußsitzung der Jungsozialisten) zeigte sich die Behauptung, die Jusos hätten auch in der Machtstruktur der Bundesrepublik ihren Platz gefunden, gleichsam von der subjektiven Seite. Kein

Zweifel, die Jusos haben inzwischen ein Reservoir an Politikern herangebildet, welche denjenigen in anderen Organisationen nicht nachstehen. Das Redetalent, die Fähigkeit, mit Ausdruck und Gebärde Wörter hervorzubringen, die Neigung, lieber einen zweiten Satz anzufangen, als den ersten zu vollenden, und schließlich die Unempfindlichkeit gegenüber der Erkenntnis, daß man den Faden verloren hat, das alles sind Merkmale politischer Routine, auf die die Jungsozialisten stolz sein können. Und in der Ausdrucksweise des politischen Routiniers wurde Theorie diskutiert, in einer Weise also, die Wörter nach ihrem emotionalen, nicht nach ihrem begrifflichen Inhalt abtastet und in der zwischen sachlichem und persönlichem Vorwurf nicht unterschieden wird. Wohl keiner der Teilnehmer war der Ansicht, daß in dieser Debatte die Richtigkeit einer Theorie geprüft wurde. Was zur Debatte stand, war vielmehr ihre Parteischädlichkeit.“ [4]

Ich zitiere dies nicht zur Diffamierung der Theoriediskussion bei den Jungsozialisten; schon gar nicht zur Diffamierung der Theoriediskussion insgesamt. Ich will nur sagen: Man muß sich klar sein, daß derartige Theoriediskussionen in einer politischen Bewegung einen machtpolitischen Stellenwert haben. Dies ist übrigens nichts Neues; bei der Auseinandersetzung mit den „Jungen“ in der SPD der neunziger Jahre des 19. Jahrhunderts oder in der Debatte über den Revisionismus war es ganz genauso. Diese schlichte Erkenntnis enthebt einen auch gar nicht der Notwendigkeit, sich mit den theoretischen Fragen so ernsthaft als möglich auseinanderzusetzen — und sich selbst zu bemühen, nicht allzu früh vom „wertorientierten kommunikativen Handeln“ zum „interessengeleiteten strategischen Handeln“ überzugehen.[5] Aber vielleicht könnten solche Überlegungen den einen oder anderen veranlassen, über der innerparteilichen Machtauseinandersetzung nicht zu vergessen, daß es auch noch eine Auseinandersetzung mit „äußeren“ Gegnern zu bestehen gilt.

Denn der Versuch, diese Auseinandersetzung in der großen Öffentlichkeit und mit Hilfe der Massenmedien auszufechten, wird auf die Dauer die Machtchance *aller* beteiligten Sozialdemokraten gefährden. Die Hoffnung auf solche Einsicht ist vage; wenn es überhaupt eine Chance dafür gibt, dann durch den Versuch zu „wertorientiertem kommunikativem“ Handeln: Deshalb diese theoretische Debatte. Im übrigen möchte ich denen widersprechen, die meinen: Wir hätten die intellektuellen Kräfte aus der außerparlamentarischen Opposition gar nicht erst in die Partei lassen sollen, oder sollten sie wenigstens jetzt schleunigst wieder hinausbefördern. Ich glaube, daß die

Sozialdemokratie durch jahrelange Auseinandersetzungen mit diesen Gruppen der Gesellschaft und Demokratie der Bundesrepublik einen großen Dienst erweist; eben weil sie einen Großteil in den reformistischen Sozialismus integriert — und weil dadurch auch die Chance besteht, daß der sozialdemokratische Reformismus neue, kreative Dimensionen gewinnt.

Es geht meines Erachtens um folgendes: um die Herausforderung der Arbeitnehmerschaft und ihrer Organisationen, um die Herausforderung der miteinander koalierenden Unter- und Mittelschichten durch die akademisch ausgebildeten Söhne und Töchter der oberen und mittleren Schichten. Die wachsende Komplexität der Gesellschaft setzte Aggressivität frei: Das routinehafte Akzeptieren amtlicher Entscheidungen wurde von dieser jungen Generation immer heftiger abgelehnt. Und plötzlich wurden die Bedürfnisse, die sich früher in der bürgerlichen Kunst auslebten, auf die Politik, und da — nach einer gewissen Verzögerung — auf die Sozialdemokratie übertragen: „Das Bedürfnis nach solidarischem Zusammenleben außerhalb des kleinfamilialen Gruppenegoismus; die Sehnsucht nach dem Glück einer kommunikativen Erfahrung, die den Imperativen der Zweckrationalität enthoben ist und der Phantasie ebenso Spielraum läßt wie der Spontaneität des Verhaltens“.[6]

Die neue Linke trug erneut „Sinnfragen“ in eine Sozialdemokratie, die zu dieser Zeit noch verbissen und nahezu ausschließlich mit dem Wiederaufbau der materiellen Existenz dieser Gesellschaft beschäftigt war. Niemand kann ernsthaft der Ansicht sein, daß es besser gewesen wäre, diese Sinnfragen aus der Sozialdemokratie genauso herauszuhalten, wie dies die CDU/CSU (im Unterschied zu den Kirchen) nahezu vollständig geschafft hat. Die Sozialdemokratie hätte die Erstarrung riskiert.

Auch dies ist nichts Neues. Adolf Berle:

„Aus irgendeinem merkwürdigen Motiv heraus wollen die Menschen nicht nur wissen, daß sich ihr Erdendasein noch nicht dem Ende zuneige, sondern auch, *wie* sie leben sollen. Die Kreter, die — von den Klängen der Lyra des Apoll geführt und durch den Kult um diesen Gott erregt — an den Parnassus zogen, fragten ganz einfach: ‚Sag uns nun, wie wir leben sollen.‘ Sie verlangten mehr als nur eine Antwort auf die Frage, wie sie sich an den Gestaden des Mittelmeeres ihren Lebensunterhalt erwerben sollten. Im Laufe der Jahrhunderte haben die Menschen diese

Frage der Kreter immer wieder gestellt; und in unseren Tagen wird sie laut herausgeschrien." [7]

Ich glaube also, daß der Entschluß, diese „Sinnfragen" aufzugreifen und in der sozialdemokratischen Organisation auszutragen, riskant, aber richtig war. Sosehr die Konservativen — wie in der sogenannten „Verfassungsdebatte" des Bundestages — darüber wehklagen: Er hat die politische Kultur der Bundesrepublik vor einem frühen Kollaps bewahrt. Dies gilt allerdings nur für den Fall, daß die Sozialdemokratie darüber nicht auseinanderbricht.

Das Getöse, das die Auseinandersetzung mit der Neuen Linken in der Öffentlichkeit bis vor kurzem machte, hat die Handlungsfähigkeit der Partei eingeschränkt. In dieser großen Debatte muß die Sozialdemokratie zu verbindlichen Zwischenergebnissen kommen. Sie muß klären, welche Theorien und Strategien in der Sozialdemokratie möglich sein sollen und welche nicht.

Dieser Debatte kann und darf man auch nicht durch Berufung auf jenes berühmte Wort von Kurt Schumacher ausweichen, das besagt, es sei gleichgültig, ob jemand durch die Methoden marxistischer Wirtschaftsanalyse, ob er aus philosophischen oder ethischen Gründen oder ob er aus dem Geist der Bergpredigt Sozialdemokrat geworden sei. Diese Feststellung muß heute konkretisiert werden, weil sie manch einer als Eintrittsbillett in die Sozialdemokratie mißbraucht hat, der auf die Dauer in ihr keinen Platz finden kann. Selbstverständlich bleibt die marxistische Analyse ein wichtiges Fundament sozialdemokratischer Theorie; wer aber den Marxismus definiert wie Lenin — „ein Marxist ist nur, wer die Anerkennung des Klassenkampfs auf die Anerkennung der *Diktatur des Proletariats* erstreckt" [8] —, muß verstehen lernen, daß *sein* Marxismus in der Sozialdemokratie ohne Chance ist. Wir müssen die als Toleranz kostümierte sozial-philosophische Ignoranz der Partei durchbrechen, wenn diese Partei überleben will; die beiden Wurzeln dieser Ignoranz — der Feld-, Wald- und Wiesenpositivismus der späten fünfziger Jahre („darüber *kann* man nicht reden") und die bauernschlaue Aufsaugungstaktik (darüber *soll* man nicht reden, um Katholiken, Protestanten, Marxisten, Positivisten etc. in einer „Volkspartei" zu integrieren) müssen freigelegt und sorgfältig entfernt werden.

Um Mißverständnisse auszuschließen, füge ich noch hinzu: Eine solche theoretische Debatte darf nicht in der vordergründigen Absicht geführt werden, Richtlinien für Parteiausschlüsse zu erstellen. Ich bin beispielsweise der Meinung, daß eine bestimmte Variante der materialistischen Erkenntnistheorie zu politischen Konsequenzen führt, die mit den programmatischen Grundlagen der Sozialdemokratie unvereinbar sind. Man kann aber niemanden wegen seines erkenntnistheoretischen Standpunktes ausschließen — sondern nur, wenn er aufgrund dieses Standpunktes so handelt, daß er die Interessen der Partei, der er angehört, schwer schädigt.

Überhaupt halte ich, wenn es um „Unvereinbarkeiten" geht, mehr vom *Hinausdiskutieren* als vom Hinauswerfen. Es ist besser, wenn am Ende einer ernsthaft geführten, wertorientierten Diskussion (Habermas nennt dies einen „Diskurs") zwei Partner einsehen, daß ihre Grundpositionen für ein weiteres gemeinsames Handeln zu verschieden sind, als wenn ein Partner den anderen administrativ erledigt. Dies lehrt vor allem die Erfahrung mit derartigen Disputen in der Sozialdemokratischen Partei der fünfziger Jahre; beispielsweise die Erfahrung mit dem Ausschluß des SDS und des SDS-Fördererkreises um 1960. Hätte man damals schon, wie es Waldemar von Knoeringen vorschlug, hinausdiskutiert statt hinausgeworfen, so hätte man sich manche Debatte zu Ende der sechziger Jahre erspart; denn manche von denen, die man 1960 ausgeschlossen hatte oder die ausgetreten waren, waren später wieder zurückgekommmen; vor allem aber war ihr intellektueller Einfluß geblieben. (Administrative Maßnahmen bleiben natürlich notwendig und wirksam gegenüber „bewußten Unterwanderern"; die „Unterwanderung" ist aber sicherlich nicht das zentrale Problem der gegenwärtig in der SPD geführten Auseinandersetzung.) Das Problem, vor dem die Sozialdemokratie auch heute steht, ist die Vereinbarkeit von zwei Organisationszielen. Sie muß sich einerseits als Organ des repressionsfreien Diskurses erhalten, um neue Fragestellungen aufnehmen und politisch umsetzen zu können; sie muß aber andererseits auch eine handlungsfähige politische Kraft bleiben, der eine Mehrheit von Wählern das Regieren zutraut. Um dieses Problem zu bewältigen, muß man sich von Hysterie genauso fernhalten wie von Gleichgültigkeit.

## 2. ÜBER DEN ZWANG ZUR GÜTERABWÄGUNG IN DER POLITIK

Ich will die Analyse der grundlegenden Unterschiede zwischen dem demokratischen Sozialismus und anderen Spielarten sozialistischer Theorie mit zwei Überlegungen einleiten, die für alle weiteren Argumente von Bedeutung sind. Man kann nämlich die konkreten Entscheidungen einer politischen Bewegung, einer Partei oder auch eines einzelnen Politikers nicht gerecht beurteilen, wenn man nicht vorher akzepiert hat, daß sie das Ergebnis einer komplizierten Güterabwägung sind (oder doch sein sollten). Bei der Entscheidung ist es notwendig, zwischen Alternativen zu wählen, deren jede in den meisten Fällen erkennbare Fehler, Unvollkommenheiten, Schwächen aufweist. Der Politiker muß sich entscheiden — auch wenn keine der ihm gebotenen Alternativen ihm zusagt, ja sogar, wenn er keine dieser Alternativen für human, für menschlich vertretbar, für angemessen hält.

Diese erste, vorläufige Formulierung des Problems der Güterabwägung mag dem Leser als Binsenweisheit erscheinen. Bezeichnend für unsere Situation ist aber gerade, daß diese Binsenweisheit allzuoft mißachtet und übersehen wird. Es treiben sich heute in der Politik allzuviele Leute herum, die amateurhaft, rigoros und gesinnungsethisch vor sich hin urteilen, ohne diese „Binsenweisheit" zu beachten. Die Folge ist ein in den sozialdemokratischen Parteien Europas nahezu institutionalisierter Konflikt zwischen den Repräsentanten und den Repräsentierten. Allzuoft versucht man ihn dadurch zu lösen, daß man dem Repräsentanten, der handeln muß und sich so gegen die Gesinnung vergeht, Korruption unterstellt. Man verdächtigt seine Entscheidung für das Machbare, den Kompromiß als Spekulation auf den politischen und persönlichen Aufstieg. So kämpfen heutzutage in ganz Europa viele in Positionen aufgerückte „Linke" mit dem Vorwurf des „Verrats" der Ideale. Aber man wird überprüfen müssen, ob nicht die „Basis" den Handlungsspielraum ihrer Repräsentanten überschätzt hat, ob nicht also das „Versagen" der Repräsentanten weniger an ihrer „Korruptionsanfälligkeit" liegt als an einer Verdrängung jenes Zwangs zur „Güterabwägung", dem der Politiker unterworfen ist — einer Abwägung zwischen unvollkommenen, lückenhaften, meist schlechten Problemlösungen.

Die zweite Überlegung, die ich daran anschließen will, betrifft dann die sozusagen „typische“ sozialdemokratische Güterabwägung. Der praktischen Politik der reformistischen sozialdemokratischen Parteien — sei es nun in Schweden, in Österreich, in der Bundesrepublik oder sonstwo — liegen ja bestimmte Optionen zugrunde. Warum wagen sie nicht die totale Konfrontation mit dem jeweiligen Staatsapparat? Wieso zerstören sie nicht die Rahmenbedingungen der Kapitalverwertung? Diese Optionen müssen bewußtgemacht werden, wenn man herausfinden will, warum sich einer für den Weg des reformistischen, des antireformistischen oder des dogmatischen Sozialismus entscheidet.

Bleiben wir zuerst bei dem allgemeinen Problem, das ich das Problem der „Güterabwägung“ genannt habe. Ich behaupte: Im Unterschied zum Wissenschaftler, zum Journalisten, zum Kulturkritiker, zum Dichter muß der Politiker *in Alternativen denken;* und er wird sich darüber im klaren sein müssen, daß er oft zwischen miserablen Alternativen zu wählen gezwungen ist.

Dabei gestehe ich sofort zu, daß dieses Denken in Alternativen oft gerade bei den Etablierten, den Vorständen schwach ausgeprägt ist. Sozialdemokraten haben in den letzten hundert Jahren häufig allzu früh vor einer schlechten Wirklichkeit resigniert; allzu viele Alternativen wurden nie probiert, weil man sich scheute, die Machtfrage zu stellen. Die verhängnisvollen Kompromisse der Volksbeauftragten gegenüber der Obersten Heeresleitung und dem Offizierskorps 1918/19 sind nur *ein* Beispiel von vielen für diese Blindheit für Alternativen gerade bei der Führung, und keineswegs das neueste.[9]

Aber während der Fehler der Führung normalerweise darin besteht, daß sie die eigenen Alternativen mutlos fallen läßt, verfällt die „Basis“ allzuoft in eine radikale Kritik des Bestehenden, die nach Alternativen gar nicht fragt. Der Politiker muß eine schlechte Wirklichkeit aushalten können, solange er sie nicht durch eine bessere Alternative ersetzen kann.

Dies kann natürlich nicht heißen, daß man jede Äußerung, die einer tut, unter die Frage stellen kann, die Erich Kästner einst in seinem berühmten Gedicht. „Wo bleibt denn nun das Positive, Herr Kästner?“ ironisiert hat. Ich halte es beispielsweise für richtig, daß die — um ein aktuelles Beispiel herauszugreifen — sogenannte Kritische Theorie der Frankfurter Schule bei der neuen Linken Aktionismus und Resignation begünstigt hat, weil sie sowohl zielstrebiges Handeln für evolutionäre Veränderungen als auch den revolutionären Umsturz der bestehenden Ordnung für sinnlos erklärte.[10] Trotzdem war es keine intellektuell unerlaubte Haltung, wenn Theodor W. Adorno in seinem letzten Lebensjahr bekannte: „Ich bin ein theoretischer Mensch, der das theoretische Denken als außerordentlich nah an seinen künstlerischen Intentionen empfindet. Ich habe mich nicht erst neuerdings von der Praxis abgewandt, mein Denken stand seit jeher in einem sehr indirekten Verhältnis zur Praxis.“ [11]

Es wäre Unsinn, von jedem, der die Defekte einer Herrschaftsstruktur, die inhumanen Folgen eines Gesetzes, die problematischen Wirkungen einer bestimmten staatlichen Maßnahme analysiert, gleich „das Positive“, also die sozialtechnologisch durchformulierte Alternative, zu verlangen. Sicher wäre es begrüßenswert, wenn gerade in der intellektuellen Tradition der Deutschen „die produktive und konstruktive Phantasie des Erfinders“ stärker betont würde als „die von jeder Einschränkung freie Phantasie des Tagträumers und Illusionärs“.[12] Aber bei Intellektuellen aller Art darf dieses „Denken in Alternativen“ nicht verlangt werden — wir verderben uns sonst viel nützliche Kritik.

Anders beim Politiker. Er unterliegt der „necessity of choice“ — wie ein Buch von Henry Kissinger heißt. Kissinger hat recht: Jeder Staat hat nur wenige Optionen; die Vorstellung absoluter Flexibilität ist eine Illusion von Amateuren. „Es genügt nicht, einen Staatsmann nur an seinen Absichten zu messen, denn im Gegensatz zum Philosophen muß er seine Visionen in die Tat umsetzen!“ [13]

Der Politiker hat Kosten-Nutzen-Analysen der Gewalt und Kosten-Nutzen-Analysen der Güter anzustellen. Max Weber hat die *gesinnungsethische* Maxime — „Der Christ tut recht und stellt den Erfolg Gott anheim“ — von der *verantwortungsethischen* unterschieden: „daß man für die (voraussehbaren) Folgen seines Handelns aufzukommen hat!“ [14] Für die Politik gelten die Gesetze der Verantwortungsethik: „Wer Politik überhaupt und wer vollends Politik als Beruf betreiben will, hat sich jener ethischen Paradoxien und seiner Verantwortung für das, was aus *ihm selbst* unter ihrem Druck werden kann, bewußt zu sein.“ [15]

Ein gutes Beispiel für die „Güterabwägung“, die der Politiker vollziehen muß, ist die Frage, mit wem man Bündnisse schließt. Ich wähle als Beispiel eine seit über 60 Jahren aktuelle „Güterabwägung“: das Bündnis mit der Sowjetunion.

So schreibt Rossana Rossanda über Ernst Fischer, der sich 1968, beim Einmarsch der Warschauer-Pakt-Mächte in die ČSSR, von der österreichischen KP getrennt hat:

„Wie, so fragt man sich, hat dieser Mann über einen so langen Zeitraum hinweg einen historischen Prozeß miterleben und überleben können, und zwar ohne jede Distanzierung, der mit seinen eigenen Wertvorstellungen so vollkommen unvereinbar war, und in dem sich nichts von dem retten ließ, was für Fischer wesentlich war — seine kritische Toleranz und seine tiefverwurzelte Ablehnung des Manichäismus. Er hat sich damals damit zufriedengegeben, daß Leute wie Togliatti und Dimitroff, in denen er Männer sah, die sich ebensowenig blenden ließen wie er, ihm gesprächsweise sagten: Hier in Rußland hat die Sache gar nicht anders ausgehen können; ‚unser‘ Sozialismus wird ganz anders aussehen; aber wer soll für diese unsere Chance einstehen, wenn nicht die UdSSR! — So hat Fischer seine eigene Haltung jener Realpolitik eingeschrieben, die ihm wahrlich nicht auf den Leib geschnitten war. Er hat sich auf sie eingelassen einfach deshalb, weil er zwischen zwei Feuern stand: hinter ihm die Niederlage der Revolution in Europa, vor ihm Hitler!“ [16]

Das Beispiel ist lehrreich; und es ist keinesfalls nur von historischem Interesse. Rossana Rossanda schildert ihre persönliche Güterabwägung auch für den aktuellen Fall:

„Denn es ist zwar leicht einzusehen, daß man die UdSSR nicht mit der Weltrevolution identifizieren kann (das hat sich bereits in der Krise der Linken vor dem Zweiten Weltkrieg ausgedrückt); es hat sich inzwischen auch herumgesprochen, daß die UdSSR nicht immer und nicht spezifisch einen antagonistischen Widerspruch zum Imperialismus darstellt (was zur Bewußtseinskrise der Linken in der Nachkriegszeit und besonders in den sechziger Jahren geführt hat); aber es ist schwer zu leugnen, daß die Sowjetunion sich vom System des Kapitalismus und des Imperialismus nach wie vor *unterscheidet*. Es ist daher auch immer noch möglich, eine Demarkationslinie auszumachen, die es rechtfertigt, sich auf ihre Seite zu stellen!“ [17]

Bei einfacheren Gemütern sieht die Entscheidung dann so aus: Eberhard Zamory schrieb im August 1973, fünf Jahre nach der Besetzung der Tschechoslowakei durch die Mächte des Warschauer Paktes, in Beantwortung der Frage, ob der Einmarsch der Truppen des Warschauer Pakts in die ČSSR notwendig war, um eine Konterrevolution zu verhindern:

„Die Sowjetunion ist trotz der zu Recht kritisierten Deformationen ein entscheidender sozialistischer Machtfaktor in der Weltpolitik. Sozialisten haben sich zur Sowjetunion zwar kritisch, aber doch solidarisch zu verhalten!“ [18]

Die „Güterabwägungen“, die ich hier zitiert habe, sind nicht meine Güterabwägungen. Ich komme zum entgegengesetzten Ergebnis: Ich befürworte ein Bündnis meines Landes, der Bundesrepublik, mit den Vereinigten Staaten. Aber genauso, wie die Rossanda den Stalinismus, den Einmarsch in die ČSSR und den sowjetischen Imperialismus verurteilt, verurteile ich die moralisch und politisch fragwürdige Politik der Amerikaner (zumindest: einiger amerikanischer Regierungen) in Südostasien und in Lateinamerika. *Trotzdem* komme ich bei einer Analyse der internationalen Politik zu dem Ergebnis, daß sich die mittlere Macht Bundesrepublik Deutschland aufgrund ihrer geographischen Lage für einen der Blöcke — und das heißt: für eine der Großmächte — entscheiden muß, wenn sie das Stückchen relative Sicherheit für ihre Menschen erreichen will, das vielleicht erreichbar ist. Jede andere außenpolitische Orientierung würde bedeuten: das Ende der liberalen Grundrechte, die das Bonner Grundgesetz garantiert. Da ich dies nicht will, entscheide ich mich für das westliche Bündnis — „Güterabwägung“. Keine selbstverständliche, keine triumphale Entscheidung — und der Versuch, aus dieser Alternative auszubrechen, dritte und vierte Möglichkeiten zu schaffen, ist nur zu verständlich. Er ist sogar notwendig. Aber solange er nicht zum Ziel führt, bleibt nichts als dies: „Die geschulte Rücksichtslosigkeit des Blickes in die Realitäten des Lebens, und die Fähigkeiten sie zu ertragen und ihnen innerlich gewachsen zu sein!“ [19]

### *a. Über das Ausweichen vor Entscheidungen*

Binsenweisheiten? Sicherlich. Aber oft mißachtete. Denn solche Güterabwegungen treten ja nicht nur in Kabinettsälen und Parlamenten auf; sie bestimmen die tägliche, die Alltagspraxis der Politik. Ein Beispiel für sozialdemokratische Alltagspraxis: Tariferhöhungen im Nahverkehr. Die Fronten verlaufen heutzutage normalerweise so: Der Oberbürgermeister und die Stadtratsfraktion, auch wenn sie von Sozialdemokraten gestellt sind, halten sie für unabweisbar; wichtige Teile der Partei, allen voran die Jungsozialisten, sind dagegen, weil sie „unsozial“ seien. Die städtische Opposition wird im Normalfall auch dagegen sein — wie kommt sie dazu, dem gegnerischen Oberbürgermeister gegen seine eigene Partei zu helfen? Der Konflikt ist da.

Nun kann eine solche Tariferhöhung durchaus unsozial sein; es ist denkbar — und zahllose Male vorgekommen —, daß der Kämmerer einfach überhöhte Forderungen stellt, um Reserven zu bilden; daß ein Stadtrat unnötige Repräsentationsbauten für unabweisbar hält, usw. usw.

Aber darum geht es mir bei diesem Beispiel nicht; selbstverständlich muß man bei einer solchen Frage exakt die Alternativen prüfen, und selbstverständlich ist es möglich, daß man die politische Entscheidung trifft, ein Defizit beim Nahverkehr aus Steuern zu decken — oder daß man eben auf Investitionen in anderen Bereichen verzichtet. Unmöglich ist nur, daß ein Politiker oder eine regierende Partei den Zwang zur Entscheidung schlicht wegschieben und eine solche Tariferhöhung verweigern, ohne eine andere Deckung des Defizits anzubieten. Dies ist eine für Oppositionen gängige Haltung. Wenn aber — was immer häufiger vorkommt — eine derartige Haltung auf die gerade regierende Partei übergreift und ein Teil der Partei sich also so zur Opposition gegen die eigenen Repräsentanten macht, wird die Situation unhaltbar und der Konflikt zerstörerisch.

Denn auch das Argument, man sei gegen das profitwirtschaftliche System insgesamt und müsse sich deshalb den Zwängen dieses Systems auch nicht unterordnen, schlägt nicht durch. Für diesen Fall müßte man den Weg einer fundamentalen Opposition gehen und staatliche Verantwortung, selbst wenn man Mehrheiten über den Stimmzettel gewonnen hat, ablehnen. Dies war bisher niemals sozialdemokratische Politik und wird hoffentlich auch nie sozialdemokratische Politik werden.[20]

Natürlich ist mit diesen Bemerkungen das Thema Doppelstrategie nicht abgetan; ich diskutiere diese Frage ausführlicher im Kapitel VI. Das Beispiel sollte aber deutlich machen, daß in einer politischen Organisation unlösbare Konflikte auftreten müssen, wenn ein Teil dieser Organisation sich der „Güterabwägung“, d. h. dem Zwang, über die Folgen des eigenen politischen Handelns nachzudenken, entzieht.

## b. *Über untaugliche Rechtfertigungsversuche*

Neben dem Ausweichen vor Entscheidungen gibt es eine weitere Tendenz in der Sozialdemokratie, die den Zwang zur Güterabwägung, in dem der Politiker steht, verschleiert. Es ist dies der untaugliche Versuch, Machtverhältnisse und Konfliktsituationen, die zu inhumanen Auswirkungen führen, durch verklärende und rechtfertigende Konstruktionen zu überdecken.

Wie läuft die „normale" Diskussion in einem sozialdemokratischen Ortsverein zwischen innerparteilicher Opposition und Establishment ab? Meistens so, daß der „Oppositionelle" Mißstände unserer Gesellschaft, die keiner wegstreiten kann — zu große Klassenstärken in den Schulen, Numerus clausus an den Universitäten, Obdachlosenghettos am Rande der Großstädte, unmenschliche Unterkünfte für Gastarbeiter usw. —, anprangert und als Folge des „kapitalistischen Systems" bezeichnen wird. Der verantwortliche Stadtrat, Bürgermeister oder Abgeordnete wird seinerseits nun darauf nicht antworten, daß in der Tat das profitwirtschaftliche System die Tendenz hat, den Ausbau der Infrastruktur zu vernachlässigen, um dann an konkreten Fragen zu erörtern, wie der Spielraum des Staatsapparates gegenüber den Einzelkapitalen zu erweitern wäre, sondern er wird mit fast tödlicher Sicherheit den untauglichen Versuch machen, die Situation zu beschönigen. Er wird als erstes eine Reihe von Gesellschaften aufzählen, in denen alles noch viel schlechter sei als in der eigenen, wird dann auf die Schuld der Konservativen oder des Koalitionspartners hinweisen, die konsequente Reformen blockierten, und wird im Normalfall mit der Feststellung enden, daß der Lebensstandard der Bevölkerung in seiner Gesellschaft doch kontinuierlich gewachsen und daß demgemäß übertriebene Kritik fehl am Platze sei. Und schon ist er in einer Defensive, aus der er während der ganzen Diskussion nicht mehr herauskommt.

Der Versuch, das eigene soziale System zu „rechtfertigen", muß scheitern; denn daß die institutionellen Systeme der repräsentativen Demokratie oder Verkehrswirtschaft Strukturschwächen haben, ist ganz unbestreitbar. Die Frage muß doch sein: Gibt es Problemlösungen — und sind diese Problemlösungen mit einem vertretbaren Aufwand von sozialen Kosten zu erreichen —, die diese Strukturschwächen *nicht* aufweisen und die gleichzeitig nicht andere, genauso schlimme oder schlimmere Defekte haben. Der Politiker sollte also nicht Strukturschwächen leugnen, nicht sein soziales System rechtfertigen und verklären, sondern konkrete Alternativen zur Diskussion stellen. Hans Albert hat in diesem Sinne vorgeschlagen, das Postulat der Rechtfertigung fallenzulassen:

„Es kommt nicht darauf an, den verborgenen Sinn des sozialen Geschehens zu enthüllen oder dieses Geschehen mit einer höheren Weihe zu versehen, sonder darauf, *kritische* Gesichtspunkte und *konstruktive* Ideen zur Lösung der politischen Problematik beizusteuern ..." [21]

Ich habe in den letzten Monaten in der SPD zahllose Diskussionen über den Putsch in Chile geführt. Immer wieder wurde es mir wie ein Vorwurf entgegengeschleudert: Da sieht man ja, wie sich die herrschenden Kreise verhalten, wenn eine Regierung ihnen wirklich Privilegien wegnehmen will.

Meine Antwort darauf war immer sehr kurz: „Sicher." Denn in der Tat habe ich nie daran gezweifelt, daß Oberschichten sich mit Zähnen und Klauen wehren, wenn man sie von oben nach unten befördern will. In diesem Punkt hat Freimut Duve vollständig recht: „Der Patriotismus der durch Reichtum beweglichen Bourgeoisie reicht stets nur solange, wie die Privilegien reichen." [22]

Ich habe auch gar keine Zweifel, daß die Oberschichten in europäischen Ländern — unter Voraussetzung einer vergleichbaren sozialen Situation, die allerdings wenig wahrscheinlich ist — zu ähnlichen Mitteln greifen würden wie die in Chile. Dies können sich viele nicht vorstellen, weil sie gewiß sein können, daß europäische Regierungen keine derart weitgehenden Eingriffe in den Produktions- und Verteilungsapparat der Wirtschaft vornehmen werden wie die Regierung Allende. *Wenn* eine Regierung dies aber täte, so müßte sie zweifellos mit ganz ähnlichen Reaktionen rechnen: Investitionsstreiks, rebellierende Mittelschichten, Loyalitätszerfall im Staatsapparat, in der Folge davon Versorgungskrisen usw.[23]

Wollte ich in diesen Diskussionen nach dem Modell der Rechtfertigung vorgehen, müßte ich diese unbestreitbaren Tatsachen alle in Abrede stellen. Ich müßte den Spielraum unseres Staates — und damit den Spielraum der eigenen Regierung — größer darstellen, als er in Wirklichkeit ist. Und bekäme sofort die Gegenfrage, warum dieser angeblich so große Spielraum nicht genützt wird. Ein solcher Versuch wäre unsinnig.

Statt dessen versuche ich, meine „Güterabwägung“ zu erläutern. Ich weiß, daß der Spielraum der aktuellen Politik im Rahmen verfestigter Machtstrukturen gering ist; ich habe keinen Grund, den Maulhelden zu spielen und diesen Spielraum zu übertreiben. Wenn ich trotzdem für unser institutionelles System eintrete, dann eben aufgrund einer Kosten-Nutzen-Analyse — die dann allerdings den Menschen auch glaubhaft vorgerechnet werden muß. Daß die Privilegienbesitzer an ihren Privilegien festhalten wollen und daß sie mächtig sind, lasse ich mir nicht als Vorwurf entgegenhalten; das muß ich nicht wegleugnen — ich muß *trotzdem* Politik für die sozial Schwächeren betreiben. Die anklägerisch gemeinte Feststellung, man habe jetzt ja gesehen — in Chile nämlich — wie die Oberschichten reagierten, fällt auf den Anklänger zurück: Hier muß *er* überlegen, was ohne Bürgerkrieg durchsetzbar ist und was nicht — und daß man Machtverhältnisse kalkulieren muß, bevor man sie verändern kann.

### c. *Über die Zurechnung der Folgen politischen Handelns*

In einer dieser Chile-Diskussionen, von denen ich hier berichte, hielt mir ein Jungsozialist, ein engagierter, nachdenklicher junger Mann, empört entgegen, daß ich mit dieser Argumentation ja die Verantwortlichkeiten verschöbe. „Wenn man dich so hört“, sagte er, „ist an der Katastrophe in Chile, an dem brutalen Militärregime und an den Tausenden Toten vor allem die Regierung Allende schuld, die es eben im Unterschied zu den europäischen sozialdemokratischen Regierungen gewagt hat, wirklich sozialistisch zu handeln.“

Ich antwortete ihm sinngemäß: Diese Interpretation ist falsch. Die schweren Güterabwägungen der Politik, die Kosten-Nutzen-Analysen der Gewalt kann jedes Volk nur für sich selbst anstellen. Ich werde mich hüten, von der warmen Stube Westeuropas aus die Klassenkämpfe in Chile oder der Tschechoslowakei zu „beurteilen“. Ob die „Kosten der Normalität“ [24] in Chile so hoch waren, daß keine andere Wahl mehr blieb und der soziale Wandel so schnell erzwungen werden mußte, ist eine Entscheidung, die sich in Deutschland keiner zutrauen sollte. Dasselbe gilt für die Tschechoslowakei in der Dubček-Ära, die sich vom anderen Machtblock, vom dogmatischen Sozialismus in einer schnellen Bewegung lösen wollte. Es gibt historische Situationen, in denen kühle Kalkulation, List, Beharrlichkeit und Geduld offensichtlich keine zumutbaren politischen Tugenden mehr sind. Aber für mich, für die Gesellschaft, in der ich lebe, für mein Volk muß ich diese Entscheidung treffen. Da darf ich mich nicht davor drücken, meinen Handlungsspielraum realistisch einzuschätzen; und da darf ich mich auch nicht davor drücken — wie ein großer Teil der europäischen Linken in diesen Jahren — eben bei der Einschätzung meines Handlungsspielraums aus den chilenischen oder tschechoslowakischen Klassenkämpfen zu lernen. Max Weber hat diese blutige Rechnung schon 1919, damals mitten in den Revolutionswirren, angestellt:

„Man mag einem überzeugten gesinnungsethischen Syndikalisten noch so überzeugend darlegen, daß die Folgen seines Tuns die Steigerung der Chancen der Reaktion, gesteigerte Bedrückung seiner Klasse, Hemmung ihres Aufstiegs sein werden — und es wird auf ihn gar keinen Eindruck machen. Wenn die Folgen einer aus reiner Gesinnung fließenden Handlung üble sind, so gilt ihm nicht der Handelnde, sondern die Welt dafür verantwortlich, die Dummheit der anderen Menschen oder — der Wille des Gottes, der sie so schuf. Der Verantwortungsethiker dagegen rechnet mit eben jenen durchschnittlichen Defekten der Menschen, — er hat, wie Fichte richtig gesagt hat, gar kein Recht, ihre Güte und Vollkommenheit vorauszusetzen, er fühlt sich nicht in der Lage, die Folgen eigenen Tuns, soweit er sie voraussehen konnte, auf andere abzuwälzen. Er wird sagen: Diese Folgen werden meinem Tun zugerechnet.“ [25]

## 3. ÜBER DIE GÜTERABWÄGUNG DER REFORMISTEN

Güterabwägungen dieser Art sind natürlich keineswegs immer bewußte Entscheidungen; oft werden die Voraussetzungen des eigenen Handelns gar nicht mehr kritisch befragt; oft exekutiert man Konsequenzen — bestimmte Grundhypothesen sind einem so zur Gewißheit geworden, daß man sie kaum noch formulieren könnte, selbstverständlich wie die Landessprache. Daher rührt übrigens auch die Irritation des demokratischen Sozialismus durch die außerparlamentarischen Oppositionen der sechziger Jahre; plötzlich wurden die Voraussetzungen wieder zur Debatte gestellt. Nun mußten wir unsere Gewißheiten formulieren — und in Frage stellen.

Diese Medaille hat natürlich auch ihre Kehrseite; so wichtig es ist und so notwendig es war, daß der Reformismus wieder gezwungen wird, seine Voraussetzungen zu überdenken und zu formulieren, so klar ist es auch, daß kein Mensch auf der Welt es aushalten würde, wenn ihm bei jeder konkreten Handlung abverlangt wird, in den unbegrenzten Prozeß der Begründung einzusteigen. Insofern ist nicht *jede* Verweigerung einer „Grundsatzdiskussion" Denkfaulheit — zuweilen ist sie notwendiger Selbstschutz.

Ich will versuchen, eine typische reformistische Güterabwägung zu rekonstruieren. Dabei bin ich mir natürlich im klaren darüber, daß es eine verbindliche Güterabwägung des Reformisten nicht gibt. Trotzdem gibt es einige gemeinsame Grundhypothesen; ich will sie zuerst einmal beschreiben, ohne ihre Plausibilität sogleich Punkt für Punkt zu erörtern. Es ist die (empirische) „Beschreibung eines Kampfes", der sich, bewußt oder unbewußt, im Kopf des Politikers vollzieht.

### *a. Situationsbeschreibung*

Wir stehen vor drei massiven Gefahren.

Erstens: Daß wir (in den Industriegesellschaften) durch einen wirtschaftlichen Wachstumsprozeß, den wir nicht ausreichend zu steuern in der Lage sind, das ökologische Gleichgewicht unserer Welt zerstören.

Zweitens: Daß die „Übertötungskapazitäten", die sich im militärischen Apparat unserer Gesellschaften, vor allem der Supermächte, angesammelt haben, eines Tages durch ein Versagen des politischen Managements oder durch ein paar Verrückte, die an die Schaltstellen eines wichtigen Apparates geraten, angewandt werden und dadurch Abermillionen von Menschen den Tod finden.

Drittens: Daß die Menschen, in vielen (vor allem wieder den industriellen) Gesellschaften vom Kampf ums nackte Leben freigestellt, erneut fragen: wie sollen wir leben — und in immer größerer Zahl „rationales" Verhalten verweigern. Sie beginnen, die Legitimität der Herrschaft, die über sie ausgeübt wird, zu bezweifeln und treten zum Kampf an — möglicherweise an den falschen Schauplätzen, möglicherweise mit den falschen Mitteln. Auf diese Weise werden z. B. in den demokratisch-kapitalistischen Gesellschaften zur Zeit Leistungsmotivation und Besitzindividualismus in Frage gestellt.[26]

Diese drei Gefahren sind nicht „systemspezifisch"; auch die

industriellen Gesellschaften des sogenannten „sozialistischen Lagers" haben, trotz ihres planwirtschaftlichen Mechanismus, die Wachstumsprobleme der Wirtschaft keinesfalls ohne Gefährdung der ökologischen Balance gemeistert; es wird abzuwarten sein, ob sie die jetzt notwendigen Steuerungsleistungen leichter vollbringen können als kapitalistische Gesellschaften. Am Rüstungswettlauf beteiligen sich Ost und West — und es ist eine ziemlich müßige Frage, ob der Osten heute soweit gerüstet ist, um sich gegen den Westen zu schützen, oder umgekehrt. Wahrscheinlich sind beide Antworten richtig — und jedenfalls kann nur ein minutiös geplanter Ausstieg aus der Rüstungsspirale die Gefahr bannen. Und auch die Legitimations- und Motivationskrise aufgrund der „Entfremdung" der Menschen ist ein Problem in Ost und West — kein seriöser Beobachter der politischen Szene bestreitet das.[27] Im übrigen gibt es für Leute, die die Konflikte auf der Welt alle aus einem einzigen Punkt erklären, natürlich immer einen Ausweg; auch die Entfremdung der Menschen unter dem „Sozialismus der Akkumulation" in den sozialistischen Ländern ist für sie nur eine Folge der Tatsache, daß eine volle Entwicklung der Produktivkräfte durch das Bestehen kapitalistischer Gesellschaften noch nicht möglich war. Ich weise auf diese „Erklärung" hier nur hin; sie wird weiter unten ausführlich erörtert.

Unterhalb dieser drei großen Drohungen muß ein ehrlicher Beobachter der demokratisch-kapitalistischen Gesellschaften systemspezifische Strukturdefekte feststellen. Dabei verzichte ich auf die Beschreibung der Weltbilder von Leuten, die nach wie vor der Rechtfertigungsidee anhängen und so eine „demokratische Ideologie" produzieren, derzufolge aufgrund des allgemeinen Wahlrechts jeder gleiche Rechte hat, die Demokratie also als eine Art „Induktionsmaschine zur Umsetzung individueller Interessen in politische oder ökonomische Entscheidungen zur Realisierung der allgemeinen Wohlfahrt"[28] gedeutet wird. Die faktische Chancenungleichheit straft solche Theorien, die vor allem in der konservativen Hälfte unserer Gesellschaft verbreitet werden — die aber natürlich auch in der Sozialdemokratie vorkommen — Lügen; sie erreichen die Wirklichkeit nicht. Ich mag die Abwertung des institutionellen Apparats der Demokraten als „formaldemokratisch" nicht; unter dem Begriff verbirgt sich zuviel Hochmut gegenüber den Errungenschaften der politischen Freiheitsrechte. Freilich schafft die Berufung auf sozial nicht eingelöste Verfassungsgarantien keine Massenloyalität; sie hilft deshalb den Demokraten — die mit möglichst wenig Repression regieren möchten — nicht weiter.[29]

Natürlich ist die Diagnose unserer gesellschaftlichen Situation in den reformistischen Parteien auch dann noch in sich sehr differenziert, wenn man die Beschöniger vergißt. Trotzdem: Sowohl Männer wie John Kenneth Galbraith, Ota Šik oder Herbert Ehrenberg [30] wie auch strikter marxistisch orientierte Autoren wie Jürgen Habermas oder Claus Offe [31] stimmen darin überein, daß die kapitalistische Wirtschaftsordnung drei Problembündel vor sich her schiebt:

Erstens: Der Ausbau der Infrastruktur wird vernachlässigt. Dadurch geraten gerade diejenigen gesellschaftlichen Lebensbedürfnisse in die Gefahr der Verelendung, die zu versorgen für den Kapitalverwertungsprozeß nicht bedeutsam ist. Marxisten nennen das „Disparitäten", daß nämlich Gebrauchswerte nur produziert werden, sobald sie gleichzeitig Träger profitabler Tauschwerte sind. Offe spricht vom „Pauperismus der *depressed areas*".

Zweitens: Die marktwirtschaftlichen Systeme stehen vor einer „Steuerungskrise". Es wird die Frage diskutiert, wie beispielsweise im Hinblick auf die ökologischen Gefährdungen von quantitativem auf qualifiziertes Wachstum „umgeschaltet" werden kann, ohne große Krisen und Depressionen auszulösen. In der SPD wird dies unter dem Stichwort „Investitionskontrolle" diskutiert; die Meinungen darüber, inwieweit man mit Globalsteuerung auskommt und inwieweit der Staat Möglichkeiten zur Detailplanung erhalten soll, gehen weit auseinander.

Drittens: Wir stehen vor dem Phänomen einer seltsamen Mischung von politischer Apathie und aufgeregter Beteiligungsbereitschaft. Unser politisches System ermöglicht, daß der Bürger über seine eigenen Interessen systematisch irregeführt wird. Gleichzeitig gibt es in den Demokratien (ich sage: glücklicherweise) keine Institutionen, die die „wahren Bedürfnisse" und Interessen definieren. Jedenfalls ist es eine empirisch belegbare Tatsache, daß die Chance immer geringer wird, für einen Befehl bestimmten Inhalts Gehorsam zu finden; die einen fordern Mitbestimmung, die anderen flippen aus in Hippiewelten, wieder andere machen ihrer Entfremdung durch unbarmherzigen Konsum Luft: Legitimationskrise.

Dazu meint Habermas, daß durch die im Tarifkampf institutionalisierte und gleichzeitig begrenzte Auseinandersetzung von Unternehmern und Gewerkschaften der Klassenkonflikt sozusagen immunisiert wird.[32]

Über eine solche Diagnose wird in den reformistischen Parteien sicher nur teilweise Einigkeit zu erzielen sein. Viele werden die eine oder andere Entwicklungslinie anders zeichnen. Aber es liegt mir daran, deutlich zu machen, daß man, um sich für den reformistischen Weg zu entscheiden, nicht von einer unrealistischen, beschönigenden Situationsbeschreibung des Zustands der kapitalistischen Gesellschaft ausgehen muß. Die Frage, die einer ernsthaften reformistischen Güterabwägung zu Grunde liegt, lautet eben *nicht,* ob das kapitalistische Wirtschaftssystem nach wie vor Widersprüche produziert, an denen die Menschen sich abarbeiten und an denen viele zerbrechen; denn das ist der Fall. Und die Frage an den reformistischen Politiker kann nicht lauten, ob er die Ausbeutungstatbestände, die man in den „Überflußgesellschaften" des Westens täglich besichtigen kann, verurteilt; denn das ist der Fall. Die Frage an den reformistischen Politiker muß lauten, ob er eine Problemlösung kennt, die diese Ausbeutungstatbestände beseitigt, ohne andere, schlimmere Ausbeutungstatbestände zu schaffen; ob er nach eingehender Kalkulation begründet darlegen kann, daß der Weg zu diesen Problemlösungen weniger Leid und Unmenschlichkeit produziert, also geringere soziale Kosten verursacht als das heutige System, die „Normalität".

Beim Versuch, diese Fragen vorläufig zu beantworten, stößt man auf vier Überlegungen, die für die Entscheidung zum Reformismus konstitutiv sind. Ich versuche, diese Überlegungen, die sozusagen ins kollektive Unbewußte der reformistischen Arbeiterbewegung eingegangen sind, zu rekonstruieren. Ich formuliere sie vorläufig und fragmentarisch, um sie dann durch eingehendere Analysen, vor allem erkenntnis- und staatstheoretischer Natur, zu überprüfen.

### *b. Erste vorläufige Überlegung: Über die Reformfähigkeit des Staates im Kapitalismus*

Wer die große, gesamtgesellschaftliche Krise erwartet, wer vielleicht sogar auf sie spekuliert, wird sich strategisch ganz anders einrichten als derjenige, der es dem Kapitalismus zutraut, daß er ohne massive Arbeitslosigkeiten, ohne die klassischen Überproduktionskrisen, ohne brutale Versorgungsschwierigkeiten für die Masse der Menschen weiterexistieren kann.

Das ist die alte Diskussion zwischen Bernstein und Rosa Luxemburg. Bernstein:

„Viel wichtiger, als die Impotenz der Kartelle und Trusts zu prophezeien, erscheint es mir vom Standpunkt der Arbeiter aus, ihre Möglichkeiten sich gewärtig zu halten. Ob sie den ersteren Zweck — Abwehr der Krisen — auf die längere Zeit werden erfüllen können, ist an sich für die Arbeiterklasse eine untergeordnete Frage. Sie wird aber zu einer sehr bedeutungsvollen Frage, sobald man an die allgemeine Krise Erwartungen irgendwelcher Art für die Befreiungsbewegung der Arbeiterklasse knüpft. Denn dann kann die Vorstellung, daß die Kartelle nichts gegen die Krisen ausrichten können, Ursache sehr verhängnisvoller Unterlassungen werden.“ [33]

Über den Handlungsspielraum des Staates im Kapitalismus findet heute in den reformistischen Parteien und zwischen ihnen und den Kommunisten eine — zum Teil reichlich akademische — Debatte statt, die uns später noch eingehender beschäftigen soll.[34]

Wichtig ist: Die Reformisten gehen davon aus, daß der Kapitalismus keineswegs naturnotwendig in einem großen Krach auseinanderbersten muß. Der Staat, so meinen sie, habe eine „begrenzte Planungskapazität“, die auch gegen einzelne Kapitalfraktionen genutzt werden könne. Peter von Oertzen schließt daraus folgendes:

„Ist diese Konsequenz richtig gezogen, dann muß es auch möglich sein, diese ‚begrenzte Planungskapazität‘ zu erweitern, d. h. den Klassenkompromiß zugunsten der beherrschten Klassen zu verändern. Hauptproblem des Staates ist, seine Aufgaben zu erfüllen, ohne einerseits den Akkumulationsprozeß zu beeinträchtigen, d. h. das Wirtschaftswachstum zu hemmen, und ohne andererseits grobe soziale Ungerechtigkeiten entstehen oder bestehen zu lassen, die ihm seine Legitimationsbasis, d. h. die Zustimmung der Massen, kosten würden. Die praktische Konsequenz dieser Überlegung ist kurz gesagt: Die sozialistische Bewegung darf den Staat nicht bloß bekämpfen, sie muß ihn erobern; sie kann den Staatsapparat nicht ‚zerbrechen‘ (wie Marx es meinte), denn sie braucht ihn und muß ihn benutzen, sie kann ihn nur kontrollieren und schrittweise demokratisch verändern.“ [35]

In einer großen, gesellschaftserschütternden Krise wäre alles anders; die Güterabwägung müßte das Leid von Millionen von hungernden Menschen, die Folgen explosiver gesellschaftlicher Auseinandersetzungen berücksichtigen; die Waagschale, die die „Kosten der Normalität" (Narr) mißt, würde sich tief senken. Die Reformisten glauben nicht, daß eine solche Krise unausweichlich ist; sie weigern sich, sie bewußt herbeizuführen — und damit all die blutigen Begleiterscheinungen einer Revolution. Am Ende einer solchen Revolution stünde, so meinen sie, entweder eine faschistische oder eine stalinistische Diktatur.

### *c. Zweite vorläufige Überlegung: Über die Alternativen*

„Den Kapitalismus abschaffen" — die Forderung ist leicht aufgestellt. Aber: „ ‚Das Kapital' ist keine an sich seiende, in sich geschlossene gesellschaftliche Wesenheit, sondern der Ausdruck konkreter gesellschaftlicher Verhältnisse." [36] Die Frage, *wie* die sozialistische Transformation vor sich gehen soll, ist für die Reformisten nicht ausreichend erklärt.

Daß eine bürokratische Verstaatlichung keine Überwindung der Entfremdung mit sich bringt, ist dabei in den reformistischen Parteien kaum umstritten. Die Erfahrungen mit den Ökonomien des sogenannten sozialistischen Lagers haben dazu geführt, daß nur wenige den Markt als Koordinationsmechanismus abschaffen wollen: Das „gesellschaftlich unentbehrliche Gründer- und Unternehmerinteresse" [37] soll erhalten werden. Es geht darum, sagen die meisten Reformisten, das private Kapitalinteresse durch progressivere Formen des Unternehmerinteresses zu ersetzen — also das große private Aktieneigentum zu überwinden. Was in diesem Sinne „groß" bedeutet, bleibt umstritten. Alle reformistischen Programme lassen da einen weiten Spielraum. So auch das Godesberger Programm: „Das private Eigentum an Produktionsmitteln hat Anspruch auf Schutz und Förderung, soweit es nicht den Ausbau einer gerechten Sozialordnung hindert." [38]

Es gibt „Modelle", Experimente: die Arbeiterselbstverwaltungen in Betrieben Jugoslawiens, Selbstverwaltungsexperimente in Algerien, Arbeiterräte in Polen, usw. Wie und ob derartige Experimente ohne massive Einbrüche in der Produktivitätsentwicklung auf komplexe Industriegesellschaften zu übertragen wären, weiß niemand. Und solche „Einbrüche" würden die politischen Freiheitsrechte in Frage stellen; sie würden blitzschnell zu bürgerkriegsähnlichen Zuständen mit aufgeputschten Massen in beiden Lagern führen — und Demokratie und Bürgerkrieg sind nicht miteinander vereinbar.

Es gibt nützliche neue Erwägungen über die beste Kombination zwischen Markt und Plan [39] — und, auch aufgrund des Versagens reformistischer Parteien, viel zu wenige praktische Experimente. Sehr vereinfacht gesagt: Die Erkenntnisse über die Funktionsabläufe „gemischter Lösungen" sind so gering, daß der Reformist die hohen sozialen Kosten nicht verantworten möchte, die ein frontaler Angriff auf das System mit sich brächte. Schon Bernstein sagte: Es sei eine Utopie „zu wähnen, die Gesellschaft könne mit zwei Füßen in eine ihrer heutigen diametral entgegengesetzte Organisations- und Daseinsweise hineinspringen".[40]

### *d. Dritte vorläufige Überlegung: Über die liberalen Freiheiten*

Daß Diktaturen nur als „Übergangsformen" der Herrschaft eingerichtet werden, sich dann aber etablieren und nicht mehr wegzubringen sind, ist eine augenfällige historische Erfahrung. Deshalb „demokratischer Sozialismus": „Sozialismus wird nur durch die Demokratie verwirklicht, die Demokratie durch den Sozialismus erfüllt." [41]

Dies ist eines der wenigen „Axiome" des demokratischen Sozialismus; seine Begründung — jedenfalls: die Darstellung des Problems — verlangt eine sorgfältige Diskussion.[42] Auch dieses „Axiom" muß übrigens nicht mit Illusionismus gepaart sein. Der Reformist weiß (oder kann wissen), daß liberale Freiheiten unter bestimmten gesellschaftlichen Bedingungen ziemlich nutzlos und illusorisch sein können. Er will sie trotzdem erkämpfen oder erhalten. Peter von Oertzen:

> „Demokratische Meinungs- und Willensbildung ist nur auf der Grundlage uneingeschränkter individueller und sozialer Freiheit möglich. Gewissens- und Meinungsfreiheit, institutionelle Sicherung freier Kritik (Wissenschaftsfreiheit, Pressefreiheit), Organisations- und Koalitionsfreiheit, Minderheitenschutz usw. — kurz, die klassischen Errungenschaften des demokratischen und liberalen Rechtsstaates müssen infolgedessen im Sozialismus uneingeschränkt erhalten bleiben. In der geltenden Verfassung der Bun-

desrepublik Deutschland sind diese Errungenschaften — im großen und ganzen sachlich richtig formuliert — in dem Begriff der ‚freiheitlichen demokratischen Grundordnung' enthalten. Die Verteidigung der Grundsätze der freiheitlichen demokratischen Grundordnung gegen reaktionäre Einengung und pseudorevolutionäre Relativierung ist daher für den Sozialismus nicht nur eine taktische, sondern eine prinzipielle Aufgabe." [43]

## *e. Vierte vorläufige Überlegung: Über die Geschwindigkeit des sozialen Wandels*

Die Entscheidung für die Freiheitsrechte *erzwingt* eine reformistische Politik — Schritt für Schritt; einen langsam(er)en sozialen Wandel. Wer sich darauf festgelegt hat, „die Mehrheit des Volkes (zu) gewinnen, um Staat und Gesellschaft nach den Grundforderungen des demokratischen Sozialismus zu formen",[44] muß die Veränderungsgeschwindigkeit der Gesellschaft vom Bewußtseinsstand der Massen abhängig machen. Man kann in einem langsamen Prozeß des Interessenausgleichs den einen Privilegien nehmen, den anderen Rechte geben. Wer aber — durch die Plötzlichkeit des politischen Zugriffs — die Loyalität mächtiger gesellschaftlicher Gruppen zerstört, muß Gewalt anwenden, um diese Gruppen niederzuhalten. Denn sie werden sich wehren — mit allen Mitteln. Lenin hat das gewußt.

Dabei muß man sich darüber im klaren sein, daß die Aufteilung der Gesellschaft in eine verschwindende Minderheit von Kapitalisten und eine überwiegende Mehrheit von Lohnarbeitern Theorie ist, solange das „Klassenbewußtsein" dieser überwiegenden Mehrheit „fragmentiert" bleibt. Solange Taxifahrer, Ärzte, Einzelhändler oder Ingenieure an der alten Ordnung hängen, muß die neue auch sie in die Lager sperren — oder sie wird hinweggefegt.[45]

Den Spielraum reformistischer Politik hat Barrington Moore in dürren Worten gekennzeichnet. Die Bedingungen der politischen Freiheit, auch für den Gegner, „ermöglichen ... eine Rate des Fortschritts, die klein genug ist, um die Verteidiger des Status quo nicht ungebührlich zu ängstigen, und groß genug, diejenigen zufriedenzustellen, die unter dem herrschenden System leiden".[46] Ob man beides zugleich kann — die Verteidiger des Status quo nicht ungebührlich ängstigen und diejenigen zufriedenstellen, die unter dem herrschenden System leiden — ist die Schicksalsfrage an den Reformismus. Unter bestimmten gesellschaftlichen Bedingungen ist es die Quadratur des Kreises. Die Frage ist: Gilt das auch unter unseren Bedingungen? In Mitteleuropa, in den siebziger Jahren des 20. Jahrhunderts?

Die Frage ist nicht einfach zu beantworten. Wer ehrlich ist, wird zugeben: Es ist unsicher, ob der Handlungsspielraum reformistischer Politik ausreicht, um die Herausforderungen der Zukunft zu meistern, die „großen Drohungen“ abzuwehren. Aber jede politische Entscheidung steht im Zwielicht solcher Unsicherheit. Dies ist das Ergebnis jener Güterabwägung, die die Handlungen sozialdemokratischer Politik seit über hundert Jahren bestimmt. Wer sich an dieser Wegmarke anders entscheidet, gehört nicht in die Sozialdemokratie.

### *f. Über die Verbaldemokraten*

Dieser letzte Satz scheint überflüssig. Wer bekennt sich schon nicht zur „Demokratie“? Ich zitiere nochmals Peter von Oertzen, der die „Bedingungen für die Mitarbeit in der SPD“ genau definiert:

> „Die Bedingungen für die Mitarbeit in der SPD sind sehr weit gefaßt: Mitglied der SPD kann jeder sein, der sich ‚zu den Grundwerten und Grundforderungen des demokratischen Sozialismus bekennt‘. Sie sind in den ersten beiden Abschnitten des Godesberger Programms formuliert. Diese enthalten das Bekenntnis zu den Ideen der Freiheit, der Gerechtigkeit und der Solidarität, ferner die Ablehnung jeglicher Diktatur, die Forderung nach Verwirklichung der Demokratie als ‚allgemeiner Staats- und Lebensordnung‘ sowie schließlich die Vorstellung einer ‚neuen Wirtschafts- und Sozialordnung‘, in der jede Macht sich ‚öffentlicher Kontrolle fügen‘ und das ‚Interesse der Gesamtheit über dem Einzelinteresse stehen‘ soll. Diese Grundwerte und Forderungen sind so allgemein gehalten, daß im Rahmen der SPD eine sehr große Spannweite verschiedener politischer Auffassungen möglich ist. Das einzelne Parteimitglied darf — unter Beachtung der notwendigen Loyalität und Parteidisziplin nach außen — innerhalb der Partei auch vom Programm abweichende Auffassungen vertreten und für die Änderung des Programmes wirken. Verpflichtend ist lediglich das grundsätzliche Bekenntnis zur Demokratie und zum Sozialismus.“ [47]

Oertzen ist in jedem Satz zuzustimmen; besonders zu unterstreichen ist die Feststellung, daß auch „abweichende Auffassungen“ möglich sein müssen. Die Sozialdemokratie muß ein

Organ zur diskursiven Willensbildung bleiben. Dem letzten Satz aber ist eine Interpretation hinzuzufügen.

Diese Interpretation muß lauten: Das „grundsätzliche Bekenntnis zur Demokratie und zum Sozialismus“ allein reicht nicht. Der demokratische Sozialist muß sich auch bewußtmachen, wofür er eintritt, wenn er Demokratie und Sozialismus miteinander verbinden will. Er muß den Preis zahlen: Langsamerer sozialer Wandel. Er muß die Folgen tragen: Nicht verhindertes Leid, an dem er mitschuldig wird.

Heute gibt es allzu viele, die sich um diese Rechnung herummogeln. Das „grundsätzliche Bekenntnis zur Demokratie“ fällt ihnen leicht; aber sie verlangen Maßnahmen, die *de facto* die Bedingungen für Demokratie, den Klassenkompromiß, zerstören würden. Sie möchten, möglichst auf einen Schlag, eine enteignete Kapitalistenklasse, die ihre volle Bewegungsfreiheit behalten soll und die diese Bewegungsfreiheit nicht dazu benützt, ihre Enteigner zum Teufel zu jagen. Dies alles soll die Produktivität nicht beeinträchtigen, die Versorgungslage der Massen nicht verschlechtern und keine äußeren Feinde auf den Plan rufen. Das alles zusammen wird auf dieser Welt nicht zu haben sein.

Natürlich ist diese Schilderung eine Karikatur; sie trifft weder „die Jungsozialisten“ noch gar „den“ linken Flügel der SPD. Aber sie trifft hunderte idealistische, gutwillige, sozial engagierte Mitglieder der Massenpartei SPD, die den *way of life* der Mittelklassen endlich abstreifen und ursprüngliche Solidarität erleben wollen. Kein Zweifel, daß man ihre Fragen, formuliert in schwerverständlichen Resolutionen und aggressiven Diskussionsbeiträgen, allzuoft verspottet oder überhört hat und allzuselten diskutiert. Man muß sie diskutieren: aber mit dem Ziel, daß *alle* sich gleich verantwortlich fühlen für das Leid, das wir mit unserem Reformismus nicht verhindern können — und daß nicht die einen glauben, dieses Leid den anderen vorwerfen zu dürfen. Wir brauchen mehr als das „grundsätzliche Bekenntnis zur Demokratie und zum Sozialismus“ — wir brauchen eine emanzipatorische Praxis, die Demokratie und Sozialismus zu verbinden sucht, ohne die Wirklichkeit großzügig zu übersehen.

## KAPITEL II

# Erkenntnis und Politik

### 1. ÜBER TOLERANZ UND VERBLENDUNG

Diese erste vorläufige Rekonstruktion der „Güterabwägung", zu der sich der Reformist gezwungen sieht, bedarf der kritischen Überprüfung. Wenn die Erhaltung der liberalen Grundrechte zum Kriterium der sozialen Umwälzung wird; und wenn diese Bindung an das Mehrheitsprinzip, die Meinungsfreiheit, die Bewegungsfreiheit auch für den politischen Gegner, die Freizügigkeit, einen raschen sozialen Wandel blokkiert; wenn dieser rasche soziale Wandel aber aufgrund des Problemdrucks der industriellen Gesellschaft immer dringlicher wird — müssen wir dann jenes „Axiom" des demokratischen Sozialismus nicht in Frage stellen? An diesem Punkt setzt die Kritik des „wissenschaftlichen Sozialismus" am Reformismus ein.

Die Differenz erweist sich bald als eine erkenntnis-theoretische.

#### *a. Pluralismus und Toleranz*

Die Kritik am demokratischen Pluralismus und dem ihm zugrundeliegenden Grundsatz der Toleranz richtet sich vor allem gegen die ungleiche Machtverteilung in pluralistischen Gesellschaften. Hinter der Fassade einer offenen, freiheitlichen Konkurrenz gleichberechtigter Gruppen, so heißt es, würden die wirklich wichtigen Entscheidungen letztlich immer im Interesse der wirtschaftlich Mächtigen fallen. Der Pluralismus sei ein Pluralismus der Etablierten, der die Nichtorganisierten, die Schwachen, die neu aufkommenden Strömungen und Gruppierungen unterdrücke; der Staat sei nicht etwa „Schiedsrichter“ zwischen Starken und Schwachen, sondern bestenfalls ein Schlichter zwischen den Mächtigen; die politischen Parteien, angewiesen auf unsichere Stimmenpakete, seien unfähig zur durchgreifenden Reform, zur Durchsetzung des Gemeinwohls.[1] Robert P. Wolff:

„Es ist, als ob ein Schiedsrichter auf ein Baseballspiel zwischen großen und kleinen Jungen stieße, in dem die großen Jungen mogelten, die Regeln verletzten, Fehlschläge als Volltreffer reklamierten und die kleinen Jungen mit brutaler Gewalt dazu brächten, die Ungerechtigkeit hinzunehmen. Wenn der Schiedsrichter es unternimmt, das Spiel dadurch zu ‚regulieren‘, daß er einfach die ‚Regeln‘ durchsetzt, die im Augenblick praktiziert werden, macht er dadurch das Spiel nicht zu einem fairen. Im Gegenteil, er kann in Wirklichkeit die Dinge verschlechtern, weil er die kleinen Jungen beschuldigt, die Regeln zu verletzen, und sein Gewicht gegen sie geltend macht, sobald sie Mut fassen, sich zusammenzurotten und zu beschließen, den Konflikt auszufechten. Und das gleiche geschieht in der pluralistischen Politik.“ [2]

Wolffs Schilderung ist keine allgemeingültige Darstellung der Politik unter pluralistischen Bedingungen. Eine Regierung, die in der Lage wäre, in den Großunternehmen eine wirklich paritätische Mitbestimmung durchzusetzen, Grund und Boden (als nicht vermehrbare Güter) der Spekulation zu entziehen oder ein wenigstens annähernd gerechtes Steuersystem einzuführen, könnte von dieser Schilderung nicht getroffen werden. Und wer Reformen nur nach dem einen großen Kriterium katalogisiert: ob sie den Grundwiderspruch zwischen gesellschaftlicher Produktion und privater Aneignung aufheben oder erschüttern, gerät sehr schnell in die scholastische Diskussion, welche Reform denn nun systemüberwindend und welche systemerhaltend sei. Im Zweifel ist dann alles systemstabilisierend, der Bau von Schulen oder Straßen als „Erfüllung gesamtwirtschaftlicher Produktionsvoraussetzungen“, die Einführung des Normalarbeitstages als „Schutz des Marktsystems vor selbstdestruktiven Nebenfolgen“ usw.[3] Und dann muß man natürlich die Frage stellen: Was ist eigentlich das „Gemeinwohl“? Kann man es identifizieren, erkennen? Wer kann es erkennen? In der Antwort auf diese Frage trennen sich demokratische und wissenschaftliche Sozialisten.

Aber wer ehrlich bleiben will, muß zugeben, daß Wolff die

durchschnittliche Wirklichkeit der pluralistischen Praxis nicht schlecht getroffen hat. Die Sozialreformen des Gaullismus haben die Machtverhältnisse in Frankreich nicht angetastet; das Hin und Her zwischen Konservativen und Labour-Party in England hält die ruinöse ökonomische Entwicklung offensichtlich kaum auf; Italien gleicht einem Überdrucktopf, der jeden Tag in die Luft fliegen kann. Es bleiben, vielleicht, die skandinavischen Staaten, Österreich, einige wenige außereuropäische Demokratien, die Bundesrepublik Deutschland. Bleiben sie?

Ich bin gerade dabei, zu begründen, warum ich mich in der politischen „Güterabwägung" *für* den Reformismus entscheide, ja warum ich sogar die These vertrete, daß der Reformismus in Europa einen historischen Auftrag hat, zwischen Konservativismus und Kommunismus. Dies macht mich aber nicht zum blinden Verteidiger eines politischen Systems, dessen Defekte wir gerade in Deutschland zur Zeit deutlich zu spüren bekommen. Ich will meine Zweifel an der Überzeugungskraft einer strikt marxistischen Analyse darlegen. Aber ich will auch sagen: Wir Reformisten, von den Konservativen nicht zu reden, haben keinerlei Anlaß, unserer Stimme einen allzu schmetternden Klang von Siegeszuversicht zu geben.

Denn das pluralistische System in Europa ist in einer schweren Krise. Die entscheidende Frage lautet, ob eine friedliche soziale Entwicklung nur unter den Bedingungen des Wachstums erreicht werden kann und ob, falls diese Bedingungen in der internationalen Politik nicht gewährleistet werden können, Regierungen überhaupt noch Zeit genug haben, Strukturreformen anzupacken — oder ob ihnen die unzufriedenen Wählermassen unter der Arbeit auseinanderbrechen, wenn der „Zuwachs" ausbleibt.

Ich erläutere dies an einem Beispiel aus meiner täglichen Arbeit: der Lehrer-, allgemeiner der Akademikerbesoldung. Dies ist ein altes Problem sozialistischer Politik. Lenin war der Auffassung, daß es ganz am Anfang der Transformation zum Sozialismus gelöst werden müsse:

„Die uneingeschränkte Wählbarkeit und die *jederzeitige* Absetzbarkeit ausnahmslos aller beamteten Personen, die Reduzierung ihrer Gehälter auf den gewöhnlichen ‚Arbeiterlohn', diese einfachen und ‚selbstverständlichen' demokratischen Maßnahmen, in denen sich die Interessen der Arbeiter völlig mit denen der Mehrheit der Bauern decken, dienen gleichzeitig als Brücke, die vom Kapitalismus zum Sozialismus führt." [4]

Nun hätte ich sowohl gegen die „jederzeitige Absetzbarkeit“ aller Beamten als auch gegen eine weitgehende Nivellierung der Arbeitslöhne und Gehälter schwerwiegende Bedenken; die „sozialistischen Staaten“ haben weder das eine noch das andere verwirklicht — mit gutem Grund. Nur stelle ich fest, daß auch sehr viel bescheidenere Reformen außerhalb der Reichweite unserer Politik liegen.

Zwischen Industrie und öffentlichem Dienst entwickelt sich zur Zeit ein neu formierter Klassenkampf: Die Hauer im Bergbau oder die Arbeiter in der Textilindustrie begründen ihre Lohnforderungen immer seltener mit der Schwere ihrer Arbeit und immer häufiger mit dem Vorsprung der Sozialleistungen beim öffentlichen Dienst. Ich wähle folgendes Beispiel:

Wir sind der — wissenschaftlich vielfach gesicherten — Auffassung, daß es inhuman und töricht ist, die kleinsten Kinder den am schlechtesten ausgebildeten Lehrern zu überlassen. Also ist der Versuch unternommen worden, allen Lehrern — auf welcher Altersstufe sie immer unterrichten — eine gleich*wertige* (nicht gleich*artige*) Ausbildung zu sichern. Dies verlangt selbstverständlich auch gleiche Bezahlung — zumindest in der Eingangsstufe. Eine Gleichstellung aller Lehrer durch eine allgemeine „Aufstufung“ der (früheren) „Volksschullehrer“ auf das Niveau der „Gymnasiallehrer“ würde die öffentlichen Haushalte sprengen; es würde Steuererhöhungen verlangen, die wieder in hohem Maße Industriearbeiter tragen müßten. Also wäre doch die naheliegendste Lösung eine Angleichung nach unten.

Eine solche (natürlich ganz „utopische“) Maßnahme stünde im übrigen in einem sinnvollen Zusammenhang mit den Erfordernissen der allgemeinen Bildungspolitik. Die Überfüllung unserer Universitäten ist ja nur vordergründig eine Folge vermehrter „Bildungswerbung“; sie ist in Wirklichkeit eine Folge der Tatsache, daß eine Universitätsausbildung den Zugang zu den besseren Verdienstchancen bringt. Nun ist dies zum Teil natürlich gerechtfertigt, weil komplizierte Aufgaben, die eine komplizierte Ausbildung verlangen, auch gut bezahlt werden sollten. In vielen Fällen ist es aber umgekehrt: Da verlangt man stürmisch nach einer Verlängerung des Studiums, weil man eine verbesserte Besoldung will. Eine weitere Erkenntnis sollten wir nicht verschweigen: Intellektuelle Berufe bieten in vielen Fällen eine weit höhere Befriedigung als

Knochenarbeit in der Industrie oder vielen Dienstleistungsberufen. Wenn man also künftig Menschen finden will, die auch weniger befriedigende Tätigkeiten ausführen, wird man sie — welch revolutionäres Vorhaben — besser oder jedenfalls nicht viel schlechter bezahlen und versorgen müssen als Gymnasiallehrer, Regierungsdirektoren oder Richter.

Ich muß das Beispiel nicht weiter ausführen, um klarzumachen, daß eine Senkung von Löhnen und Gehältern für eine bestimmte Berufsgruppe wohl jede Regierung in einem parlamentarischen Regierungssystem — unter den gegenwärtigen Umständen — zu Fall bringen würde. Besoldungsfragen sind Machtfragen. In unserem politischen System ist die „Besitzstandswahrung" sozial legitimierter als die Gerechtigkeit. Wir werden uns die Frage stellen müssen, wie lange solche Systeme ohne ständiges Wachstum, also ohne die regelmäßige Zuwaage zur Erhaltung der Massenloyalität, existieren können — als freiheitliche Systeme. Diese Frage kann uns vor Hochmut anderen Systemen gegenüber bewahren.

### *b. Das Gegenbild*

Karl Marx setzte gegen die kapitalistische Konkurrenzgesellschaft seiner Zeit das Konzept einer neuen Gesellschaft. Er diagnostizierte, daß sich im Kapitalismus immer wieder einzelne und Gruppen mit auf die Dauer unvereinbaren Ansprüchen gegenübertreten würden. Schuld daran sei der „Grundwiderspruch" zwischen Lohnarbeit und Kapital, zwischen der gesellschaftlichen Produktion aller Güter und Dienstleistungen und der privaten Aneignung durch einzelne Besitzer. Durch die Produktionsverhältnisse, die die Menschen eingehen, wird der „Lebenszusammenhang" der Lohnabhängigen blokkiert. Diese Blockade, die Isolierung durch Konkurrenz, kann nur durch die Aufhebung jenes Antagonismus durchbrochen werden.

In den Köpfen vieler Menschen ist Sozialismus oder Kommunismus so etwas wie Verstaatlichung von Fabriken oder Kollektivierung der Landwirtschaft. Wer begreifen will, warum bei uns heutzutage, ungeachtet der sozialen Wirklichkeit des „sozialistischen Lagers", Tausende junge Menschen gerade aus mittleren und oberen Schichten dem Marxismus zufliegen, muß hinter diese abgeleiteten Maßnahmen zum gedanklichen Kern vordringen. Marx schreibt in der Kritik des Gothaer Programms:

> „In einer höheren Phase der kommunistischen Gesellschaft, nachdem die knechtende Unterordnung der Individuen unter die Teilung der Arbeit, damit auch der Gegensatz geistiger und körperlicher Arbeit verschwunden ist; nachdem die Arbeit nicht nur Mittel zum Leben, sondern selbst das erste Lebensbedürfnis geworden; nachdem mit der allseitigen Entwicklung der Individuen auch die Produktivkräfte gewachsen sind und alle Springquellen des genossenschaftlichen Reichtums voller fließen — erst dann kann der enge bürgerliche Rechtshorizont ganz überschritten werden und die Gesellschaft auf ihre Fahnen schreiben: Jeder nach seinen Fähigkeiten, jedem nach seinen Bedürfnissen.“ [5]

Weg von der Arbeitsteilung; vom Gegensatz zwischen körperlicher und geistiger Arbeit; weg von isolierender Konkurrenz hin zur Kooperation von Gleichen; weg mit dem Staat als Produkt und Äußerung der Unversöhnlichkeit der Klassengegensätze — *das* ist das Gegenbild zu unserer Wirklichkeit, gegen das reformistische Mühsal und Plackerei so schwer aufkommt. Deshalb die leidenschaftliche und ernstgemeinte Absage an den existierenden Sozialismus und der Kampf um Gesellschaftsformationen, die es heute nirgends gibt.

Ist es unfair, solche scheinbar „utopischen“ Sätze von Marx zu zitieren? Lenin hat sie schon in „Staat und Revolution“ kommentiert:

> „Vom bürgerlichen Standpunkt aus ist es leicht, eine solche Gesellschaftsstruktur als ‚reine Utopie‘ hinzustellen und darüber zu spotten, daß die Sozialisten jedem das Recht zusichern, von der Gesellschaft ohne jede Kontrolle über die Arbeitsleistung des einzelnen Bürgers eine beliebige Menge Trüffeln, Autos, Klaviere u. dgl. m. zu erhalten. Die meisten bürgerlichen ‚Gelehrten‘ beschränken sich auch bis auf den heutigen Tag auf dieses Spotten und verraten dadurch nur ihre Ignoranz und ihre eigennützige Verteidigung des Kapitalismus.
>
> Ignoranz, denn es ist keinem Sozialisten je eingefallen, zuzusichern, daß die höhere Phase der Entwicklung des Kommunismus eintreten wird; die *Voraussicht* der großen Sozialisten aber, daß sie eintreten wird, hat nicht die heutige Arbeitsproduktivität und *nicht* den *heutigen* Spießer zur Voraussetzung, der es fertigbrächte, etwa wie die Seminaristen von Pomjalowski, ‚für nichts und wieder nichts‘ Magazine gesellschaftlicher Vorräte zu beschädigen und Unmögliches zu verlangen.“ [6]

Mir ist nicht nach „Spotten“ zumute. Aber Lenins Marx-Interpretation ist vor mehr als einem halben Jahrhundert geschrieben worden, zu einer Zeit, als der Sozialismus in ganz

Europa von der ursprünglichen Empörung unterdrückter Arbeiter und ausgepreßter Bauern getragen war. Von diesem Treibsatz der Empörung ist wenig übriggeblieben; wenn die kommunistische Gesellschaft nicht den *damaligen* Spießer zur Voraussetzung hatte — den heutigen schon gar nicht. Jede sozialistische Theorie muß sich deshalb *zuerst* mit der Frage auseinandersetzen, wieso das eigentlich „naturnotwendige" Bedürfnis der Massen nach Aufhebung der Klassenherrschaft verdrängt ist.

Wie „offen" oder „tolerant" darf eine Gesellschaft sein? Welche Interessen sollen zu Wort kommen? Die einen sagen: Die Massen sind unter der „repressiven Toleranz" der westlichen Demokratien verblendet: zum Narren gehaltene Millionen. Die andern leugnen den „Verblendungszusammenhang". Umfragen zeigten, daß die Mitbestimmung in Großunternehmen die Arbeiter wenig bewegt, also sei sie unwichtig. Der tägliche Kauf der BILD-ZEITUNG durch Millionen Arbeitnehmer sei eine „Abstimmung am Kiosk". Also sei Demokratisierung der Presse unnötig. Die Entscheidung für oder gegen „Toleranz" setzt Überlegungen über die „Verblendung" voraus.

Hier — und nicht bei irgendwelchen Diskussionen über die Vergesellschaftung von Produktionsmitteln — liegt das eigentliche Problem des demokratischen Sozialismus. Wenn man den gleichen Rationalitätsbegriff hat, kann man sich „rational" darüber auseinandersetzen, ob und wie man die Banken oder die chemische Industrie in der Bundesrepublik vergesellschaftet. Wird diese Frage aber von zwei Partnern diskutiert, von denen der eine der ganz sicheren Überzeugung ist, daß das oft unerbittliche Konkurrenzverhalten der Menschen, ihr Egoismus, ihre geringe Bereitschaft zu freiwilliger Kooperation auf Verblendung zurückzuführen ist — und diese wiederum auf den Gegensatz von Lohnarbeit und Kapital —, während der andere diese Gewißheit nicht besitzt, dann endet das Gespräch in der gegenseitigen Beschuldigung der „Irrationalität". So enden heute die meisten „theoretischen" Dispute in der SPD. Will man dieses Ende vermeiden, muß sich die Auseinandersetzung auf das Problem richten, das *sicher erkennbar* ist. Die erkenntnistheoretische Problematik ist der ökonomischen vorgelagert.

Im europäischen Sozialismus werden heute drei Lösungen dieser Problematik diskutiert: die des „wissenschaftlichen Sozialismus", die der Kritischen oder auch Dialektischen Theorie und die des Kritischen Rationalismus. Ich will versuchen, diese drei Lösungsversuche kurz darzustellen, um dann aufgrund der vorgetragenen Argumente die Güterabwägung der Reformisten erneut — und auf einer neuen Stufe der Reflexion — zu rekonstruieren. Wer sich für die erkenntnistheoretische Problematik näher interessiert, muß an die Quellen zurück. Ich dokumentiere die drei Positionen durch viele Originalzitate, um mich sowenig wie möglich dem Vorwurf der Verkürzung oder Entstellung auszusetzen. Wer glaubt, sich mit den Schlußfolgerungen begnügen zu können, sollte die folgenden Darstellungen bis zum Abschnitt „Über die Erkennbarkeit der Welt" überspringen.

### c. *Die Lösung des wissenschaftlichen Sozialismus*

Der wissenschaftliche Sozialismus geht vom Prinzip der *Erkennbarkeit der Welt* aus: Das menschliche Bewußtsein ist imstande, die objektive Realität adäquat widerzuspiegeln und zu erkennen. Engels sagt:

> „Die Frage nach dem Verhältnis von Denken und Sein hat ... noch eine andere Seite: Wie verhalten sich unsere Gedanken über die uns umgebende Welt zu dieser Welt selbst? Ist unser Denken imstande, die wirkliche Welt zu erkennen, vermögen wir in unseren Vorstellungen und Begriffen von der wirklichen Welt ein richtiges Spiegelbild der Wirklichkeit zu erzeugen? Diese Frage heißt in der philosophischen Sprache die Frage nach der Identität von Denken und Sein und wird von der weitaus größten Zahl der Philosophen bejaht." [7]

Auf dieser (von Hegel stammenden) Basis entwickeln Marx und Engels die dialektisch-materialistische Abbild- oder Widerspiegelungstheorie. Ihr zufolge existiert der Gegenstand der Erkenntnis, nämlich die objektive Realität, unabhängig und außerhalb vom erkennenden Subjekt und wird von diesem in einem komplizierten Prozeß, in dem die „Praxis" eine große Rolle spielt, bewußtseinsmäßig erfaßt und in ideellen Abbildern (Empfindungen, Wahrnehmungen, Begriffen, Aussagen, Theorien etc.) widergespiegelt. Das Materielle wird also im Menschen in Ideelles übersetzt.[8]

Das Abbilden ist ein komplizierter Prozeß voller „dialektischer" Widersprüche.

„Er umschließt die widersprüchliche Einheit von Objektivem und Subjektivem, von Unmittelbarkeit und Vermittlung, von Sinnlichem und Rationalem, von Allgemeinem und Einzelnem, von Abstraktem und Konkretem, von Empirischem und Theoretischem. Dementsprechend sind auch die im Erkenntnisprozeß entstehenden Abbilder der objektiven Realität keine mechanischen Kopien, sondern komplizierte Übersetzungen gemäß den spezifischen Gesetzen der menschlichen Erkenntnistätigkeit. Aber es besteht eine eindeutige Beziehung zwischen den Abbildern und dem Abgebildeten, eine Isomorphie, die in den verschiedenen Abbildformen unterschiedliche Gestalt annimmt.“ [9]

Diesen Gedanken liegen die Hegelsche Dialektik und seine Philosophie der Identität zugrunde. Vereinfacht gesagt: Das Denken entwickelt sich in Widersprüchen. Alle Grundsätze der üblichen Logik werden weggewischt. Eine bestimmte Negation, die das Positive aufgehoben, aber auch in sich aufgenommen hat, wird zum höheren und reicheren Begriff. „Die Negation und der negative Begriff ist die höhere und reichere Stufe des Denkens.“ [10] Gleichzeitig legitimiert sich diese Dialektik in der Geschichte; Hegel begreift sie als eine Erfahrung, die sich dann im erkennbaren Gesetz vollzieht. In der Geschichte ereignet sich der Fortschritt der Vernunft. Daher ist alles Wirkliche vernünftig und alles Vernünftige wirklich.

Auf der Basis dieser Philosophie denkt der „wissenschaftliche Sozialismus“ weiter. Kriterium der Wahrheit der jeweiligen Erkenntnis ist die *Praxis.*

„Praxis im marxistisch-philosophischen Sinne bezeichnete stets den gesellschaftlichen Gesamtprozeß der materiellen Umgestaltung der objektiven Realität.“ [11]

Das menschliche Wissen von der objektiven Realität kann sich also nur aus der materiellen Einwirkung auf diese Praxis entwickeln. Die Wahrheit einer Erkenntnis wird also dadurch überprüft, daß sie sich in der Praxis, in der konkreten Veränderung der Wirklichkeit bewährt.

Für unseren Zusammenhang ist nun das Entscheidende der dialektisch-materialistischen Erkenntnistheorie die leidenschaftliche Ablehnung jedes „Agnostizismus“. Es gibt eine „objektive Wahrheit“, und sie ist auch erkennbar. Am schärfsten hat dies Lenin in seiner Polemik gegen den sogenannten „Empiriokritizismus“ von Mach und Avenarius vertreten. Die Wahrheit sei nicht nur eine „organisierende Form der menschlichen Erfahrung“; dies sei ja beispielsweise auch der Katholizismus.

Nur die Naturwissenschaft allein, die die Außenwelt in der menschlichen Erfahrung abbildet, sei fähig, den Menschen die objektive Wahrheit zu vermitteln. Lenin:

„Der Agnostiker sagt: *Ich weiß nicht,* ob es eine objektive Realität gibt, die durch unsere Empfindungen widerspiegelt, abgebildet wird, ich erkläre, daß es unmöglich ist, dies zu wissen ... Hieraus folgt die Verneinung der objektiven Wahrheit durch den Agnostiker und die Toleranz, die spießerhafte, philiströse, feige Toleranz gegenüber der Lehre von Waldteufeln, Hausgeistern, katholischen Heiligen und ähnlichen Dingen.“ [12]

Kurz und gut: Der Mensch kann objektive Gesetzmäßigkeiten bei der Entwicklung und beim Wechsel gesellschaftlicher Formationen — insbesondere also beim Übergang vom Kapitalismus zum Sozialismus — erkennen. Wörtlich:

„Die philosophische Konzeption des historischen Materialismus erlaubt es, festzustellen, was in einem gegebenen Fall gesellschaftlich relevante oder irrelevante Merkmale oder Erscheinungen sind.“ [13]

Dieser Grundgedanke der Erkennbarkeit der Welt muß nun noch ergänzt werden durch die Theoriestücke der Diktatur des Proletariats und des demokratischen Zentralismus. *Wer* kann die Gesetzmäßigkeiten der Geschichte erkennen? Die einzige Klasse, deren Erkenntnismöglichkeiten nicht durch Klassenschranken begrenzt sind, ist das Proletariat — es hat nichts, also auch keine Interessen, die es an der Erkenntnis der Wahrheit hindern. An sich will das Proletariat, das die am meisten demokratische Klasse ist, andere Klassen nicht ausbeuten. Da aber die Bourgeoisie sich die Machtpositionen nicht kampflos aus der Hand winden läßt und auch nach dem Sieg des Proletariats noch versuchen wird, seine Macht erneut zu errichten, ist die Diktatur des Proletariats unausweichlich. Ihre Härte und Dauer hängt vom Widerstand der gestürzten Klassen ab.

Das Proletariat aber braucht einen organisierten Vortrupp: die revolutionäre Partei. Der Kampf gegen die Bourgeoisie verlangt härteste Auseinandersetzung, also auch Kaderbildung, konspirative Arbeit. Deshalb kann das Organisationsprinzip nur „demokratischer Zentralismus“ sein.

Günther Heyden definiert:

„Der demokratische Zentralismus ergibt sich notwendig aus dem Wesen und der historischen Mission der Arbeiterklasse sowie aus dem Wesen der sozialistischen Produktionsweise. Entstanden als Organisationsprinzip des bewußten und organisierten Vortrupps der Arbeiterklasse — der marxistisch-leninistischen Partei —, entwickelt sich der demokratische Zentralismus nach der siegreichen sozialistischen Revolution und der Errichtung der Diktatur des Proletariats auf qualitativ neuer Grundlage.

Er wird zu einem Grund- und Entwicklungsprinzip der sozialistischen Staatsmacht, zum Hauptprinzip der Leitung der Gesellschaft durch den von der Arbeiterklasse und ihrer Partei geführten Staat. Der Sieg des Sozialismus und Kommunismus ist nur durch die straffe einheitliche Planung und Leitung der Gesellschaft und die Konzentration aller gesellschaftlichen Kräfte auf die Lösung der sich aus den Volkswirtschaftsplänen ergebenden Hauptaufgaben möglich. Der demokratische Zentralismus ist die Form, in der die objektiven Notwendigkeiten, die aus der Entwicklung der sozialistischen Gesellschaft entstehen und ihr dienen, vermittels der Bewußtheit der Volksmassen durchgesetzt werden. Demokratischer Zentralismus bedeutet Leitung der gesamtstaatlichen Angelegenheiten von einem Zentrum aus und Unterordnung der örtlichen Organe unter das Zentrum bei Wählbarkeit aller Machtorgane und Rechenschaftspflicht vor dem Volke. Er beinhaltet umfassende Teilnahme des Volkes an der Leitung des Staates und Gewährung der Selbständigkeit in der Tätigkeit der örtlichen Organe.“ [14]

Dabei muß man verstehen, daß die zentrale Leitung der Gesellschaft eine notwendige Folge der Erkenntnismöglichkeiten des wissenschaftlichen Sozialismus ist. In der antagonistischen Klassengesellschaft herrscht Anarchie der Warenproduktion; es wird nicht das produziert, was dem Bedürfnissen der Menschen entspricht, sondern das, was Profit bringt. Wenn ich die Bewegungsgesetze der Geschichte erkennen kann, kann ich aber — im groben — auch die Bedürfnisse der Menschen, die der jeweiligen Stufe der Geschichte angemessen sind, erkennen. Die Anarchie des Kapitalismus muß deshalb durch die vernünftige Leitung der Gesellschaft ersetzt werden. Paul A. Baran sagt:

„Die *raison d'être* einer sozialistischen Gesellschaft scheint die zentrale Funktion zu sein, die in ihr gesellschaftlichen Kontrollorganen zugeschrieben wird. Und vermutlich ist es der Zweck einer jeden politischen Aktion zur Errichtung des sozialistischen Systems, gesellschaftliche Kontrollorgane zu schaffen, welche die Souveränität des Konsumenten im Interesse der Gesellschaft als ganzes beschränken (und die Präferenzen des Konsumenten formen) sollen — im Gegensatz zu einer Ordnung, in der es das kapitalistische Unternehmen ist, das diese Funktion zum Nutzen von Privatinteressen erfüllt.“ [15]

Diese Darstellung der wichtigsten Elemente des „wissenschaftlichen Sozialismus“ mag dem einen oder anderen allzu

„orthodox“ geraten sein; in der Tat gibt es Leute, die sich als „wissenschaftliche Sozialisten“ interpretieren, ohne alle die hier skizzierten Konsequenzen — Diktatur des Proletariats, demokratischer Zentralismus — mitzuvollziehen. Ich sage deshalb ausdrücklich, daß es mir nicht darum geht, eine theoretische Position mit dem Verweis auf schlechte Wirklichkeit (in kommunistischen Staaten) zu denunzieren. Aber es ist mir wichtig, verständlich zu machen, daß aus dem Prinzip der Erkennbarkeit der Welt, also aus dem Anspruch, den Geschichtsprozeß in seiner Totalität erfassen und seinen objektiven Sinn enthüllen zu können, ziemlich direkt die Forderung nach einer zentralen Leitung der Gesellschaft nach — erkennbaren — vernünftigen Prinzipien folgt. Zugegeben, daß viele Sozialisten *diese* Folgerung, erdrückt von der brutalen Wirklicheit solcher Leitungsinstanzen, letztlich doch verweigern. Aber *das* ist doch fast unerträglich: die Gesetze der Geschichte zu kennen, zu wissen, wie eine mündige, freiheitliche und solidarische Gesellschaft geschaffen werden könnte — und doch die Unvernunft gewähren zu lassen.

Von diesem Konflikt sind viele marxistische Intellektuelle hin und her geschüttelt. Die im Westen entwickelte Kritische oder Dialektische Theorie ist der Versuch einer Antwort auf dieses Dilemma.

### *d. Die Lösung der Dialektischen Theorie*

Auch die Kritische oder Dialektische Theorie, entwickelt von der sogenannten „Frankfurter Schule“: Adorno, Horkheimer, Marcuse und ihren Schülern und Enkelschülern: Habermas, Oskar Negt, Alfred Schmidt usw. — geht von der Erkennbarkeit der Welt aus. Dies allerdings in einer — verglichen mit der offiziellen Philosophie kommunistischer Parteien und Staaten — sehr viel differenzierteren Form; Alfred Schmidt zeiht Lenin beispielsweise ungeniert eines „dogmatischen Abbild-Realismus“ und qualifiziert seine in orthodoxen Kreisen immer noch wie ein heiliges Buch behandelte Schrift „Materialismus und Empiriokritizismus“ als „mehr parteigeschichtlich als philosophisch“ relevant.[16] Aber auch die dialektische Theorie geht aus von den Grundgedanken der marxistischen Geschichtsphilosophie: Die Geschichte ist eine Art „Selbsterzeugungsakt der Menschengattung“, in der sich das gesellschaftliche Subjekt von notwendiger Arbeit emanzipiert.[17] Die Geschichte vollzieht sich in dialektischer Entwicklung, an deren Ende der mündige Mensch in einer emanzipierten Gesellschaft steht. „Praktische Fragen", die der Rechtfertigung empfohlener Normen dienen, sind „wahrheitsfähig"; der Mensch muß sich also nicht blind für irgendwelche obersten Werte entscheiden, um dann nur noch über die Wahl der Mittel zur Verwirklichung dieser Werte rational befinden zu können — er kann den gesellschaftlichen Lebenszusammenhang begreifen.

Ausgangspunkt der Gesellschaftskritik der Dialektischen Theorie ist dabei die Tatsache, daß die Menschen in unserer Gesellschaft wie in allen kapitalistischen (und „postkapitalistischen" — also bürokratisch-sozialistischen Gesellschaften) „verblendet" sind. Adorno/Horkheimer haben das schon 1943 so formuliert:

> „Der Widersinn der Herrschaft ist heute fürs gesunde Bewußtsein so einfach zu durchschauen, daß sie des kranken Bewußtseins bedarf, um sich am Leben zu erhalten." [18]

Hier sind wir natürlich an einem ganz entscheidenden Punkt: an der Kritik von Pluralismus und Toleranz durch die Aufdeckung der Manipulierbarkeit der Menschen. Das gesamte Prinzip der repräsentativen Demokratie mit seinem Wahlmechanismus wird fragwürdig, wenn die Massen massiv und ständig getäuscht werden können. Die „eigentlichen" Interessen und Bedürfnisse der Menschen sind erkennbar; die Menschen werden aber daran gehindert, sie zu erkennen. Was also soll man institutionell tun, um diesem Widersinn ein Ende zu bereiten?

Am differenziertesten haben dieses Problem in letzter Zeit Alexander Kluge und Oskar Negt herausgearbeitet. Während Herbert Marcuse bei der Schilderung des nicht von Konsum und Reklame betäubten Menschen allzuleicht ins Idyllische gerät, bleiben sie in der Analyse der Verführung kühl und empirisch. Und doch wird der philosophische Ansatzpunkt — der für das konkrete politische Handeln in einer Konkurrenzdemokratie so entscheidend ist — ganz deutlich. Ihre These ist, auf eine Kurzformel gebracht: Wir leben in einer Diktatur der Bourgeoisie, in der das Bewußtsein der Massen unterdrückt wird.

Kluge/Negt stellen der „bürgerlichen Öffentlichkeit" eine neue Kategorie entgegen, der sie mit äußerster Sensibilität nachspüren: die „proletarische Öffentlichkeit". Ihre These: Dem „Proletariat" — also den von den Produktionsmitteln getrennten Arbeitnehmern — ist die Erkenntnis ihres Lebenszusammenhanges „blockiert"; ihnen wird das Kategorienschema der „bürgerlichen Öffentlichkeit" aufgedrängt.

„Proletarische Öffentlichkeit" ist etwas anderes als die in der Wirklichkeit vorfindbare Arbeiteröffentlichkeit, also das Insgesamt der Arbeiterkommunikation, das sich in Gesprächen am Arbeitsplatz, in Betriebszeitungen, in Darstellungen der Massenmedien etc. darstellt. Schon hier wird der marxistische — genauer: hegelianische — Ursprung dieser Kategorie deutlich:

„Proletarische Öffentlichkeit geht in dem gegenwärtigen Gehalt von empirischer Arbeiteröffentlichkeit nicht auf; sie ist deren jeweilige organisatorische Zusammenfassung in einer Richtung, die Tendenzen der Aufhebung der im proletarischen Lebenszusammenhang blockierten Erfahrung durch die Beziehung auf das Ganze der Gesellschaft bezeichnet." [19]

Die „proletarische Öffentlichkeit" kann man also nicht dingfest machen, indem man die Arbeiter — beispielsweise mit demoskopischen Methoden — einfach befragt: Sie können dieses Bewußtsein eben nicht artikulieren.

„Die Kategorie der proletarischen Öffentlichkeit müßte auch dann entwickelt werden, wenn ihr empirisch in der Lebenssituation der Proletarier nichts entspräche. Tatsächlich gibt es aber Elemente im Arbeiterbewußtsein, die von sich aus auf eine solche proletarische Öffentlichkeit gerichtet sind. Insofern ist sie eine Kategorie der Realität, die in verschiedenen Reifegraden der Arbeiterbewegung zum Ausdruck kommt." [20]

Das „Proletariat" ist gehindert, seine Interessen, Erfahrungen und Bedürfnisse auszudrücken. Die „faktischen Verhältnisse", die nur nachträglich erlernt sind, sind etwas anderes als der „gesellschaftliche Gemeinwillen",[21] für den es viele Namen gibt: öffentliche Meinung, Weltgeist, Gesamtarbeiter usw.

Eine geradezu klassische Formulierung dieses Problems — Erkennbarkeit der Welt, aber eben nur für wenige — bieten Kluge/Negt in dem Kapitel „Erfahrungsbegriff und Öffentlichkeit":

„Ein einzelner Arbeiter — gleichgültig, zu welcher Fraktion der Arbeiterklasse er gehört, und gleichgültig, wie sehr seine konkrete Arbeit sich von der Arbeit anderer Arbeiterfraktionen unterscheidet — macht ‚seine Erfahrungen'. Horizont dieser Erfahrungen ist die Einheit des proletarischen Lebenszusammenhangs. Dieser Zusammenhang umfaßt die Stufenleiter der Produktion der Waren-und-Gebrauchswerteigenschaften dieser Arbeitskraft (Sozialisation, psychischer Aufbau der Person, Schule, Aneignung von Arbeitswissen, Freizeit, Massenmedien) und den davon nicht trennbaren Einsatz dieser Arbeitskraft im Produktionsprozeß; über diesen einheitlichen Zusammenhang, den er öffentlich und privat ‚erlebt', nimmt er das ‚gesellschaftliche Ganze', *die Ganzheit des Verblendungszusammenhangs* auf. *Er müßte Philosoph sein, um diese Produktion seiner Erfahrung, die vororganisiert und unorganisiert in einem ist und sein empirisches Leben prägt und zugleich begleitet, zu verstehen. Verstünde er, was durch ihn hindurch geschieht* (aber daran ist er gehindert, weil alle Medien der Erfahrungsbildung, die Sprache, die psychische Organisation, die Verkehrsformen, die Öffentlichkeit am Verblendungszusammenhang des Warenfetischs teilnehmen), *so hätte er zwar immer noch keine Erfahrung, aber er könnte immerhin analysieren, weshalb er keine hat.*" [22]

Er müßte Philosoph sein — hier wird das Kernproblem sichtbar. Der „gesellschaftliche Gemeinwille", das Gemeinwohl, die Richtung der geschichtlichen Bewegung sind erkennbar — aber für „Philosophen"; die Erkenntnisfähigkeit der Massen ist durch Einzelinteressen beschränkt. Daß diese Einstellung zur Idee der Erziehungsdiktatur führen kann, ist deutlich.

Aber die dialektische Theorie meidet diese Konsequenz. Horkheimer und Adorno haben sich in ihren späten Jahren für die „unvollkommene Demokratie" ausgesprochen, Habermas hat die Studentenbewegung vor „Aktonismus" gewarnt, Kluge/Negt kritisieren die leninsche Aufteilung in „Tätige Subjekte (Avantgarde) und Objekte der Erziehung oder Administration".[23] Habermas hat an die Stelle der vernünftigen Leitung der Massen durch eine wie auch immer erwählte Führungsinstanz eine andere Idee gesetzt: den „herrschaftsfreien Dialog", den „Diskurs".

Er geht dabei davon aus, daß „praktische Fragen" „wahrheitsfähig" sind. Wenn die Menschen bereit seien, bei Erörterung der Fragenbündel um eine gerechte Ordnung des Gemeinwesens ihre „subjektiven Begehrungen in verallgemeinerungsfähige zu transformieren",[24] wenn sie also aufhören, alles nur unter dem Blickpunkt ihrer Einzelinteressen zu sehen, sei ein vernünftiger Konsensus zu erzielen. Wohl wissend, wie schwierig dieses Ziel zu erreichen ist, fordert Habermas doch — vereinfacht gesagt — eine Organisation der gesellschaftlichen Entscheidungsprozesse nach dem Modell des herrschaftsfreien

Dialogs, des „Diskurses". Nur so sei die Idee der Mündigkeit in einer emanzipierten Gesellschaft zu verwirklichen.

Habermas definiert den „Diskurs" so:

„Der Diskurs läßt sich als diejenige erfahrungsfreie und handlungsentlastete Form der Kommunikation verstehen, deren Struktur sicherstellt, daß ausschließlich virtualisierte Geltungsansprüche von Behauptungen bzw. Empfehlungen oder Warnungen Gegenstand der Diskussion sind; daß Teilnehmer, Themen und Beiträge nicht, es sei denn im Hinblick auf das Ziel der Prüfung problematisierter Geltungsansprüche, beschränkt werden; daß kein Zwang außer dem des besseren Argumentes ausgeübt wird: daß infolgedessen alle Motive außer dem der kooperativen Wahrheitssuche ausgeschlossen sind. Wenn unter diesen Bedingungen über die Empfehlung, eine Norm anzunehmen, argumentativ, d. h. aufgrund von hypothetisch vorgeschlagenen alternativenreichen Rechtfertigungen, ein Konsensus zustande kommt, dann drückt dieser Konsensus einen ‚vernünftigen Willen' aus. Da prinzipiell alle Betroffenen an der praktischen Beratung teilzunehmen mindestens die Chance haben, besteht die ‚Vernünftigkeit' des diskursiv gebildeten Willens darin, daß die zur Norm erhobenen reziproken Verhaltenserwartungen ein *täuschungsfrei* festgestelltes *gemeinsames* Interesse zur Geltung bringen: gemeinsam, weil der zwanglose Konsensus nur das zuläßt, was *alle* wollen können; und täuschungsfrei, weil auch die Bedürfnisinterpretationen, in denen *jeder Einzelne* das, was er wollen kann, muß wiedererkennen können, zum Gegenstand der diskursiven Willensbildung werden. ‚Vernünftig' darf der diskursiv gebildete Wille heißen, weil die formalen Eigenschaften des Diskurses und der Beratungssituation hinreichend garantieren, daß ein Konsensus nur über angemessen interpretierte *verallgemeinerungsfähige* Interessen, darunter verstehe ich: Bedürfnisse, *die kommunikativ geteilt werden,* zustande kommen kann. Die Schranke einer dezisionistischen Behandlung praktischer Fragen wird überwunden, sobald der Argumentation zugemutet wird, die Verallgemeinerungs*fähigkeit* von Interessen zu prüfen, statt vor einem undurchdringlichen Pluralismus scheinbar letzter Wertorientierungen (oder Glaubensakte oder Einstellungen) zu resignieren. Nicht die Tatsache dieses Pluralismus soll bestritten werden, sondern die Behauptung, daß es unmöglich sei, kraft Argumentation die jeweils verallgemeinerungsfähigen Interessen von denen zu scheiden, die partikular sind und bleiben." [25]

Die dialektische Theorie will mit Hilfe historischer Gesetzmäßigkeiten bestimmten Typs die Deutung eines historischen Lebenszusammenhangs erreichen. Insoweit bleibt sie Hegel und Marx verpflichtet. Sie verweigert aber die organisatorisch-politischen Konsequenzen, die der Marxismus-Leninismus aus der „Analyse" gezogen hat. Insofern eignen sich ihre Beschreibungen und Erklärungen besonders zum Gebrauch in den reformistischen Arbeiterparteien Europas, in denen das Bedürfnis groß ist, Marx treu zu bleiben, ohne Lenin folgen zu müssen.

### e. Die Lösung des Kritischen Rationalismus

Der „Kritische Rationalismus", begründet von Karl Popper — in Deutschland fortgeführt vor allem von Hans Albert —, stellt an die geschichtsphilosophischen Thesen und Perspektiven zuerst einmal methodische Fragen. Die Vertreter dieser eher an Kant als an Hegel orientierten „kritizistischen" Auffassung zweifeln daran, daß das menschliche Erkenntnisvermögen das hergibt, was die Dialektiker ihm zumuten. Sie bleiben aber nicht in Skepsis und Resignation stecken, sondern versuchen durchaus, eine Orientierung für politisches, institutionelles Handeln zu geben. Damit überwinden sie ursprünglich „positivistische" Denkansätze, von denen sie ohne Zweifel herkommen. Der Kritische Rationalismus versteht sich als eine Weiterentwicklung, ja eine Überwindung des Positivismus.

Hans Albert hat sich mit der Dialektischen Theorie, insbesondere mit Habermas ausführlich auseinandergesetzt. Seine „methodischen" Fragen formuliert er einmal so:

> „Die eindrucksvollen Ansprüche dieser Konzeption [26] sind wohl erkennbar, aber es fehlt bisher jeder Ansatz zu einer einigermaßen nüchternen Analyse des skizzierten Verfahrens und seiner Komponenten. Wie sieht die logische Struktur dieser historischen Gesetze aus, denen eine so interessante Leistung zugeschrieben wird, und wie kann man sie überprüfen? In welchem Sinne kann ein Gesetz, das sich auf eine konkrete historische Totalität, auf einen einmaligen und unumkehrbaren Prozeß als solchen bezieht, etwas anderes sein als eine singuläre Aussage? Worin besteht der Gesetzescharakter einer solchen Aussage? Wie bringt man es fertig, die fundamentalen Abhängigkeitsverhältnisse einer konkreten Totalität zu identifizieren? Welches Verfahren steht zur Verfügung, um von der zu überwindenden subjektiven Hermeneutik zum objektiven Sinn vorzustoßen? Unter Dialektikern mögen das alles Fragen von minderer Bedeutung sein. Man kennt das von der Theologie her. Der interessierte Außenstehende fühlt sich jedoch in seiner Gutgläubigkeit überfordert. Er sieht die Ansprüche, die mit dem souveränen Hinweis auf die Beschränktheit anderer Auffassungen vorgebracht werden, aber er möchte ganz gerne wissen, inwieweit sie fundiert sind." [27]

Dies ist ein politisches Buch; der unvollkommene Versuch eines politischen Praktikers, seine Entscheidung für den Reformismus zu begründen. Deshalb können die Verästelungen der erkenntnistheoretischen Diskussion hier nicht dargestellt werden. Am einfachsten und plastischsten sind nach wie vor die Formulierungen Poppers in seinem großen Buch „Die offene Gesellschaft und ihre Feinde", das zwischen 1938 und

1943 niedergeschrieben wurde, aber immer noch die wirksamste Kritik des Marxismus von einem nicht-reaktionären Standpunkt her sein dürfte.[28]

Popper geht aus vom „Erklärungs"-Begriff der Naturwissenschaft. Auch die Geschichtsphilosophie will ja „erklären" und daraus Prognosen (für unser Handeln) ableiten. Einen Vorgang kausal zu erklären, hieße also einen Satz, der ihn beschreibt, aus Gesetzen und Randbedingungen deduktiv abzuleiten.

Nun geht es in der Geschichte ja nicht — wie bei den generalisierenden Wissenschaften, sagen wir: der Physik oder Soziologie — um die Überprüfung von universellen, immer geltenden Hypothesen und die Voraussage spezifischer Ereignisse, sondern um die Erklärung eines spezifischen oder besonderen Ereignisses. Wer über solche, noch dazu in der Vergangenheit liegenden, Ereignisse Aussagen machen wolle, steht, so folgert Popper, vor besonderen Schwierigkeiten. Er hat nie alle Daten zur Verfügung, sondern immer nur eine Auswahl davon — eine Auswahl nämlich, die auf der Interpretation des geschichtlichen Tatbestandes durch irgendeine Überlieferung, einen Historiker etc. beruht. Die „Theorien", die in solchen Interpretationen aufgestellt werden, beispielsweise eine „Theorie" darüber, warum die österreichisch-ungarische Monarchie anfangs dieses Jahrhunderts zusammenbrach, sind sehr schwer zu überprüfen. Interpretationen seien zwar notwendig und sinnvoll — aber man übernehme sich einfach, wenn man aus den vorliegenden historischen Materialien den „Sinn der Geschichte" rekonstruieren wolle.

Popper nennt diejenigen, die dies versuchen, „Historizisten".

„Der Historizist sieht nicht, daß wir es sind, die die Tatsachen der Geschichte auswählen und ordnen, sondern glaubt, daß ‚die Geschichte selbst' oder ‚die Geschichte der Menschheit' durch ihre inhärenten Gesetze uns, unsere Probleme, unsere Zukunft und sogar unseren Gesichtspunkt bestimmt. Statt zu erkennen, daß die historische Interpretation einem Bedürfnis entgegenkommen sollte, das sich aus den praktischen Problemen und Entscheidungen ergibt, denen wir gegenüberstehen, glaubt der Historizist, daß sich in unserem Wunsche nach historischer Interpretation die profunde Intuition ausdrückt, wir könnten durch die Betrachtung der Geschichte das Geheimnis, das Wesen des menschlichen Schicksals entdecken." [29]

Popper verweist also darauf, daß unser Ausgangsmaterial für historische Interpretationen und die Entdeckung historischer „Gesetzmäßigkeiten“ nicht ausreiche; es ist eine kleine Auswahl aus einer unübersehbaren Fülle von Tatsachen, die vergangen und nicht wiederholbar sind.

„Es gibt keine Geschichte der Menschheit, es gibt nur eine unbegrenzte Anzahl von Geschichten, die alle möglichen Aspekte des menschlichen Lebens betreffen. Und eine von ihnen ist die Geschichte der politischen Macht. Sie wird zur Weltgeschichte erhoben. Aber das ist eine Beleidigung jeder anständigen Auffassung von der Menschheit. Es ist kaum besser, als wenn man die Geschichte der Unterschlagung oder des Raubes oder des Giftmordes zur Geschichte der Menschheit machen wollte. Denn die *Geschichte der Machtpolitik ist nichts anderes als die Geschichte internationaler Verbrechen und Massenmorde* (einige Versuche zu ihrer Unterdrückung eingeschlossen — das ist wahr). Diese Geschichte wird in der Schule gelehrt, und einige der größten Verbrecher werden als ihre Helden gefeiert.

Aber gibt es wirklich keine Universalgeschichte im Sinne einer konkreten Geschichte der Menschheit? Eine solche Geschichte kann es nicht geben. ... Eine konkrete Geschichte der Menschheit — wenn es sie gäbe — müßte die Geschichte aller Menschen sein. Sie müßte die Geschichte aller menschlichen Hoffnungen, Streitigkeiten und Leiden sein. Denn kein Mensch ist wichtiger als irgendein anderer. Diese konkrete Geschichte kann nun offenkundig nicht geschrieben werden.“ [30]

Aus dieser Bescheidung, die Popper verlangt, muß aber nicht Resignation, Verzicht auf Orientierung, Zynismus folgen:

„Die Geschichte hat keinen Sinn, das ist meine Behauptung. Aber aus dieser Behauptung folgt nicht, daß wir nichts tun können, daß wir der Geschichte der politischen Macht entsetzt zusehen müssen oder daß wir gezwungen sind, sie als einen grausamen Scherz zu betrachten. Denn wir können sie interpretieren mit einem Auge auf jene Probleme der Machtpolitik, deren Lösung wir in unserer eigenen Zeit versuchen wollen. Wir können die Geschichte der Machtpolitik deuten vom Standpunkt unseres Kampfes für die offene Gesellschaft, für eine Herrschaft der Vernunft, für Gerechtigkeit, Freiheit, Gleichheit und für die Kontrolle des internationalen Verbrechens. Obwohl die Geschichte keinen Zweck hat, können wir ihr dennoch diese unsere Zwecke auferlegen, und *obwohl die Geschichte keinen Sinn hat, können wir ihr doch einen Sinn verleihen.*“ [31]

Hans Albert hat die „kritizistische“ Geschichtsbetrachtung — vor allem in seinem „Traktat über Kritische Vernunft“ (Tübingen 1968) — weitergeführt. An einem bestimmten Punkt gerate die klassische Erkenntnislehre, die vom Prinzip der Begründung ausgeht, vor eine unabweisbare Schwierigkeit. Wenn man für alles eine Begründung verlangt, muß man auch für die Erkenntnisse, auf die man jeweils die zu begründende Auffassung zurückgeführt hat, wieder eine Begründung verlangen. Man muß also entweder immer so weiter machen („infiniter Regreß“) oder in einem logischen Zirkel auf Aussagen zurückgreifen, die vorher schon als begründungsbedürftig aufgetreten waren, oder das Verfahren einfach an irgendeinem Punkt abbrechen. Genau diese dritte Alternative ist die übliche — auch im Marxismus und seinen verschiedenen Denkschulen. An irgendeiner Stelle kommt der Punkt, wo das Begründungsverfahren abgebrochen und Selbstevidenz, Selbstbegründung, usw. angenommen wird. Diese Hypothesen werden dann dogmatisiert und dürfen als letzte Voraussetzungen oder oberste Prinzipien nicht in Frage gestellt werden.

An dieser Stelle setzen die Kritischen Rationalisten an. Sie schlagen vor, die „Begründungsidee“ ganz fallen zu lassen und an ihre Stelle das Prinzip der kritischen Prüfung zu setzen. Keiner Instanz wird Unfehlbarkeit und damit das Recht zur Dogmatisierung bestimmter Problemlösungen zugestanden. Bei jeder Theorie lohnt es, nach Alternativen zu suchen.[32]

Für unser Problem der Toleranz sieht die kritizistische Lösung nun folgendermaßen aus: Es wird nicht etwa behauptet, daß die Bedürfnisse und Interessen der Individuen, so wie sie sich in Wahl- oder Kaufakten zeigen, sakrosankt und jeder Kritik enthoben sein sollen; dies wäre ja gerade die naive demokratische Ideologie, hinter der oft genug das Interesse desjenigen steht, der vom Status quo begünstigt wird. Die Menschen können sich täuschen, sie können getäuscht, hintergangen werden. Allerdings würde der Kritizismus auch nicht akzeptieren, daß die „eigentlichen Bedürfnisse“ der Menschen von einer Elite auf irgendeine geheimnisvolle Weise erkannt werden; er würde davon ausgehen, daß man über die „wirklichen Bedürfnisse“ und die „richtige“ Ordnung keine Gewißheit haben kann und daß es deshalb sinnvoll sei, Alternativen zu den bestehenden Verhältnissen zu erproben. Diese Alternativen müßten so konstruiert sein, daß sie an der Wirklichkeit scheitern können; daraus ergebe sich ein Zwang zu einer schrittweisen, jeweils an der Wirklichkeit — und Wirkung jedes einzelnen Schritts — kontrollierten Veränderung.[33]

Hier liegen die Einwände der Dialektiker: die Prüfverfahren würden, so sagen sie, die menschliche Vernunft und Phantasie auf das begrenzen, was im wissenschaftlichen oder doch quasiwissenschaftlichen Sinn „prüfbar“ sei; im übrigen werde eine derartige Betrachtungsweise der „Totalität“ der Gesellschaft, dem inneren Zusammenhang vieler Faktoren, nicht gerecht. Die Kritischen Rationalisten würden darauf wieder antworten, daß die „Totalität“ schon seit Hegel eine ganz vage, nirgends wirklich definierte Kategorie sei und daß das Totalitätsdenken in ein auswegloses Dilemma führe: Entweder müsse man vor der „totalen“ Realität resignieren oder ihr die „totale“ Alternative gegenüberstellen, also den Umsturz der ganzen bestehenden Ordnung. Die grundlegende Meinungsverschiedenheit liegt in der Frage, was alles „wahrheitsfähig“ ist, was man sicher erkennen kann, was „Tatsachen“ und was „Entscheidungen“ sind. Das ist auch die Meinungsverschiedenheit in der täglichen, ordinären Politik, in der von Werturteilsstreit und engen oder weiten Rationalitätskonzepten nicht die Rede ist: Je mehr einer über Gewißheit verfügt, desto eher ist er zu weitgehenden, ja grundstürzenden Änderungen bereit — bis hin zur radikalen Anwendung von Terror und Gewalt.

Trotzdem beschränkt sich der Kritische Rationalismus nicht auf irgendeine politische „Neutralität“, sondern tritt aktiv für Pluralismus und Toleranz ein — aber nicht in dem Glauben, daß in einem so konstruierten „pluralistischen“ System die „richtigen“ „gerechten“ Entscheidungen getroffen würden, sondern sozusagen aus „methodischen“ Gründen:

„Wer in der Erkenntnistheorie für eine kritische Methode eintritt, weil er der Ansicht ist, daß man aus Irrtümern lernen kann, daher seine Auffassungen der Kritik aussetzt und sie mit möglichen Alternativen konfrontiert, auf deren Hintergrund sich ihre Schwächen deutlicher zeigen, der wird für die Lösung politischer Probleme keine andere Methode bevorzugen. Da solche Alternativen aber oft viel besser von denen präsentiert werden, die sie wirklich vertreten, erscheint es angezeigt, in Auseinandersetzungen mit diesen Verfechtern andersartiger Auffassungen einzutreten und daher über den theoretischen Pluralismus hinaus einen *sozialen und politischen Pluralismus* ins Auge zu fassen. Will man einen solchen Zustand herbeiführen, dann wird man für Gedankenfreiheit und alles das eintreten müssen, was diese Freiheit und damit auch die Freiheit des geistigen Austauschs wirksam macht, also auch gegen Hemmnisse wie die Zensur und überhaupt die geistige Kontrolle durch Autoritäten, die Zwangsmittel anwenden können. ... So hängen also Wahrheitsstreben, kritische Methode und politische Freiheit eng miteinander zusammen.“ [34]

Der Kritische Rationalismus ist also, wenn man so will, eine Theorie des Reformismus; Popper sprach ja direkt von „Stückwerk-Technologie" — das ist die theoretische Variante der „kleinen Schritte", die in der Rhetorik sozialdemokratischer Reformpolitik ständig vorkommen. Nur kann sich dieser Theorie jeder bemächtigen, der irgend etwas ändern — also: nicht alles beim Alten lassen will — demnach jeder, der einigermaßen bei Sinnen ist. Die intelligenten Konservativen — wie Hans Maier — haben das auch längst begriffen und versuchen, diese Denkrichtung für sich in Beschlag zu nehmen. Da ihnen dabei anderseits jene Sozialdemokraten helfen, die in der Sozialdemokratie wieder ein Monopol marxistischer Theorie etablieren möchten, hat dieses Unterfangen eine gute Chance.

## 2. ÜBER DIE „ERKENNBARKEIT DER WELT"

Auf der Basis dieser erkenntnistheoretischen Überlegungen setze ich erneut dazu an, die „Güterabwägung" zu rekonstruieren, die der Entscheidung für den Reformismus zugrundeliegt. Ich formuliere meine persönlichen Argumente; dies ist also keine „Widerlegung" aller möglichen erlauchten Theorien, sondern eine nüchterne Darlegung, warum ich diesen Theorien nicht zu folgen vermag.

Dabei bemühe ich mich, die wichtigsten philosophischen Argumente des Reformismus in kurzen, modellartigen Überlegungen zu konzentrieren: Ausgehend von Behauptungen der marxistischen Klassiker oder ihrer Schüler, formuliere ich die Fragen und Bedenken, die mir wichtig zu sein scheinen — und mich dazu bringen, die als Schimpfwort konzipierte Bezeichnung „Reformist" auf mich zu nehmen.

Diese Methode der Auseinandersetzung mag dem einen oder anderen mißfallen; sie könnte den Verdacht erregen, der Verfasser gebärde sich hier als Originalgenie, das ausgezogen ist, die literarischen Götter das Fürchten zu lehren. Deshalb betone ich hier ein für allemal, daß ich nichts anderes tue, als die Argumente zusammenfassen, die die reformistische Bewegung seit vielen Jahrzehnten akkumuliert hat. Der große Dialog Kautsky-Bernstein, die innerparteilichen Schlachten Vollmar-Bebel-Luxemburg bis hin zu Knoeringen-Wehner-Oertzen, die Zeugnisse einer internationalen

Auseinandersetzung mit dem Marxismus — Havemann und Garaudy, Ernst Fischer und Georg Lukács, die tschechischen Reformer, Sacharow und Turčin, Kolakowski und Togliatti — und selbst viele Vertreter der heutigen osteuropäischen Soziologie: Ossowski, Hegedüs, Klofác, Gábor Kiss — all diese Politiker, Wissenschaftler, Literaten, Ökonomen, haben das Fundament gelegt, auf dem wir in der praktischen Politik unsicher und zögernd herumstolpern. Ihre intellektuelle Leistung bestimmt unsere Entscheidung für den Reformismus.

Aber: dies ist eine *politische Schrift,* geschrieben zum Gebrauch in der Sozialdemokratie — und keine geistesgeschichtliche Würdigung. Deshalb wird viel verdienstvolle Literatur nicht zitiert; und deswegen wird der Respekt vor unbestritten bedeutenden Köpfen nicht übertrieben. Schon die deutsche Wissenschaft leidet unter der Krankheit, daß keiner mehr fragt, ob Kant oder Marx recht hatten, sondern nur noch, wie sie zu ihren Thesen gekommen sind und wie diese Thesen sich zu irgendwelchen anderen Thesen verhalten. Die Politik kann diese vornehme Zurückhaltung nicht bewahren; sie muß entscheiden, nach welcher Theorie sie sich verhalten will — und wenn sie sich um keine Theorie schert, verhält sie sich nach der gefährlichsten.

Im übrigen plädiere ich — das ist reformistische Tradition — nachdrücklich für die Verwendung verschiedenartiger geistiger Instrumente, die zur Analyse unserer Gesellschaft zur Verfügung stehen. Nichts ist steriler als ein Seminarmarxismus, der sich um große Teile der modernen Ökonomie nicht kümmert, weil die „bürgerlich" sei — und der Max Weber unter die Reaktionäre oder Revanchisten einreiht. Er ist genauso steril wie die deutsche Sozialwissenschaft zwischen 1945 und 1965, die die marxistische Tradition im Giftschrank versteckt hielt.

Meine Leitfrage ist:

Sollen wir auf „Pluralismus" und „Toleranz" verzichten? Ich kann nicht ableugnen, daß unter diesen großen Überschriften die Menschen millionenfach betrogen wurden und betrogen werden. Trotzdem versteife ich mich auf *demokratischen* Sozialismus — die liberalen politischen Freiheitsrechte sollen Kriterium der sozialen Umwälzung bleiben. Ich weiß übrigens, wie wenig man dann — wenn man alle Veränderungen im Mehrheitswillen fundieren muß — „umwälzen" kann. Trotzdem entscheide ich mich für den reformistischen Weg. Warum?

## a. Praxis als Kriterium der Wahrheit

Der „wissenschaftliche Sozialismus“ hat die *Praxis* zum Prüfstein der Wahrheit gemacht. „Unser Wissen von der objektiven Realität kann nur aus der materiellen Einwirkung auf die Praxis entstehen und sich entwickeln ... Eine andere erkenntnistheoretische Funktion der Praxis als einer materiellen Einwirkung auf die objektive Realität ist, *Kriterium der Erkenntnis, Prüfstein der Wahrheit von Aussagen und Aussagenverbindungen* ... zu sein.“ [35]

Davon gehe ich aus. Ich prüfe zwei entscheidende Erkenntnisse des Marxismus, auch des Leninismus, an der „Praxis“ — zuerst einmal sozusagen „naiv“, ohne alle die möglichen Einschränkungen und Einwände gleich zu diskutieren, die natürlich in vielfältiger Form vorgebracht worden sind. Ich meine die These, im Sozialismus werde die Warenproduktion aufgehoben und der Staat absterben.

Diese beiden Thesen sind so bekannt, daß ich sie hier nicht ausführlich darstellen muß. Das „Kapital“ beginnt mit einer Erläuterung des Warenbegriffs. Marx geht davon aus, daß Gebrauchsgegenstände überhaupt nur „Waren“ werden, weil sie Produkte voneinander unabhängig betriebener Privatarbeiter sind. Der Mensch steckt Arbeit in ein Produkt und tauscht es dann möglichst günstig gegen andere Produkte, die er braucht, ein. In einem „Verein freier Menschen“ wäre dies, so Marx, anders: Da würde *gesellschaftlich* produziert, und zwar gemäß den Bedürfnissen der Menschen, die in einer „vorherbestimmenden Kontrolle der Gesellschaft“, einem Plan, festgehalten sind. Die Verteilung fände nach Bedürfnissen statt — nicht nach Leistung. Grundlage jeder Abschaffung oder Eindämmerung der Warenproduktion ist eine gewisse ökonomische Reife der Gesellschaft und die Vergesellschaftung der Produktionsmittel.[36]

Die Theorie vom Absterben des Staates hängt mit dem Problem der Warenproduktion eng zusammen. Sie geht vor allem auf Engels zurück, der den Ursprung des Staates aus der Arbeitsteilung erklärt. Die Arbeitsteilung habe eine Spaltung in Klassen herbeigeführt, die so viele Konflikte mit sich bringe, daß eine scheinbar über den Klassen stehende Macht, eben der Staat, notwendig werde. Engels sagt wörtlich:

„Der erste Akt, worin der Staat wirklich als Repräsentant der ganzen

Gesellschaft auftritt — die Besitzergreifung der Produktionsmittel im Namen der Gesellschaft —, ist zuletzt sein letzter selbständiger Akt als Staat. Das Eingreifen einer Staatsgewalt in gesellschaftliche Verhältnisse wird auf einem Gebiete nach dem anderen überflüssig und schläft dann von selbst ein. An die Stelle der Regierung über Personen tritt die Verwaltung von Sachen und die Leitung von Produktionsprozessen." [37]

Wieder mag der der Marxismus-Diskussion ferner stehende Leser meinen, hier würden „utopische" Elemente des Marxismus zitiert, um die ganze Lehre zu diffamieren. Das ist nicht der Fall.

„Aufhebung der Warenproduktion und Absterben des Staates sind einander entsprechende Prozesse und alles andere als agitatorische Parolen; sie sind Grundsatzforderungen des wissenschaftlichen Kommunismus. Wer sie als utopische Träumereien abtut, verneint den Kommunismus selbst." [38]

Wenn man nun die — unter westlichen Marxisten allerdings verpönte — Frage stellt, ob in den sozialistischen Gesellschaften wenigstens erste Tendenzen für derartige Entwicklungen erkennbar werden; also bespielsweise für eine Politik, die — selbstverständlich Schritt für Schritt — eine Verteilung nach Leistung zugunsten einer Verteilung nach Bedürfnissen verdrängt und die Bindung Lohn-Leistung lockert, dann wird man antworten müssen: Nein, solche Tendenzen sind nicht erkennbar. Umgekehrt: In einem repräsentativen Lehrbuch des deutschen sozialistischen Staates heißt es: „Warenproduktion bildet somit einen untrennbaren Bestandteil der sozialistischen Ökonomik ... der dem gesellschaftlichen System des Sozialismus wesenseigen ist." [39]

Ich habe bewußt einige Augenblicke „naiv" argumentiert. Natürlich kenne ich alle Einwände gegen solche Fragen: Sozialismus könne nicht in *einem* Land verwirklicht werden; die Entwicklung der Produktivkräfte sei noch nicht weit genug fortgeschritten; und vor allem — eine Grundfigur in der gesamten Marxismus-Diskussion des Westens — der verwirklichte, jedenfalls der heute existierende Sozialismus sei überhaupt kein „Argument". Man wolle eben nicht den entarteten, revisionistischen, bürokratischen, sondern einen ganz anderen, bisher allerdings nirgends vorkommenden, höchstens in China in Ansätzen sichtbaren Sozialismus. Gerade mit diesem Argument ist die Auseinandersetzung notwendig.

Denn dieses Argument — und es segelt oft genug unter der Flagge eines „wissenschaftlichen Sozialismus" — weist gesellschaftliche Praxis als Kriterium der Erkenntnis und Prüfstein der Wahrheit gerade ab. Das soziale Experiment großen Stils, das der existierende Sozialismus darstellt, wird als Quelle der Erfahrung schlicht ausgeschaltet. Mit Distanzierungen und Verurteilungen ist man dann schnell bei der Hand; der unerbittliche Kampf des Kapitalismus gegen diese sozialistischen Länder, die menschlichen Schwächen der sozialistischen Führer hätten eben zur „Entartung" geführt. Den, der so argumentiert, wird man doch fragen müssen: Wird es einen Sozialismus geben, gegen den der Kapitalismus *nicht* unerbittlich kämpft? Wird es sozialistische Führer geben, die keine Fehler haben? Worauf gründet sich eure Hoffnung, daß das nächste Experiment besser gelingt als das, das wir seit Jahrzehnten erleben?

Ich muß als Politiker eine soziale Kostenrechnung anstellen. Ich muß überlegen, welches Ziel welche Opfer rechtfertigt. Kann ich bei dieser Kalkulation, die, weil wir nicht genug wissen, ohnehin über den Daumen gepeilt werden muß, knapp sechzig Jahre europäischer Geschichte mit einer Handbewegung abtun?

Mich jedenfalls beunruhigt es zutiefst, wenn ich lese, was der Realist Lenin kurz vor der Revolution noch für möglich hielt — und was wirklich geschehen ist. Lenin schrieb in „Staat und Revolution":

„Wir sind keine Utopisten. Wir ‚träumen' nicht davon, wie man *unvermittelt* ohne jede Verwaltung, ohne jede Unterordnung auskommen könnte; diese anarchistischen Träumereien, die auf einem Verkennen der Aufgaben der Diktatur des Proletariats beruhen, sind dem Marxismus wesensfremd, sie dienen in Wirklichkeit nur dazu, die sozialistische Revolution auf die Zeit zu verschieben, da die Menschen anders geworden sein werden. Nein, wir wollen die sozialistische Revolution mit den Menschen, wie sie gegenwärtig sind, den Menschen, die ohne Unterordnung, ohne Kontrolle, ohne ‚Aufseher und Buchhalter" nicht auskommen werden.

Aber unterzuordnen hat man sich der bewaffneten Avantgarde aller Ausgebeuteten und Werktätigen — dem Proletariat. Die spezifische ‚Vorgesetztenrolle' der Staatsbeamten kann und muß man sofort, von heute auf morgen, durch die einfachen Funktionen von ‚Aufsehern und Buchhaltern' zu ersetzen beginnen, Funktionen, *denen der heutige Städter bei seinem Entwicklungsniveau im allgemeinen schon vollauf gewachsen ist ist und die für einen ‚Arbeiterlohn' durchaus ausführbar sind.*" [40]

Die „Vorgesetztenrolle der Staatsbeamten" wurde keineswegs abgeschafft; weder „von heute auf morgen" noch überhaupt. Der „Städter" war dieser Perspektive nicht gewachsen. Lenin:

„Unser nächstes Ziel ist es, die *gesamte* Volkswirtschaft nach dem Vorbild der Post zu organisieren, und zwar so, daß die unter der Kontrolle und Leitung des bewaffneten Proletariats stehenden Techniker, Aufseher, Buchhalter sowie *alle* beamteten Personen ein den ‚Arbeiterlohn' nicht übersteigendes Gehalt beziehen." [41]

Nichts dergleichen konnte auf Dauer verwirklicht werden. Heute, nahezu 60 Jahre später, heißt es in den offiziellen Enzyklopädien des Sozialismus überall so wie bei Klaus/Buhr: Die Frage nach dem Absterben des Staates im Sozialismus sei „eine rein theoretische Frage, praktisch aber unaktuell und gegenstandslos".

„Das Absterben des Staates setzt, wie durch die Klassiker des Marxismus-Leninismus stets betont wurde, eine ganze Reihe objektiver und subjektiver Bedingungen voraus. Hierzu gehören u. a.: die Entwicklung der Produktivkräfte, der Arbeitsproduktivität auf ein viel höheres Niveau, als dies in der Gegenwart erreicht ist; die Überwindung der wesentlichen Unterschiede zwischen verschiedenen sozialen Kräften und Gruppen; die vollständige Überwindung der Überreste der bürgerlichen und kleinbürgerlichen Ideologie und die völlige Durchsetzung der sozialistischen Ideologie und Weltanschauung; eine viel höhere gesellschaftliche Organisiertheit der Gesamtmasse der werktätigen Bevölkerung ... Solange diese Bedingungen nicht gegeben sind, ist es töricht, die Forderung nach einem Verschwinden des Staates zu erheben. Dies würde gegenwärtig auf die Forderung nach einer Demontage der sozialistischen Staats- und Gesellschaftsordnung und nach Restauration des Imperialismus hinauslaufen." [42]

Ich gestehe offen, daß ich an eine „Überwindung der *wesentlichen* Unterschiede zwischen den sozialen Kräften" kaum und an die „*vollständige* Überwindung der Überreste der bürgerlichen ... Ideologie" gar nicht glaube. Die totale Vergesellschaftung der Produktionsmittel — auch heute hieße das noch: ihre Verstaatlichung — würde uns diesem Ziel nicht näher bringen. Oder jedenfalls: Es gibt in der Wirklichkeit keine Anzeichen für die Berechtigung einer solchen Hoffnung. Die bisherigen Erfahrungen sprechen dagegen. Woher soll ich also die Gewißheit nehmen, die ich brauchen würde, um die Auseinandersetzung zu verantworten, die wir da anfingen?

Ich kehre an den Ausgangspunkt dieser Überlegung zurück. Der „linke“ Kommunist Peter Bremer schreibt:

„Warenproduktion, entwickelte, aber schon im Keim in der einfachen enthalten, heißt Konkurrenz und Gewinnstreben statt Solidarität und gegenseitigem Beistand — Egoismus, Neid und Mißgunst statt Altruismus, Hilfe und Wohlwollen, Abgrenzung und Mißtrauen statt Verständigung und Vertrauen.“ [43]

Bremer hat recht: Aber die Praktiker des existierenden Sozialismus bezweifeln offenbar ebenso wie die Praktiker des Kapitalismus, ob sich eine entfaltete Wirtschaft ohne Konkurrenz und „materielle Anreize“ allein auf Solidarität und gegenseitigen Beistand gründen läßt.

Ich bin weit davon entfernt, die Frage Bremers unberechtigt zu finden. Ich gestehe zu, daß man sich von schlechter Wirklichkeit nicht davon abhalten lassen darf, nach einer besseren Zukunft zu fragen.

Nur müßten wir eine Versuchsanordnung finden, die nicht von uns verlangt, daß wir *alles* riskieren um einer ungewissen Chance willen. Denn um die „Erkennbarkeit der Welt“ scheint es mir schlechter bestellt, als die marxistischen Klassiker voraussetzten.

### *b. Gegen die einzige Ursache*

Lenin ist ein Autor voll brutaler Klarheit; er leuchtet die Theorien aus wie ein Fernsehteam die Gesichtszüge eines Politikers — da wird viel sichtbar, aber manche Nuance des Ausdrucks geht im grellen Licht auch verloren. Zugegeben: mit Lenin ist leichter streiten als mit Marx. Aber ich halte die Auseinandersetzung mit dem Verwirklicher, dem theoriebewußten Macher für besonders erhellend. Lenin sagt:

„Schließlich macht allein der Kommunismus den Staat völlig überflüssig, denn es ist *niemand* niederzuhalten, niemand im Sinne einer *Klasse,* im Sinne des systematischen Kampfes gegen einen bestimmten Teil der Bevölkerung. Wir sind keine Utopisten und leugnen durchaus nicht die Möglichkeit und Unvermeidlichkeit von Ausschreitungen *einzelner Personen* und ebensowenig die Notwendigkeit, *solche* Ausschreitungen zu unterdrücken. Aber erstens bedarf es dazu keiner besonderen Maschine, keines besonderen Unterdrückungsapparates; das wird das bewaffnete Volk mit derselben Selbstverständlichkeit und Leichtigkeit bewerkstelligen, mit der eine beliebige Gruppe zivilisierter Menschen sogar in der heutigen Gesellschaft Raufende auseinanderbringt oder eine Frau vor Gewalt schützt. Zweitens wissen wir, daß die soziale Grundursache der Ausschreitungen, die eine Verletzung der Regeln des gesellschaftlichen Zusammenlebens bedeuten, in der Ausbeutung der Massen, ihrer Not und ihrem Elend zu suchen ist. Mit der Beseitigung dieser Hauptursache werden die Ausschreitungen unvermeidlich ‚abzusterben' beginnen." [44]

Auch wenn wir die These vom „Absterben" beiseite lassen und unwillig in eine ferne Zukunft verschieben: Ich glaube nicht an *eine* soziale *Grund*ursache. Es gibt verschiedene „Streitursachen"; ich kann sie nicht aufzählen wie Hobbes, der drei diagnostizierte: Konkurrenz, Mißtrauen und Ruhmsucht — und damit sicher nicht „den Menschen", sondern den bürgerlichen Menschen traf. Aber wenn es *ein* Ergebnis der empirischen Sozialwissenschaft der letzten 50 Jahre gibt, dann dies: Daß Konflikte „Prozesse" sind und daß zur gleichen Zeit an der gleichen Stelle gleichzeitig mehrere „Einflüsse", „Wirkungen", „Funktionen", „Beziehungen", „Bedürfnisse", „Rollenerwartungen" wirksam werden können. [45] Elend und Ausbeutung sind in der Tat ganz entscheidende Ursachen für Verbrechen und „Ausschreitungen". Aber auf dieser Welt scheinen sich keine Bedingungen schaffen zu lassen, unter denen Konflikte gewissermaßen überflüssig werden.

Wer dies so sieht, muß keineswegs bestreiten, daß die Marxsche Zurückführung der gesellschaftlichen Verhältnisse auf die Produktionsverhältnisse eine unerhört fruchtbare Hypothese war; wer nur ein einziges Mal selbst erlebt hat, wie ganze idealistische Begründungsgebäude — für einen Wandel in der Literatur, in den gesellschaftlichen Normen, in der Politik — wie Kartenhäuser zusammenfielen, weil ein Marxist herausgefunden hatte, daß nicht edle Motive, sondern der Zusammenbruch des Gummiexports oder die Erfindung einer neuen Maschine dafür verantwortlich waren, versteht die intellektuelle Faszination dieser These. Er muß sich auch nicht der Erkenntnis verschließen, daß der Mensch *am stärksten* durch seine Arbeit geprägt wird, wie der von Marx gewendete Materialismus lehrt. Aber er findet keine Bestätigung dafür, daß *alle* juristischen, politischen, philosophischen oder religiösen Vorstellungen in „letzter Instanz" aus der Art und Weise, zu produzieren und Produkte auszutauschen, abgeleitet sind. Er findet es sinnlos, für alle Konflikte ein und dieselbe Ursache anzunehmen. Der Münchner Soziologe Walter Bühl faßt die Ergebnisse der sozialwissenschaftlichen Forschung in den Sätzen zusammen:

„Der Konflikt ist als ein mehrdimensionales Geschehen anzusehen. Das soll heißen, daß zwischen den verschiedenen Ebenen oder Sektoren des Konflikts, z. B. dem materiellen oder ökonomischen Interessenkonflikt, dem Herrschaftskonflikt, dem sozialen Rangkonflikt, dem ideologischen oder dem Wert- und Normenkonflikt usw. kein *notwendiges* Folgeverhältnis angenommen werden kann. Mit der apriorischen Annahme beispielsweise, daß der grundlegende Konflikt immer ein materieller Interessenkonflikt (zwischen ‚Arbeit' und ‚Kapital') sei und daß ‚alle anderen Konflikte nur abgeleitet bzw. Epiphänomene dieses Basiskonflikts' seien, wird jede ernsthafte Forschung behindert. Es ist sehr wohl möglich, daß bestimmte ethische und religiöse Konflikte nur ‚vorgeschoben' sind; wie weit die verschiedenen Konflikte in eine Ebene fallen oder inwieweit sie unabhängig voneinander variieren, muß jedoch eine Sache der empirischen Feststellung bleiben und kann nicht von vornherein entschieden werden." [46]

Dies ist natürlich — sage ich warnend — eine Leugnung der „objektiven Gesetzmäßigkeiten", die angeblich „erkennbar" sind. Es ist eine Kritik an der Bipolarität der Klassentheorie, ein Fragezeichen hinter dem berühmten Eingangssatz aus dem „Manifest": „Die Geschichte aller bisherigen Gesellschaft ist die Geschichte von Klassenkämpfen." Es bedeutet, daß in diesen Satz ein Wort neu eingefügt wird: „Auch." Meinetwegen zwei Worte: „Vor allem." Aber er kann nicht so stehenbleiben. Es gibt verschiedene „Konfliktslagen", die man nicht auf eine „zentrale Konfliktsdimension" einebnen kann.[47]

Auch unkontrollierte Bürokratie, die sich *nicht* auf Kapitalmacht gründet, kann den Menschen verbiegen und unterdrücken, seinen „aufrechten Gang" behindern. Der Marxist Ernst Bloch hat diese Marx-Kritik so formuliert:

„Die Abschaffung des Zustandes, in dem es Mühselige und Beladene gibt, das ist das Thema der sozialen Utopien gewesen, dann das Thema des wissenschaftlichen Sozialismus. Dagegen die Abschaffung des Zustandes, in dem es Erniedrigte und Beleidigte gibt (was eine ganz andere, *nicht ursächlich getrennte, aber doch andere* Sphäre darstellt), diese Abschaffung ist nicht theoretisch vom Marxismus durchdacht worden." [48]

Die Sozialdemokratie in Deutschland hat daraus die strategische Konsequenz gezogen: das Konzept der „Demokratisierung der Gesellschaft". Fritz Vilmar:

„An die Stelle der offenbar aussichtslosen und dogmatischen Ein-Front-Strategie Arbeit kontra Kapital tritt die Viel-Fronten-Strategie der Demokratisierung in allen gesellschaftlichen Subsystemen. Diese Wendung von der unifrontalen zur multifrontalen Transformationspraxis wird sich als eine — im doppelten Wortsinn — revolutionäre gesellschaftspolitische Wende im letzten Drittel des zwanzigsten Jahrhunderts erweisen.“ [49]

### *c. Gegen den großen Sprung*

Ich bleibe beim wichtigsten Problem, das sich meiner Meinung nach dem Politiker stellt: Woher gewinnt man die Gewißheit über die Prinzipien des eigenen Handelns? Ich erlebe täglich Leid und Brutalität; wie kann ich erreichen, daß durch mein Handeln Leid gemindert und nicht vermehrt wird? Wie erkenne ich die Ursachen der alltäglichen Zerstörung von menschlichen Entfaltungsmöglichkeiten? Wie gewinne ich wenigstens eine relative Sicherheit bei meinem Handeln? Denn für die Folgen muß ich einstehen. Ich kann mich, wenn es schiefgeht, nicht auf die Geschichte oder die Perfidie meines Gegners oder die Schlechtigkeit der Menschen herausreden.

Hier liegt eine große Schwierigkeit, die wir Reformisten mit dem strikten Marxismus haben. Denn dieser verlangt von uns unbeirrbar den „großen Sprung“. Entweder wir zerstören die Bestandsbedingungen des Kapitalismus — mit all den unausweichlichen, voraussehbaren sozialen Kosten, die das verlangt — oder wir verfehlen das Heil. Eine Möglichkeit, im Experiment zu prüfen, ob die neue, sozialistische Problemlösung der gegebenen überlegen ist, wird uns nicht gelassen.

Was ich also kritisiere, ist, daß der strikte Marxismus mir die Möglichkeit zur kritischen Prüfung seiner Problemlösungen verweigert. Ich sehe schon ein, daß man beim Bergsteigen wie in der Politik hin und wieder einen Sprung wagen, ein Risiko eingehen muß; aber ich will wenigstens eine gewisse Wahrscheinlichkeit haben, daß ich nicht ins Leere springe. Ich möchte die Prüfbarkeit der Alternativen gewährleistet wissen.

In diesem Punkt überzeugen mich in der Tat die Argumente der kritischen Rationalisten. Albert kritisiert den „Alternativradikalismus“, der nach der Maxime vorgeht: „Einerseits das bestehende System mit allen seinen Schwächen und andererseits ein vollkommen verändertes System, dessen

Zustandekommen eine Umwälzung aller Verhältnisse erfordern würde, wenn man einmal vom Realisierbarkeitsproblem abstrahiert." [50] Ich behaupte, daß eine Haltung, die den „großen Sprung", die Zerstörung der Bedingungen der Kapitalverwertung, zum entscheidenden Kriterium der Veränderung macht, alle anderen gesellschaftlichen Reformen entwertet und die Menschen von der praktischen Erprobung neuer Lebensweisen oder Wirtschaftsformen abhält. Mit der Setzung eines einzigen „entscheidenden Kriteriums" werden alle anderen Veränderungen der Überprüfbarkeit an der Wirklichkeit entzogen.

Bisher sind dies bloße Behauptungen. Ich will sie an drei Beispielen belegen. Dabei beziehe ich mich für dieses Mal nicht auf Äußerungen der marxistischen Klassiker, sondern auf die zeitgemäße Fortführung ihrer Theorien in der Gegenwart.

## BEISPIEL 1: DIE THEORIE VOM STAATSMONOPOLISTISCHEN KAPITALISMUS

Diese Theorie, die erst kürzlich innerhalb der SPD, vor allem innerhalb der Arbeitsgemeinschaft der Jungsozialisten, zu einer erregten theoretischen Debatte geführt hat, besagt, kurz gesagt, daß der bürgerliche Staat eine Marionette der Monopole ist. Marx hatte den naturnotwendigen Zusammenbruch des Kapitalismus prognostiziert; Lenin, Rosa Luxemburg u. a. haben das Ausbleiben dieses Zusammenbruchs vor allem mit dem „Imperialismus" erklärt — die endgültige Krise eines kapitalistischen Landes kann dadurch aufgehalten werden, daß das Proletariat in Entwicklungsländern ausgebeutet wird und der Kollaps sich dadurch hinauszögert. Die Theorie des staatsmonopolistischen Kapitalismus billigt nun — auch unabhängig von den Aktivitäten kapitalistischer Staaten in der Dritten Welt — dem Kapitalismus eine gewisse Entwicklungschance zu, eben weil das Eingreifen des bürgerlichen Staates die selbstzerstörerischen Tendenzen des Kapitalismus auf Zeit mildere.[51]

Es ist also ein Versuch, die Marxsche Krisentheorie mit einer Wirklichkeit in Einklang zu bringen, in der der Kapitalismus eben nicht zusammengebrochen ist, sondern ein erhebliches Wirtschaftswachstum, einen erheblichen Lebensstandard für die Menschen — allerdings auch: einen erheblichen Problemstau — entwickelt hat.

Nun denke ich nicht daran, in Abrede zu stellen, daß der Staat im Kapitalismus in erheblichem Maße von „der Wirtschaft" — und das heißt: einer bestimmten Geldelite — abhängig ist. Wer sich darüber hinwegtäuscht — und dies tun viele Sozialdemokraten —, lügt sich selbst in die Tasche. Er übernimmt zudem die Verantwortung für Entwicklungen, die er eigentlich gar nicht verantworten kann. Der „Staat" ist kein hegelianischer objektivierter Geist und keine „Statue Gottes auf Erden", sondern — als Begriff — ein Symbol von zweifelhaftem Erkenntniswert, als Wirklichkeit eine Ansammlung von Personen in einem „Apparat", also in der Finanzverwaltung, der Polizei, dem Militär, den Einrichtungen der Daseinsvorsorge — und damit eine Repräsentation der Gesellschaft. Daß in diesem „Staat" diejenigen den meisten Einfluß haben, die am stärksten Macht ausüben können, ist nichts als eine Tautologie. Im Kapitalismus übt die Wirtschaft immer noch die größte Macht aus. Wer diese schlichte, empirisch nachweisbare Feststellung als „Stamokap" diffamieren wollte — und auch solche Sozialdemokraten gibt es —, versperrt sich der Wirklichkeit und jagt Illusionen nach.

Die Tatsache, daß wirtschaftliche Macht den Staat noch viel zu stark bestimmt, kann aber nicht heißen, daß dies immer so bleiben müsse und daß Machtverschiebungen zwischen Kapital, Arbeit und Staat innerhalb des Kapitalismus nicht möglich seien. Genau dies aber behauptet die Theorie vom staatsmonopolistischen Kapitalismus, die durch die Einführung eines bestimmten Systembegriffs [52] konkrete gesellschaftliche Entwicklungen und Veränderungen der Prüfbarkeit entzieht.

Ich zitiere ein Dokument aus der Diskussion innerhalb der SPD:

„Im staatsmonopolistischen Kapitalismus greift der Staat direkt und aktiv in die ökonomische Planung und Profitverteilung ein. Der Staat ist nicht mehr, wie zur Zeit des nichtstaatsmonopolistischen Kapitalismus, nur Garant und Nährboden der Wirtschaftsweise, in dem er für einen adäquaten juristischen und kulturellen Überbau sorgt, sondern er steuert direkt die Produktion im Interesse der Herrschenden ... Reformen werden nur durchgeführt, wenn sie den Monopolen nützen (Studienreform) oder zumindest den Monopolen nicht schaden. Das wird ganz deutlich in Streiksituationen. Der Staat übernimmt eine Schlichter-Funktion, indem er z. B. die geforderte Lohnerhöhung ablehnt und einer weitaus geringeren zustimmt. Die Monopole werden dadurch nicht geschädigt, die Streikenden sind befriedigt und demobilisiert ... Die SPD-Führung ... sieht ihre heutige Aufgabe darin, gemeinsam mit den Gewerkschaften die Lohnabhängigen in den kapitalistischen Staat zu integrieren ...“ [53]

Das Entscheidende für mich ist die Frage, wie man eigentlich erkennt, ob eine bestimmte Reform — beispielsweise die Studienreform im Rahmen einer Hochschulgesetzgebung, Verbesserungen der Arbeitssituation der Menschen in der Sozialpolitik usw. — reale Machtverschiebungen zugunsten der Arbeitnehmer oder auch zugunsten des — durch Wahlen zumindest beeinflußbaren — Staatsapparates bewirken. Ich gebe gern zu, daß es immer wieder angebliche „Reformgesetze“ gibt, die solche Machtverschiebungen nur vortäuschen; aber ich behaupte, daß mit dem allgemeinen Wahlrecht, der Verkürzung der Arbeitszeit, einem System der sozialen Sicherung, Elementen der gesellschaftlichen Mitbestimmung, einer Reform des rechtlichen Normensystems der Kampf der Arbeiterbewegung nicht nur „Scheinerfolge“ erzielt hat.

Die Theorie vom staatsmonopolistischen Kapitalismus enthebt uns dieser konkreten Prüfung, ja sie immunisiert sich geradezu gegen eine empirische Überprüfung ihrer Thesen.

Denn auch der härteste Widerstand der „Monopole“ gegen bestimmte staatliche Maßnahmen ist keinerlei Beweis dafür, daß diese Maßnahmen nicht doch in einem „höheren“ Interesse des Kapitals liegen. In einer der wichtigsten Veröffentlichungen der Stamokap-Theorie heißt es:

„Die ökonomische Tätigkeit des Staates ist in ihrem Wesen stets politisch orientiert, d. h., sie ist darauf gerichtet, die eine Aufgabe, den unmittelbaren Profitinteressen der Monopole zu dienen, mit der anderen, größeren Aufgabe, das gesamte Profitsystem zu sichern und den Kampf der Arbeiterklasse sowie den Einfluß des Sozialismus abzuwehren, zu koordinieren. Im Einzelfall sind diese beiden Aufgaben nicht immer identisch. Es ist durchaus möglich, daß staatsmonopolistische Maßnahmen, die im ganzen den Interessen des Monopolkapitals entsprechen, für einen begrenzten Zeitraum zu den unmittelbaren Interessen einzelner Monopolgruppen in Widerspruch geraten oder aus politischen Gründen — wie z. B. aus dem Bestreben, die revanchistische Politik der ultrareaktionären Kräfte durchzusetzen — die allgemeinen Geschäftsinteressen der großkapitalistischen Kreise in bestimmter Hinsicht beeinträchtigen.“ [54]

Wieso der Staat die „wahren Interessen" der Kapitalisten besser definieren kann als sie selbst, bleibt unerfindlich.[55] Die Stamokap-Theorie ist in der Lage, auch eine (mögliche) Einführung der paritätischen Mitbestimmung in den 650 größten Unternehmen, die 80% des Sozialprodukts produzieren, als Vollzug monopolistischer Interessen zu erklären: Auch diese reale Machtverschiebung im Interesse der Arbeitnehmer ist nichts als eine List der Monopole, um die Massen von der Revolution — und der Zerstörung der Bedingungen der Kapitalverwertung — abzuhalten. Diese bleibt, weil evident, einziges Kriterium gesellschaftlicher Veränderung. So bleibt alles, was der Staat tut, im „objektiven" Interesse der „Monopolbourgeoisie" — selbst wenn diese es für ihre endgültige Entmachtung, Enteignung und Entmannung hält.

## BEISPIEL 2: SOZIALISMUS IN EINEM LAND

Beim zweiten Beispiel kann ich mich sehr viel kürzer halten, weil es so berühmt ist. Es ist nämlich die marxistische These, daß man zwar in *einem* Land die Diktatur des Proletariats errichten und eine Gesellschaft des Übergangs vom Kapitalismus zum Kommunismus, also den Sozialismus, etablieren könne. Der Kommunismus aber — und mit ihm die wirkliche Befreiung des Menschen von allen Zwängen — sei nur zu erreichen, wenn der Sozialismus überall in der Welt gesiegt habe. Erst dann dürfen all die Verheißungen Wirklichkeit werden, die wir bei den marxistischen Klassikern finden: Abschaffung der Warenproduktion, Aufhebung der Arbeitsteilung mit dem diskriminierenden Unterschied zwischen Kopf- und Handarbeit, Aufhebung damit der Entfremdung, Absterben des Staates.

Ich muß es nicht noch einmal betonen: Somit würden auch diese Thesen jeglicher Überprüfung entzogen. Der Einwand, daß der existierende Sozialismus ganz offenbar den Mangel, die entwürdigende Unterordnung am Arbeitsplatz, die Entfremdung nicht aufgehoben habe, wird obsolet, ja geradezu lächerlich: Das liege eben am Fortexistieren kapitalistischer Gesellschaften. Westliche Marxisten haben sogar nicht die geringsten Schwierigkeiten, zuzugeben, daß die Entfremdung im „dogmatischen Sozialismus" noch tiefgehender sei als in kapitalistischen Gesellschaften. Dies veranlaßt sie aber keineswegs, ihre Grundthese — daß man nämlich eine entfaltete Wirtschaft weitgehend auf Solidarität aufbauen könne, mit geringen materiellen Anreizen, ohne Zwangsmittel — aufzugeben. Vielmehr verlangen sie die Einführung des Sozialismus in der ganzen Welt, um dann zum Kommunismus kommen zu können. Das nenne ich den „großen Sprung"; unsereinem bliebe, folgte er diesen Ratschlägen, nichts anderes, als unter Abweisung aller empirischen Erfahrungen die Weltrevolution zu betreiben. Solange sie nicht vollendet ist, kann keinerlei Wirklichkeit die sozialistischen Grundthesen falsifizieren; sie sind der Überprüfung durch die Wirklichkeit entzogen.

## BEISPIEL 3: PROLETARISCHER LEBENSZUSAMMENHANG

Diese Tendenz — Immunisierung der eigenen Thesen gegenüber empirischer Überprüfung — findet sich nicht nur beim wissenschaftlichen Sozialismus; sie ist — als Erbe des Hegelianismus — in der dialektischen Theorie genauso zu finden. Als Beispiel wähle ich einen Abschnitt aus der Arbeit von Kluge/Negt — einem nun wirklich sensiblen, vorzüglichen marxistischen Buch, das sich aus der Flut der stumpfsinnigen Marx-Exegesen überaus vorteilhaft abhebt.

Kluge und Negt entwickeln — wie schon dargestellt — die Kategorie der „proletarischen Öffentlichkeit". Sie wollen verständlich machen, daß ein Mensch, der am Band arbeiten muß, der im „Terrorzusammenhang der Kleinfamilie" sozialisiert wird, der von Bildungsinstitutionen weitgehend ausgesperrt ist, sozusagen einen anderen Erkenntnisapparat hat, die Welt anders erfährt als das Bürgertum. Bei der Beschreibung dieser besonderen Bedingungen gelingen den Autoren Formulierungen, die schlagartig Einsichten vermitteln, z. B. die folgende:

„Kernpunkt der Irritation, die in allen diesen Fällen bürgerlicher Öffentlichkeit für denjenigen entsteht, der nicht auf diese Öffentlichkeit spezialisiert ist, ist die völlig andere *Ökonomie des Redens.* Für die Ausdrucksform des Arbeiters ist die kürzeste Verbindung zwischen zwei Erfahrungen nicht die reine Logik. Er malt ein Stück Situation mit ab, nimmt dadurch auch emotional Stellung, tastet seinen eigenen Standort in der Situation ab, während er redet. Dieser Versuch der Orientierung, eine rudimentäre Form der Selbstreflexion und ein Angebot an die Umstehenden, Einwürfe zu machen und beim Sprechen zu kooperieren, wird in den

Situationen der bürgerlichen Öffentlichkeit, vor allem in der Schule und im Fernsehen, als Abschweifung verstanden und sofort verworfen." [56]

Die Beschreibung ist treffend; wer jemals politische Versammlungen abgehalten hat, weiß, was die Autoren meinen. Dann aber begegnen sie dem Problem, daß diese Massen, die Subjekte der Revolution, die eigentlichen Vollender der Geschichte, entgegen allen Voraussagen ein revolutionäres Bewußtsein nicht entwickeln. Es ist geradezu quälend umgekehrt: In den Massen finden sich konservative, oft reaktionäre Instinkte.

Nun wäre diese unwiderlegliche Tatsache mit der Wirksamkeit konservativ gesteuerter Beeinflussungsapparate — von der Schule bis zu den Massenmedien — durchaus „erklärbar". Aber diese Erklärung reicht den Autoren nicht; die Klasse „an sich" kann nur dann zur Klasse „für sich" werden, der Verblendungszusammenhang kann nur dann aufgebrochen werden, wenn eben „das Eine" geschieht; solange es nicht geschieht, bleiben die Selbstaussagen der Proletarier historisch unerheblich. Kluge/Negt schreiben:

„Versuchen die Arbeiter, die Partikularität ihrer Interessen dadurch zu überwinden, daß sie das scheinbare Ganze des bürgerlichen Produktions- und Weltzusammenhangs zu erfassen suchen, so erliegen sie einer Täuschung. Sie wollen ihren proletarischen Lebenszusammenhang aufheben durch etwas, das sein genaues Gegenteil ist. Sie übersehen, daß die proletarischen Lebensverhältnisse durch diesen Gegensatz überhaupt erst produziert werden. Man kann die proletarischen Lebensverhältnisse nicht aufheben, ohne die bürgerlichen aufzuheben, genausowenig wie man Lohnarbeit aufheben kann, ohne gleichzeitig das Kapital aufzuheben." [57]

Und in einer Anmerkung dazu heißt es:

„Gerade dadurch, daß sich die Arbeiter nunmehr — ohne daß sich ihre gesellschaftliche Lage geändert hätte — ‚für Menschen halten', unterliegen sie der Täuschung über den Wirklichkeitsgrad ihres Handelns und ihrer gesellschaftlichen Organisiertheit. In dieser Mystifizierung können sie nicht erkennen, daß sie Gegenstand eines ihnen fremden Organisationszusammenhangs sind, über den sie tatsächlich nicht bestimmen." [58]

Die gesellschaftliche Lage — dies ist die Eingangsdefinition — kann nur geändert werden durch die vollständige Umwälzung der Produktionsverhältnisse. Sinngemäß wäre auch eine — heute wirklich weder gegebene noch gerechtfertigte

— Zufriedenheit aller Menschen in einer Gesellschaft kein Argument gegen den Umsturz. Ich plädiere nicht für eine Beurteilung gesellschaftlicher Verhältnisse auf der Grundlage von „Zufriedenheitsumfragen" demoskopischer Institute. Aber wer sich den Massen so weit voraus weiß, wird den Kontakt zu ihren Bedürfnissen verlieren. Jedenfalls nimmt er sich jede Gelegenheit, seine Evidenzen an der Wirklichkeit zu prüfen.

Nun weiß ich natürlich, was gegen alle diese drei Beispiele vorgebracht werden wird — von denen, die es vor lauter Gewißheit nicht überhaupt schon aufgegeben haben, zu diskutieren: Sie werden sagen, ich hätte einen positivistisch halbierten Erfahrungsbegriff und würde vordergründige Falsifikationsverfahren zum Maßstab der philosophischen Reflexion machen wollen. Dies aber sei eine unzulässige Selbstbeschränkung des auf Mündigkeit zielenden menschlichen Denkens.

Eine politische Bewegung wie die Sozialdemokratie kann sich nicht auf die eine oder andere erkenntnistheoretische Variante verpflichten. Im Handeln aber müssen wir uns entscheiden. Und hinter unserem Handeln steht — ob wir das wissen oder nicht — eine Einschätzung unserer „Gewißheit", also, wenn man so will, eine Erkenntnistheorie. Sie ist im Prinzip auch in den Parteiprogrammen enthalten — beispielsweise im Godesberger Programm.

Wenn ich versuche, mir diese „Erkenntnistheorie" bewußt zu machen, so kann ich nur sagen: meine „Gewißheit" reicht nicht aus für den „großen Sprung". Ich weiß: Niemand empfiehlt uns — fast niemand — die revolutionäre Haupt- und Staatsaktion. Aber wenn ich sehe, welche Gegenkräfte schon ein maßvoller Reformismus auf den Plan ruft, befürchte ich, daß eine merkliche Abweichung vom politischen Kurs der reformistischen Arbeiterparteien furchtbare Folgen hätte. Wenn ich deshalb so manche Strategiepapiere lese oder aufmerksam Strategiediskussionen zuhöre, in denen immer wieder das Wort „Machtfrage" vorkommt, dann denke ich mir manchmal: Diejenigen, die diesen Weg gehen wollen, müßten Tausende erschießen lassen; jedenfalls müßten sie ihren Tod offenen Auges zulassen. Sie müßten Zehntausende einsperren — und zwar nicht nur ein paar „Ausbeuter", sondern Taxifahrer, Handelsvertreter, aber auch Handwerker, Arbeiter, Hausfrauen. Sie riskierten mindestens eine massive wirtschaftliche Blockade, wenn nicht einen in seinen Wirkungen einkalkulierbaren Konflikt mit den bisherigen Verbündeten. Schlangen vor den Läden, Versorgungskrise; populistische Volksbewegungen — und täglich Gewalt auf den Straßen. Und zu welchem Ende würde es riskiert? Um — das Risiko ist doch da — bei Verhältnissen zu landen, wie sie heute in der Sowjetunion, in der DDR, in Kuba, in Jugoslawien bestehen? Oder verfügen wir über ein „Transformations-Rezept", das die in diesen Gesellschaften aufgetretenen Probleme ausschließt?

Ich fürchte, daß ein derartiges Experiment im Faschismus enden würde. Aber selbst wenn dies vermieden werden könnte, bin ich sehr unsicher, ob es danach in unseren Gefängnissen, in unseren Jugendheimen, Dorfschulen oder Fabriken besser aussähe als heute. Das heißt: Die ausrechenbaren sozialen Kosten eines solchen Experiments sind mir zu hoch, „Gewißheit" und „Evidenz" sind mir zu gering. Deshalb bin ich gegen den „großen Sprung" — in der Realität, dann aber auch in der Theorie. Denn nichts ist bedenklicher als die Verbindung von großsprecherischer Theorie und kleinlauter Praxis.

## *d. Kritik des Diskurses*

Auf der Grundlage dieser Überlegungen ist auch ein Seitenblick auf die Idee des „Diskurses" sinnvoll. Dieses Konzept, das natürlich zuallererst einmal eine sozial-philosophische Idee ist und keine platte Handlungsanweisung für institutionalisierungssüchtige Politiker — will ja gerade den gewaltsamen Zusammenstoß von Menschen, die sich für ihre einander widersprechenden Ziele „dämonisch" entschieden haben, verhindern: durch die Ableitung der Prinzipien des Handelns aus gelingender Kommunikation von Gleichen.

Insofern ist der „Diskurs" eine überzeugende Konstruktion: wenn wir unsicher sind, ob eine Entscheidung richtig oder eine Ansicht wahr ist, müssen wir darüber reden. Für falsch halte ich jedoch die allzu „erkenntnis-optimistische" Unterstellung, daß ein solcher Diskurs zwar in vielen Fällen praktisch, nie aber aus prinzipiellen Gründen scheitern müsse.

Roland Posner hat überzeugend nachgewiesen, wo der Irrtum von Habermas liegt.[59] Grundlegende Annahmen und allgemeinste Normen ließen sich, so Posner, nicht positiv rechtfertigen. Man dürfe nicht fragen:

„— Was verschafft mir Gewißheit?
— Wann befinden wir uns in einem unverfälschten Diskurs?
— Was ist ein wahrer Konsens?
sondern:
— Wie kann ich eine zweifelhafte Annahme am besten überprüfen?
— Wie können wir möglichst viele störende Faktoren aus unserem Gespräch heraushalten?
— Welche Möglichkeiten gibt es, das Maß an Irrtümern und Täuschungen über die Meinungen und Absichten der Kommunikationspartner möglichst gering zu halten?“ [60]

Aber das ist der alte Streit, der schon seit zehn Jahren zwischen Habermas und Albert ausgetragen wird — und der letztlich durch die gesamte Philosophiegeschichte geht. Ich lasse dahingestellt, ob „praktische“ Fragen „wahrheitsfähig“ sind. Entscheidender sind für mich die Probleme, die beim Versuch einer Institutionalisierung des Diskurses in der Gesellschaft entstehen. Denn die Demokratisierungspolitik der Sozialdemokraten und der sozial-liberalen Koalition ist im Grunde nichts anderes als ein Versuch solcher Institutionalisierung — wenn auch mit einem System, das der Komplexität unserer Gesellschaft noch längst nicht gerecht wird, sozusagen der noch primitive Abbau der „Ressource ‚Sinn‘“ im Tagebau.

Die größte Schwierigkeit, die dem Gelingen des „Diskurses“ entgegensteht, ist die mangelnde Bereitschaft der Menschen, ihr „interessen-geleitetes, strategisches Handeln“ zugunsten einer „wertbezogenen Kommunikation“ abzulegen. Ich nenne hier ein einfaches Beispiel: die Auseinandersetzung um das Bankensystem in einer kapitalistischen Gesellschaft. Ich nenne dieses Thema deshalb „einfach“, weil es relativ leicht eingrenzbar ist; es gibt kapitalistische Gesellschaften mit einem verstaatlichten Bankenapparat; es gibt „Zwischenlösungen“, die weit vor einer vollen Verstaatlichung der Privatbanken liegen; beispielsweise Reformen des Depotstimmrechts, eine Verstaatlichung der Geldschöpfungsmacht etc. Eine Diskussion um dieses Problem muß also noch nicht notwendig in die „grundsätzliche“ Debatte um das Verhältnis von Markt und Plan als wirtschaftliche Koordinationsinstrumente einmünden.

Trotzdem wird jeder spontan zugestehen, daß die beteiligten gesellschaftlichen Kräfte in einem Dialog zu diesem Problem nicht zum Konsens kommen werden. Die „technokratische“

Diskussion über unsere Geldwirtschaft würde schnell auf das Problemfeld „wirtschaftliche Macht“ übergreifen; und bald wären Willenshaltungen zur Welt miteinander im Streit, die sich oft widersprechen würden.

Noch einmal: Ich lasse die „Wahrheitsfähigkeit“ jenseits konkreter Raum-Zeit-Probleme dahingestellt. In der Gesellschaft, in der wir leben — und in allen anderen, die wir kennen —, werden die Gesprächspartner des Diskurses ihre Interessen nicht an der Garderobe abgeben; die Abgeblitzten werden sich zu einer Zustimmung nicht bereitfinden; die Auseinandersetzung ist nicht zu vermeiden; also auch nicht Herrschaft.

Eben deshalb müssen wir uns auf Entscheidungsmechanismen einigen — also auf „formale Demokratie“. Dabei ist mir klar, daß die Rechtsförmigkeit eines Vorgangs nicht seine Gerechtigkeit garantiert. Wir spüren dies bei jeder Häuserbesetzung im Frankfurter Westend. Aber wo die Vereinbarung, sich an solche Rechtsförmigkeit zu halten, zerbricht, etabliert sich bald bloße Gewalt.

Ich habe die Idee des „Diskurses“ nicht deshalb mit der banalen Wirklichkeit konfrontiert, um sie zu diskreditieren. Im Gegenteil: Wenn unsere Gesellschaft das allenthalben spürbare Aufbegehren gegen „routinehaftes Akzeptieren“ von Entscheidungen nicht in die Kraft ummünzt, auf neue Weise über die Berechtigung ihrer Normen sich auseinanderzusetzen, wird sie in einem sanften Faschismus enden. Deshalb Demokratisierung. Aber man darf den erkenntnis-theoretischen Hintergrund der Idee des Diskurses nicht im Dunkel lassen. Der „Diskurs“ ist ein Halbbruder der „klassenlosen Gesellschaft“.[61]

## 3. ÜBER DIALEKTIK UND GEDANKENFREIHEIT[62]

Lenin meinte, „daß der Verrat an der Dialektik eine der theoretischen Quellen des Revisionismus ist“.[63] „Verrat“ ist ein moralisierender, der vernünftigen Diskussion unangemessener Begriff. Aber die Substanz von Lenins Aussage ist richtig: Die Kritik an der Dialektik als grundlegender Methode zur Erkenntnis der Welt ist allen reformistischen Denkansätzen eigen.

Dialektisch heißt eigentlich zweideutig. In der griechischen Philosophie war Dialektik die Methode, durch das Aufeinanderstoßen von widersprüchlichen Meinungen zu einer Überwindung der Widersprüche zu kommen. Hegel hat die Dialektik dann zu einem zentralen Prinzip des Denkens und des Seins, der Geschichte gemacht. Bei ihm ist der Widerspruch die Realität, er wohnt im Kern aller Dinge. Ein Gegenstand kann als Einheit gegensätzlicher Bestimmungen gefaßt werden. Erkenntnis wird also dadurch gewonnen, daß einem Positiven ein Negatives entgegengesetzt wird. Nach der Hegelschen Logik ist dieses Negative aber „ebenso sehr positiv". Im Widerspruch zu den Prinzipien der klassischen Logik geht Hegel davon aus, daß die Negation sozusagen das Positive, welches sie negiert, in sich aufgesogen hat. Das Denken wird durch die Negation bewegt; denn der Negation folgt die Negation der Negation. Der Widerspruch entläßt aus sich den neuen und höheren Begriff; in einem Prinzip der Stufenfolge bestimmt die Zwischensituation die neue und höhere Einheit.[64]

Die neue Idee Hegels besteht nun darin, dieses Entwicklungsgesetz des Denkens auf das Sein, die Geschichte zu übertragen. Das dialektische Prinzip bestimmt nicht nur das Denken, sondern ebenso die Natur, die Geschichte.

Die Welt entwickelt sich nach dialektischen Prinzipien, in der Geschichte ereignet sich der Fortschritt der Vernunft. Daß dieser Entwicklungsgedanke — in einer Zeit des schnellen Wechsels der historischen Ereignisse nach der englischen und französischen Revolution, in Opposition zu einem sterilen Gottesbegriff, der die Menschen zu Marionetten eines festliegenden göttlichen Plans machte — faszinieren mußte, ist leicht verständlich. Die dialektische Methode wurde zur Darstellung Gottes, wie er in seinem Wesen vor der Erschaffung der Natur und eines absoluten Geistes ist; Grunderfahrung, die sich in der Geschichte verwirklicht.

Karl Marx übernahm von Hegel die vergessene dialektische Methode, kehrte sie — materialistisch — um und wandte sie auf die Tatsachen einer empirischen Wissenschaft, der politischen Ökonomie, an. Er „stülpte" die Hegelsche Dialektik um:

„Für Hegel ist der Denkprozeß, den er sogar unter dem Namen Idee in ein selbständiges Subjekt verwandelte, der Demiurg des Wirklichen, das nur seine äußere Erscheinung bildet. Bei mir ist umgekehrt das Ideelle nichts anderes als das im Menschenkopf umgesetzte und übersetzte Materielle.“ [65]

Die dialektische Methhode schildert plausibel den Fortgang, den das Denken von Argument zu Argument nehmen kann. Andererseits: sie wischt natürlich die aus der Logik bekannten Sätze von der Identität, vom Widerspruch und dem ausgeschlossenen Dritten vom Tisch. Ist sie wirklich ein „Entwicklungsgesetz der Natur, der Geschichte und des Denkens; ein Gesetz, das, wie wir gesehen, in der Tier- und Pflanzenwelt, in der Geologie, in der Mathematik, in der Geschichte, in der Philosophie zur Geltung kommt ...“? [66]

Gerade dies bezweifelt der Reformist. Mehr noch: er glaubt nachweisen zu können, daß die Verwendung der Dialektik in der Wirklichkeit oft zur Verschleierung und Begründung ungerechter Herrschaftsverhältnisse benutzt wird.

Ich exemplifiziere meine Zweifel wieder an der Ableitung eines Klassikers. In seiner Polemik gegen den Berliner Privatdozenten Dr. Eugen Dühring, der in den siebziger Jahren des 19. Jahrhunderts in der deutschen Sozialdemokratie einen gewissen Einfluß hatte und für den die Dialektik eine „Analogieschnurre“ war, hat sich Friedrich Engels sehr konkret darüber geäußert, in welcher Form seiner Auffassung nach die Dialektik durch gesellschaftliche Praxis bestätigt wird. Ich wähle zwei Beispiele aus der Geschichte und der Philosophie; Engels schreibt:

„Alle Kulturvölker fangen an mit dem Gemeineigentum am Boden. Bei allen Völkern, die über eine gewisse ursprüngliche Stufe hinausgehen, wird dies Gemeineigentum im Laufe der Entwicklung des Ackerbaues eine Fessel für die Produktion. Es wird aufgehoben, negiert, nach kürzeren oder längeren Zwischenstufen in Privateigentum verwandelt. Aber auf höherer, durch das Privateigentum am Boden selbst herbeigeführter Entwicklungsstufe des Ackerbaues wird umgekehrt das Privateigentum eine Fessel für die Produktion — wie dies heute der Fall ist sowohl mit dem kleinen wie mit dem großen Grundbesitz. Die Forderung, es ebenfalls zu negieren, es wieder in Gemeingut zu verwandeln, tritt mit Notwendigkeit hervor. Aber diese Forderung bedeutet nicht die Wiederherstellung des altursprünglichen Gemeineigentums, sondern die Herstellung einer weit höheren entwickelteren Form von Gemeinbesitz, die, weit entfernt, der Produktion eine Schranke zu werden, sie vielmehr erst entfesseln und ihr die volle Ausnutzung der modernen chemischen Entdeckungen und mechanischen Erfindungen gestatten wird.

Oder aber: Die antike Philosophie war ursprünglicher, naturwüchsiger Materialismus. Als solcher war sie unfähig, mit dem Verhältnis des Denkens zur Materie ins Reine zu kommen. Die Notwendigkeit aber, hierüber klar zu werden, führte zur Lehre von einer vom Körper trennbaren Seele, dann zu der Behauptung der Unsterblichkeit dieser Seele, endlich zum Monotheismus. Der alte Materialismus wurde also negiert durch den Idealismus. Aber in der weiteren Entwicklung der Philosophie wurde auch der Idealismus unhaltbar und negiert durch den modernen Materialismus. Dieser, die Negation der Negation, ist nicht die bloße Wiedereinsetzung des alten, sondern fügt zu den bleibenden Grundlagen desselben noch den ganzen Gedankeninhalt einer zweitausendjährigen Entwicklung der Philosophie und Naturwissenschaft sowie dieser zweitausendjährigen Geschichte selbst. Es ist überhaupt keine Philosophie mehr, sondern eine einfache Weltanschauung, die sich nicht in aparten Wissenschaftswissenschaften, sondern in den wirklichen Wissenschaften zu bewähren und zu bestätigen hat. Die Philosophie ist hier also ‚aufgehoben', d. h., ‚sowohl überwunden als aufbewahrt'; überwunden, ihrer Form, aufbewahrt, ihrem wirklichen Inhalt nach." [67]

Ich muß gestehen, daß mich diese Ableitungen keineswegs davon überzeugen, daß hier ein „Entwicklungsgesetz" an der Wirklichkeit evident gemacht worden sei. Die Darstellung der Entwicklung der Agrarwirtschaft ist noch einigermaßen plausibel, wenn sie auch die exakte historische Analyse und streng methodische Typenbildung Max Webers nicht erreicht. Die Darstellung der Abfolge von Materialismus und Idealismus dagegen ist eine sehr großzügige, der wirklichen Entwicklung der Philosophiegeschichte ganz und gar nicht gerecht werdende Zuordnung von historischen Fakten zu einem Strukturprinzip, das zudem noch die bekannteste Schwäche des dialektischen Denkens offenbart: den Fehler, die Dialektik in eine letzte Phase einmünden zu lassen (hier die Aufhebung der Philosophie), die bei Hegel bekanntlich dazu führte, daß er die absolute Monarchie des Preußen seiner Zeit für die höchste Entwicklung des Begriffs der Freiheit in der Weltgeschichte erklärte. Die angebliche Evidenz des dialektischen Entwicklungsgesetzes, die beispielsweise in dem folgenden Satz eines Autorenkollektivs wissenschaftlicher Sozialisten behauptet wird, bleibt mir verschlossen. Dort heißt es:

„Kurz gesagt, die Dialektik ist eine Wissenschaft, und die Richtigkeit ihrer Leitsätze ist durch die Entwicklung der Natur, des Denkens in der gesellschaftlichen Praxis bestätigt." [68]

Für mich bleibt diese siegesgewisse Feststellung pure Behauptung. Ich halte es mit Eduard Bernstein, der — mit

Friedrich August Lange — die Dialektik zwar „fast eine anthropologische Entdeckung" nannte, im übrigen aber hinzufügte, daß „wie im Leben des einzelnen, so auch in der Geschichte die Entwicklung durch den Gegensatz sich weder so leicht und radikal noch so präzis und symmetrisch macht, wie in der spekulativen Konstruktion".[69]

Ich wiederhole: Dies alles sind keine „Widerlegungen" der Dialektik — ebensowenig wie die gängige Literatur übrigens Verifizierungen dieses „Gesetzes" bietet. Die Einzelanalyse könnte nur der Agrarsoziologe, der Philosophiehistoriker, der Physiker bieten; und leider herrscht ein gewaltiger Mangel an solchen Einzelanalysen, der durch die Fülle oberflächlicher, politisch inspirierter „Nachweise" keineswegs aufgewogen werden kann. Schon die Debatte zwischen Dühring und Engels ist, um Alfred Schmidt zu paraphrasieren, eher parteigeschichtlich als wissenschaftlich interessant. Den Streit auf diesem Niveau (das übrigens zahllose Male unterschritten wurde) fortzusetzen, ist wenig sinnvoll.

Ich beschränke mich also auf den Hinweis, daß mir die Dialektik als „allgemeines Bewegungs- und Entwicklungsgesetz" keineswegs hinreichend bestätigt zu sein scheint. Lenin hat — wie gesagt — recht; das ist alte reformistische Tradition. Schon Bernstein nannte die Dialektik „das Verräterische in der marxischen Doktrin, der Fallstrick der aller folgerichtigen Betrachtungen der Dinge im Wege liegt... Was Marx und Engels Großes geleistet haben, haben sie nicht vermöge der Hegelschen Dialektik, sondern trotz ihrer geleistet".[70, 71]

Während die philosophische Grundsatzfrage offen bleiben mag, läßt sich eins aber immerhin klipp und klar nachweisen: daß nämlich die Dialektik in der politischen Praxis ständig dazu mißbraucht wird, durch nichts gerechtfertigte Machtansprüche einzelner Gruppen zu begründen. Für den Politiker muß schon dies Grund genug sei, das Instrument Dialektik mit höchstem Mißtrauen zu betrachten. Ich wähle als Beispiel die zentrale Frage meiner Überlegungen, das Problem der Gedankenfreiheit. Hier läßt sich geradezu klassisch nachweisen, wie mit Hilfe von „Dialektik" die unbestreitbare Unterdrückung freier Meinungsäußerungen als Form höherer Freiheit dargestellt werden kann.

Den eigentlichen Argumentationsstrick hat Hegel höchstpersönlich erfunden. Zum Beweis dessen muß ich dem Leser die Interpretation einer Stelle aus dem § 318 der Hegelschen Rechtsphilosophie zumuten, die, wie die meisten Hegelschen Texte, sehr schwer verständlich ist. Hegel schreibt:

„Die öffentliche Meinung verdient ... ebenso geachtet als verachtet zu werden, dieses nach ihrem konkreten Bewußtsein und Äußerung, jenes nach ihrer wesentlichen Grundlage, die mehr oder weniger getrübt, in jenes Konkrete nur scheint. Da sie in ihr nicht den Maßstab der Unterscheidung noch die Fähigkeit hat, die substantielle Seite zum bestimmten Wissen in sich heraufzuheben, so ist die Unabhängigkeit von ihr die erste formelle Bedingung zu etwas Großem und Vernünftigem (in der Wirklichkeit wie in der Wissenschaft). Dieses kann seinerseits sicher sein, daß sie es sich in der Folge gefallen lassen, anerkennen und es zu einem ihrer Vorurteile machen werde." [72]

Hegel unterscheidet also zwischen einer „wahren" und einer „angeblichen" öffentlichen Meinung. Die eine muß geachtet, die andere verachtet werden. Die „wahre" öffentliche Meinung ist der jeweilige Stand des Selbstbewußtseins des Geistes; die „angebliche" öffentliche Meinung ist das, was die Leute empirisch meinen und reden. „Die wesentliche Grundlage" — bei Hegel das Wahre, das Ganze, die Bewegung — spiegelt sich in jenem „Konkreten", nämlich der tatsächlichen geäußerten Meinung der Menschen, nur „mehr oder weniger getrübt". Die Konsequenz, die sich aufdrängt, ist eindeutig: In einem Staat, der auf einer derartigen Philosophie gründet, muß es Einrichtungen geben, die zwischen „wahrer" und „angeblicher" öffentlicher Meinung unterscheiden. Und natürlich gab es die; zu Hegels Zeiten im Preußen der Karlsbader Beschlüsse — und auch heutzutage in denjenigen Staaten, die sich in ihrer Staatsdoktrin auf die Hegel-Schüler Marx und Engels berufen.

Denn gemeinsam mit dem Theoriestück der „Erkennbarkeit der Welt" und der Bestimmung der Rolle der Partei als Avantgarde des Proletariats entsteht — mit Hilfe der Dialektik — eine in sich geschlossene und widerspruchsfreie Rechtfertigung der Unterdrückung von Gedankenfreiheit. Ich führe die Weiterentwicklung dieses Hegelschen Gedankens in der Gegenwart ganz bewußt in einigen Zitaten vor — nicht, um den 1831 verstorbenen Philosophen für Entwicklungen unserer Zeit „verantwortlich" zu machen, sondern um verständlich werden zu lassen, wozu die Dialektik zu benutzen ist.

Auch die bürokratisch-sozialistischen Staaten (Jochen Steffen pflegt zu sagen: die selbsternannten sozialistischen Staaten) sprechen vom Recht auf freie Meinungsäußerung. Aber was meinen sie damit? Eberhard Poppe und Herbert Beil definieren:

„Das Recht auf freie Meinungsäußerung als Bestandteil des Grundrechtkatalogs ist eingebettet in das System sozialistischer Verfassungsnormen, die eine wissenschaftliche Widerspiegelung objektiver Gesetzmäßigkeiten sozialistischer Gesellschaftsentwicklung sind. Eine sozialistische Grundrechtsinterpretation hat vom Verfassungssystem auszugehen, um die Grundrechte in ihrer objektiven Bezogenheit erfassen zu können. Jedes einzelne Grundrecht hat eine große Bedeutung, jedoch erst die ganze Vielfalt und Komplexität der Grundrechte macht sie im umfassenden Sinne des sozialistischen Gesellschaftssystems wirkungsvoll." [73]

Dies heißt also, daß das (formal garantierte) Recht auf freie Meinungsäußerung nur „im Zusammenhang aller sozialistischen Verfassungsnormen" interpretiert werden kann. Es geht dann weiter:

„Die Erkenntnis dieser Gesetzmäßigkeiten und der Bedingungen ihrer Beherrschung ermöglicht es dem Bürger, sich eine die gesellschaftliche Realität progressiv beeinflussende Meinung zu bilden, die ihm eine aktive Mitgestaltung und Mitbestimmung der gesellschaftlichen Verhältnisse sichert ... Das Wesen der Meinungsfreiheit im Sozialismus besteht in der Orientierung der Bürger auf die Erkenntnis der Wahrheit als Grundlage gesellschaftsmäßigen Verhaltens- und Handelns." [74]

Die Unterscheidung von „wahrer" und „angeblicher" öffentlicher Meinung ist hier klar übernommen: Die Meinung des Bürgers soll die gesellschaftliche Entwicklung „progressiv beeinflussen"; die Bürger müssen auf die „Erkenntnis der Wahrheit" orientiert werden. Sofort tritt natürlich die Frage auf, wer denn diese Wahrheit erkennen kann. Schon bei Hegel war das „der Staat".[75] In den sozialistischen Staaten ist die Antwort ganz ähnlich: die Partei, die wiederum Staatsmacht verkörpert. Die Folgerungen lauten jedenfalls so:

„Konterrevolutionäre Äußerungen sind niemals grundrechtlich gedeckt, da sie sich gegen die Herrschaft des Volkes, gegen die führende Rolle der Arbeiterklasse und ihrer Partei ... und damit gegen den gesellschaftlichen Fortschritt richten." [76]

Der Bürger hat also nicht die Freiheit, offen gegen das zu opponieren, was seine Regierung für gesellschaftlichen Fortschritt hält. Trotzdem herrscht aber das Recht auf freie Meinungsäußerung — wenn man dialektisch denken kann. Man muß zwischen angeblicher und wahrer öffentlicher Meinung unterscheiden. Auf dem Niveau des Propagandisten nimmt sich dies dann so aus:

„Es ist ein Irrtum, zu glauben, das Bild sei richtig, das entsteht, wenn man hierhin hört und dorthin hört und von diesem jenes und von jenem dieses nimmt und sich dann daraus ‚ein eigenes Bild' macht. Und dann gar behauptet, man sei ‚objektiv'. Es gibt nur eine objektive Wahrheit, und diese Wahrheit ist erkennbar. Sie kann nur von einem vertreten werden, nämlich von dem, der den Frieden will und die Wohlfahrt des Menschen. Deshalb ist die Frage, in wessen Händen Presse, Rundfunk und Fernsehen liegen, wem sie gehören, wessen Interessen sie vertreten, keine unwichtige Nebenfrage, sondern die entscheidende Frage der Rede- und Pressefreiheit in einem Lande." [77]

Ich hoffe, daß mir niemand unterstellt, ich wolle Hegel oder Marx für Karl Eduard von Schnitzler verantwortlich machen. Niemand ist davor gefeit, daß seine Gedanken banalisiert oder entstellt werden. Aber es geht ja nicht um die individuelle Schuld des einen oder anderen Sozialphilosophen, sondern um die Brauchbarkeit der Denkinstrumente, die er zur Verfügung gestellt hat. Und die Dialektik ist brauchbar für die Rechtfertigung von Diktaturen.

KAPITEL III

# Reformismus und Demokratischer Sozialismus

## 1. ABWÄGUNG DER WERTE

Was ist Reformismus? Die allem anderen vorgelagerte Entscheidung gegen Gewalt als Mittel der Politik, gegen den frontalen Angriff auf den Staatsapparat im „vergesellschafteten Kapitalismus“, für den Weg „Schritt für Schritt“, also den Gradualismus?

Solche Interpretationen greifen zu kurz. Gewalt kann ich nur ablehnen, solange auch der andere sie nicht gegen mich gebraucht, sonst wird der Politiker schnell zum weltflüchtigen Missionar; im übrigen gibt es auch Gewalt, die nicht aus Maschinengewehren kommt. Und das Prinzip „Schritt für Schritt“ hat nur dann einen Sinn, wenn daraus ein Weg hin auf ein Ziel wird, das heißt, wenn einem die „Umstände“ — das ist eine höfliche Umschreibung für die politischen Gegner im eigenen Land und in der internationalen Politik — erlauben, einen Fuß vor den anderen zu setzen, statt nach dem Muster der Echternacher Springprozession herumzustolpern.

Man kann „Reformismus“ als ein Verfahren definieren; man muß sich dann aber darüber im klaren sein, daß es der Rechtfertigung durch eine Zieldiskussion bedarf. Die Sozialtechnik muß durch eine Reflexion der Werte begründet werden — der Reformismus durch eine brauchbare Konzeption von *demokratischem Sozialismus*.

Diese Zieldiskussion findet statt: in den christlichen Kirchen, im kommunistischen Lager, in den reformistischen Parteien. Ansätze dazu gibt es auch in der deutschen Sozialdemokratie; die Protokolle der Parteitage von Godesberg 1959 und Hannover 1973 sind dafür die besten Zeugnisse.

Die SPD verweist in dieser Zieldiskussion im allgemeinen auf die von ihr im Godesberger Programm entwickelte Konzeption der *Grundwerte* — Freiheit, Gerechtigkeit und Solidarität. Dieses Konzept enthält sicherlich einen wichtigen — und weiterzuentwickelnden — Denkansatz. Wer allerdings glaubt, daß die zu Recht bohrenden Fragen von zigtausenden politisch nachdenkenden Menschen mit einem begütigenden Hinweis — eben auf jenes Grundwerte-Kapitel und die im Programm geforderte Zurückhaltung gegenüber „letzten Wahrheiten" — zu beruhigen wären, irrt sich. Dieses Manna macht die Hungernden heute nicht mehr satt.

Denn dieses Grundwerte-Kapitel gibt keine Antwort auf die Frage, ob und wie in unserer Gesellschaftsformation diese Werte — Freiheit, Gerechtigkeit und Solidarität — verwirklicht werden können. Ist Solidarität möglich in einer vom Gewinnstreben beherrschten Wirtschaft? Ist Gerechtigkeit möglich, wenn man allen, aber auch allen Privilegierten jede Freiheit läßt? Ist Freiheit möglich, wenn man — um der Gerechtigkeit und der Solidarität näherzukommen — privilegierten und mächtigen Gruppen nicht nur gut zuredet, sondern ihnen auch in der Tat ererbte Vorrechte abnimmt? Auf diese Fragen muß geantwortet werden, und zwar ohne die problemblinde Selbstgewißheit, mit der sich der rechte Flügel der SPD zuweilen begnügt.[1, 2]

Man kann diese Fragen reduzieren auf die eine: Ob man versuchen soll, die Menschen mit ziemlich wenig Zwang auf möglichst viel Gerechtigkeit und Solidarität hin zu orientieren, oder ob man Gerechtigkeit erzwingen kann durch eine Übergangsperiode der Diktatur, aus der dann eine solidarische Gesellschaft ersteht.

Die reformistischen Sozialisten entscheiden sich für ein ausgewogenes Verhältnis der Grundwerte „Freiheit", „Gerechtigkeit" und „Solidarität" nach der Grundregel: Nur soviel Veränderung in Richtung auf Gerechtigkeit und Solidarität, als sich in Freiheit durchsetzen läßt. Das ist alte reformistische Tradition. Bernstein: „Die Demokratie (ist) in weit höherem Grade Voraussetzung des Sozialismus, als es vielfach noch angenommen wird, d. h. sie ist es nicht nur als Mittel, sondern auch als Substanz." [3] Paul Sering, ein halbes Jahrhundert später: „Freiheit als Mittel *und* Zweck." [4] Waldemar von Knoeringen, auf dem Godesberger Parteitag: „Für uns ist die Demokratie heute ein Wert an sich. Das Ziel sozialdemokratischer

Politik ist die Verwirklichung der Demokratie auf allen Ebenen der gesellschaftlichen Tätigkeit." [5] Und im Godesberger Programm selbst: „Sozialismus wird nur durch Demokratie verwirklicht, die Demokratie durch den Sozialismus erfüllt." In diesen Konsens ist auch der wichtigste Teil des linken Flügels der Partei eingebunden. Jochen Steffen, 1974: „Wenn die Emanzipation das Werk der Menschen selbst sein soll, ist der Raub der Mittel der Freiheit die Verleugnung des Ziels der Freiheit." [6]

Während ich hier mit ausgepreßten Begriffen hantiere — so als ob sie Wirklichkeit beschrieben, unter denen die Menschen sich etwas vorstellen können —, frage ich mich: Was versteht ein Chemielaborant bei der BASF unter Freiheit? Eine Mutter mit drei Kindern im Märkischen Viertel? Ein Hauer unter Tage, ein junges Mädchen am Band bei Grundig?

Ich lese bei Peter Handke, in seiner Rede zur Verleihung des Büchner-Preises:

> „Und unter der festen Schädelwölbung erlebte ich in fast heimeliger Fremde das allgemeine Elend. Als mir das auffiel, dachte ich, um dieses Schauspiel zu stören, müßte man auf der Stelle gewalttätig werden; aber das blieb nur eins unter vielen unwirklichen Gedankenspielen. ‚Der Sternenhimmel im Oktober' stand vor kurzem in der Zeitung. Und als ich im Supermarkt die zuckerüberpuderten Kuchenstollen mit dünnen Goldpapierschnüren umwickelt sah, graute mir vor der Vorstellung, wie unvermeidlich über den Straßen bald wieder die Weihnachtssterne hängen würden. Neben der Autobahn von Duisburg nach Düsseldorf sah ich vor Jahren in der Nacht immer ein blaues Schild leuchten: Dr. Johnson's Handwaschpaste. Am Morgen putze ich mir die Zähne mit Dr. Bests Zahnbürste, die Haare wasche ich mir mit Dr. Dralles Haarshampoo, mit Dr. Scholls Hühneraugenpflaster versuchte ich einmal, eine Warze wegzukriegen. Vereint Geist und Politik, hieß ein Spruchband zu den ‚Gesammelten Werken' von Carlo Schmid. Jeder dritte Deutsche ist Postsparer, jeder zehnte bei der Hamburg-Mannheimer lebensversichert, jeder tausendste begeht Selbstmord. Die Melitta-Müllpackung enthält zwanzig Müllbeutel, die Melitta-Gefrierbeutel-Packung enthält fünfunddreißig Gefrierbeutel, die Melitta-Frischhaltepackung enthält vierzig Frischhaltebeutel. Welche Vielfalt der Erscheinungen." [7]

Eine solche Passage sagt mehr über das Risiko der Freiheit als die meisten ethisch verbrämten Reden der Politiker. Aber die Reformisten glauben, daß das Risiko der Freiheit tragbarer ist als das Risiko der Unfreiheit.

Sie meinen, wenn sie im Alltagsgeschäft der Politik von „Freiheit" reden, nicht den vollentfalteten Freiheitsbegriff der philosophischen Reflexion. Sie meinen zuerst einmal die Erhaltung der in den bürgerlichen Revolutionen erkämpften, liberalen demokratischen Grundrechte: Arbeiter sollen im Betrieb über die Regierung schimpfen dürfen, ohne Schwierigkeiten befürchten zu müssen; die Gerichte sollen von der Regierung unabhängig sein; es soll verschiedene Parteien geben, unabhängige Gewerkschaften und Zeitungen, die über alles berichten dürfen. Die weiteren Elemente der Freiheit könnten, so meinen sie, nur auf der Basis dieser einfachen Rechte entwickelt werden.

Sie müssen dabei nicht taub und blind sein für die Einwände gegen *ihre* Art von Freiheit. Sie räumen ein, daß es in ihren Gesellschaften Betriebe gibt, in denen man zwar auf die Regierung, nicht aber auf den Betrieb schimpfen darf; sie wissen, daß Zeitungen Privatleuten gehören, mit privaten Interessen, die oft denen der wirtschaftlich Mächtigen entsprechen; und sie kennen die Unterschiede zwischen Parteien mit und Parteien ohne massive finanzielle Unterstützung durch zahlungskräftige Gruppen. Aber sie sagen: All dies nehmen wir in Kauf — denn für die alternative Wertentscheidung, für den Vorrang einer parteilich-staatlich definierten Gerechtigkeit — reichen unsere Gewißheiten, unsere Erkenntnisinstrumente nicht. Hier liegt der Zusammenhang von Erkenntnistheorie und politischer Entscheidung: Die Reformisten machen die Erhaltung der liberalen, demokratischen Grundrechte zum Kriterium der sozialen Umwälzung — und sie orientieren das Tempo des sozialen Wandels an diesem Kriterium — weil ihnen die „Bewegungsgesetze der Geschichte", die die Zentralkomitees angeblich erkennen, nicht plausibel genug sind.

Dabei — ich wiederhole es — ist die Abwägung schwierig, die Entscheidung weder selbstverständlich noch triumphal. Die Sozialdemokratie quält sich damit seit mehr als 100 Jahren; sie weiß, wie fraglich es ist, ob ein neues Bodenrecht durchgesetzt werden kann, bevor die letzten Stadtkerne von Menschen „gesäubert" sind. Aber alle Erfahrungen sagen ihr, daß die Steuerungsprobleme in zentral geleiteten Gesellschaften per saldo kaum geringer sind; und die Repression ungleich größer.

Wir wissen: Auch die unglaublichste Chuzpe rechtfertigt sich noch mit dem großen Wort „Freiheit". Deshalb ist es richtig, vor einem „unkritischen" Freiheitsbegriff zu warnen. Aber nur, solange sich nicht hinter der Formel vom „unkritischen" oder gar „undialektischen" „bürgerlichen" Freiheitsbegriff eine „dia-

des Reformismus ist bei Konservativen deshalb meist strategisch-
von Konservativen sind darauf gerichtet, das System in einer veränderten Umwelt zu erhalten, was auch nicht ohne Anpassungsprozesse möglich ist. Das Hantieren mit den Begriffen
lektische" Verteidigung der Repression verbirgt.

Im Godesberger Programm der deutschen Sozialdemokraten steht der Satz: „Freiheit und Gerechtigkeit bedingen einander." Diese Formel trifft das Richtige, solange sie umschreibt, daß Freiheit immer durch Gerechtigkeit balanciert sein muß. Aber sie kann zur Lebenslüge des demokratischen Sozialismus werden, wenn sie verschleiert, daß die Bewahrung der liberalen, demokratischen Grundrechte die Fortexistenz zahlloser Tatbestände von grausamer Ungerechtigkeit und verweigerter, ja unmöglich gemachter Solidarität bedingt.

Bewußtloser Reformismus mogelt sich über diesen Zusammenhang hinweg. Bewußter Reformismus muß ihn als — wie ich glaube: unauflösbare — ethische Antinomie akzeptieren; als Stachel im Fleisch, der allein einen Reformismus des Dahinwurstelns in schöpferischen Reformismus verwandeln kann.

## 2. REFORMISMUS

Ich setze zum zweiten Mal an: Was ist Reformismus? Man kann ihn als *Sozialtechnik* beschreiben, wenn man die beiden Voraussetzungen im Blick behält, die die Anwendung dieser Technik allein sinnvoll machen können: Den Willen zur Erhaltung der liberalen, demokratischen Grundrechte und die Einschätzung, daß Reformen — unter den Bedingungen eines liberal-demokratischen Kapitalismus — möglich, jedenfalls nicht aussichtslos sind. „Reformismus" ist also kein politisches Universalrezept für Gesellschaften und historische Konstellationen aller Art, sondern eine spezifische Technik, derer sich der Sozialismus zur Veränderung entwickelter kapitalistischer Gesellschaften bedient. Der „Technik", wie sie hier beschrieben wird, könnten sich auch nicht-sozialistische Gruppierungen bedienen; sie tun es aber im allgemeinen nicht. Faschistische und andere rechtsgerichtete Gruppen benutzen den *Putsch,* um an die Macht zu gelangen, und alle Instrumente der Repression, um sich an der Macht zu halten. Und konservativen Gruppierungen fehlt das auf Veränderung drängende Wertsystem, das die Reformprozesse aufeinander abstimmt und vorantreibt; die „Reformen" propagandistisch gemeint — so wohl auch bei Kurt Biedenkopf oder Hans Maier in Deutschland. Ein Grenzfall könnte die Kennedy-Administration in den USA sein, die sich anschickte, ein „Wertsystem" — allerdings ein reichlich nebuloses — zu etablieren.

Ich charakterisiere die *Sozialtechnik Reformismus* durch vier Maßstäbe: *Wertorientierung*, sozialtechnologisch durchformulierte *Alternative*, *Realisierbarkeit* und *Prüfbarkeit*.[8]

### *a. Wertorientierung*

Reformprozesse führen nur dann zu qualitativen Veränderungen, wenn sie gerichtet sind; wenn eine Reform auf der anderen aufbaut im Sinne eines angestrebten Zieles. In Ressorts gedacht: Man kann z. B. in der Außen- und der Sozialpolitik der sozialliberalen Koalition seit 1969 eine solche Orientierung erkennen: Die Einzelschritte waren — wie immer man die Ziele bewertet —konsequent aufeinander bezogen.

Das Problem besteht allerdings darin, die Konzepte einzelner Fachgebiete unter den Strukturbedingungen der jeweiligen Gesellschaft — Verfassung, faktische Wirtschaftsordnung, Bundesrat, Bundesverfassungsgericht usw. — zusammenzufügen und ein „Bild" davon zu behalten, zu welcher gesellschaftlichen Formation die Reformen führen sollen. Diese „Bilder" gehen im parlamentarischen Tageskampf leicht zu Bruch.

Ich versuche das, was ich sagen will, an einem einfachen Beispiel darzustellen. In einem kleinen Bauerndorf, 50 Kilometer vor der nächsten Großstadt, lebt eine Familie im selbsterstellten Eigenheim; der Vater Bauhilfsarbeiter, die Mutter Abwäscherin beim örtlichen Wirt, einige halbwüchsige Kinder, die schon arbeiten und zu Hause „abgeben". Flüchtlinge, die vor 30 Jahren nach Oberbayern vertrieben wurden. Alle plagen sich Tag für Tag in einer für Mittelschichten nicht vorstellbaren Weise. Mit welchem Ziel? Sie „sparen" — und stecken alle zwei Jahre ihr Gespartes in eine neue Form der Ausstattung ihres einzigen Eigentums: des Hauses. Mit der Beharrlichkeit des Sisyphos wälzen sie den Stein den Berg hinauf, um ihn wieder herunterrollen zu sehen; in regelmäßigen Abständen erstehen mit Goldleisten und eine neue Tischdecke für den Sonntag, auf der Rotwein auszuschütten einer kleinen Familientragödie gleichkommen kann.

In unserer Gesellschaft gibt es viele, die den unerträglichen sie ein scheußliches „neues Schlafzimmer“, eine neue Kommode Tatbestand hinter der Alltäglichkeit dieser Geschichte nicht spüren: Sie berufen sich auf das ‚Glück‘, das jeder für sich bestimmen müsse und nennen es ‚arrogant‘, die scheußlichen neuen Schlafzimmer scheußlich zu nennen; im stillen denken sie ein wenig an die Möbelfabrikanten, die auch leben müssen. Und an die Arbeitsplätze bei den Möbelfabrikanten. So denken die Reformisten nicht.

Reformismus bedeutet nicht Agnostizismus. Der Reformist zwingt niemanden zu seinem Glück; aber er vergißt nicht, daß bei uns Bilder vom Glück als Serienfertigung vom Stapel laufen. Er leitet die menschlichen Bedürfnisse nicht nur aus den Kauf- und Wahlakten ab, sondern er bewahrt sich das Bild von einer Gesellschaft, in der das Ziel unerbittlicher Schinderei nicht das vorgegaukelte Prestigeobjekt ist. Für diese Gesellschaft will er unter den Bedingungen der Freiheit arbeiten.

### *b. Alternative*

Wenn ein Zustand oder eine Institution als unzulänglich erkannt ist, genügt nicht der Beschluß, der gute Wille, hier Änderungen zu schaffen. Der Reformist entwickelt eine oder mehrere sozialtechnologisch durchformulierte Alternativen, bevor er daran geht, den alten Zustand abzuschaffen, die alte Institution abzureißen.

Dieser Maßstab kann mißbraucht werden; indem man nämlich von jedem, der Mißstände aufdeckt und öffentlich macht, sofort die „Alternative“ verlangt. Ein solches Verfahren würde zur Unterdrückung von notwendiger Kritik führen und damit die Lernfähigkeit eines Systems beeinträchtigen. Deshalb ist auch der Protest, der noch keinen Ausweg kennt, legitim und notwendig; hier liegt eine wichtige Funktion der Intellektuellen in jeder Gesellschaft.

Eine reformistische Bewegung muß aber sehr darauf achten, daß nach Auftreten eines Mißstandes, nach dem Sichtbarwerden eines Strukturproblems in absehbarer Zeit technologisch machbare Alternativen zur Debatte gestellt und ins Werk gesetzt werden; wenn sie duldet — und gar selbst dazu beiträgt — daß sich eine ungerichtete Unzufriedenheit bei den Menschen ausbreitet, schafft sie die Gefahr einer Machtdeflation; in das Vakuum können dann sehr verschiedene Kräfte einströmen. Der Rückfall vieler Angehöriger der Mittelschichten, die nach der Jugendrevolte Ende der sechziger Jahre in der Bundesrepublik für Reformen aufgeschlossen waren, in wieder „konservativere" Positionen zeigt zum Beispiel, wie ein politisches System durch zu lange „Reaktionszeiten" günstige historische Konstellationen verpassen kann; das Reformlager verharrte zu lange im prinzipiellen Protest und entwickelte die Alternativen nicht rasch genug; es wäre allerdings sehr kurzsichtig, wenn man dies vor allem auf individuelles Versagen bei den Reformkräften zurückführen wollte — es war viel „Struktur" im Spiel. Vielleicht ist die Bundesrepublik Deutschland „stabiler", als es ihr guttut.

Als Beispiel für das Alternativproblem kann die Debatte über „Investitionskontrolle" dienen, die seit dem Hannoverschen Parteitag der SPD 1973 erneut in Gang gekommen ist. Die verschiedenen Flügel der Partei griffen die bereits im Godesberger Programm formulierte Frage auf, wie der ökonomische Prozeß durch Elemente politischer Planung zu beeinflussen sei. Es ist völlig selbstverständlich, daß ein so komplexes „Strukturproblem" nicht sofort auf der Ebene der Machbarkeit diskutiert werden kann; deswegen gab es eine Phase ideologischer Auseinandersetzung, die dann allerdings von der Kommission „Orientierungsrahmen" auf das Alternativproblem hingelenkt wurde. Es wird sich in den kommenden Monaten, insbesondere auf dem nächsten ordentlichen Parteitag der SPD 1975 in Mannheim, zeigen, wie die Partei das Problem bewältigt, ob sie, verglichen mit der Diskussion in Hannover, etwas konkreter, „fachlicher" an die keineswegs schnell lösbare Frage herangeht oder ob sie wieder in eine ideologische Grundsatzdebatte zurückfällt, in der lediglich verschiedene Wertorientierungen mehr oder weniger pathetisch gegeneinander gesetzt werden.

Das Beispiel zeigt aber — eben wegen seiner „Grundsätzlichkeit" — auch die Grenzen der Anwendbarkeit jener „Regel". Was geschieht nämlich, wenn alle entwickelten Alternativen nicht durchsetzbar, das Existierende aber nicht mehr lebensfähig ist— oder von wichtigen Gruppen nicht mehr hingenommen werden kann? Die Antwort müßte lauten: Dann versagt die Sozialtechnik Reformismus. — Bisher hat sich allerdings, so muß ich selbstkritisch sagen, vieles als lebensfähig erwiesen, was die Sozialisten schon in der Agonie vermuteten.

### *c. Prüfbarkeit*

Wer den „großen Sprung" verweigert, muß durch „kleine Schritte" voranzukommen suchen; er muß aber auch aufpassen, daß er nicht auf den Hinterbeinen sitzen bleibt. — Der Reformismus muß Versuchsanordnungen schaffen, die es ihm erlauben, weittragende Konzeptionen *auf ihre Realisierbarkeit* hin zu prüfen; er muß die gesellschaftliche Entwicklung vorantreiben, indem er theoriegesteuerte Experimente durchführt, dann Zwischenbilanzen zieht, die an der Wirklichkeit gescheiterten institutionellen Lösungen verwirft und die erfolgreichen auf breiter Front durchzusetzen sucht. Es ist auf den ersten Blick erkennbar, daß eine derart schöpferische, bewegliche Strategie nur betreiben kann, wer über eine „Theorie" verfügt, die konkret genug ist, daß sie an der Wirklichkeit scheitern kann.

Natürlich: Hier wird der Streit um die „Vernunftbegriffe" wieder lebendig. Aber ich will keine schematische Übertragung der Methoden der empirischen Wissenschaft auf die Politik; und ich weiß, daß über die Verifikation oder Falsifikation einer „Theorie" in der Politik anders disputiert werden muß als in der Physik oder auch in der Soziologie. Die Gesellschaft und ihre Teilbereiche lassen sich nicht manipulieren wie die Versuchsanordnung im Labor; mit der „intersubjektiven Nachprüfbarkeit" der Ergebnisse wird es hapern; und allgemeine Normen lassen sich (meine ich) sowieso nicht positiv rechtfertigen. Trotzdem hat es einen gewissen Sinn, das Modell des wissenschaftlichen Experiments — wenn auch nur im Sinn der Analogie — für die Politik fruchtbar zu machen.

So kann man die Montan-Mitbestimmung als ein großangelegtes Experiment zur Überprüfung der Idee der Mitbestimmung verstehen; sozialdemokratische Landesregierungen vor allem haben eine Fülle von Versuchen mit der Gesamtschule und einige Versuche mit der Gesamthochschule eingeleitet; Partizipationsmodelle wurden institutionalisiert: auf den Universitäten durch Hochschulgesetze, in den Redaktionen durch Redaktionsstatute, in Industrie und Verwaltung durch das Betriebsverfassungs- und das Personalvertretungsgesetz. Das sind Zwischenergebnisse, zugegeben. Sie bringen aber die politische Debatte ein gutes Stück über den rein ideologischen Disput, über die Konfrontation allgemeiner Normen hinaus.

Die reformistischen Kräfte haben also in einigen Bereichen — vor allem im Bildungswesen, aber auch bei der Humanisierung des Arbeitslebens — den Maßstab erfolgreich angewandt; auf anderen Gebieten — beispielsweise beim Genossenschaftswesen, bei der Erprobung von Non-Profit-Organisationen im Feld der Massenkommunikation oder von Modellen der Arbeiterselbstverwaltung — haben sie versagt; auf wieder anderen Gebieten — Gemeinwesenarbeit, Randgruppenbetreuung — überlassen sie das Feld zur Zeit noch einer linken Subkultur, statt deren Ansätze aufzugreifen und ohne hektische „Unterwanderungsangst“ zur planmäßigen Reform umzugestalten. Schon an diesen Beispielen kann man sehen, wie sehr eine breit gefächerte Aktivität mit „prüfbaren“, realitätsbezogenen politischen Experimenten die Wirklichkeit schon jetzt verändert und noch viel mehr verändern könnte, wenn sie noch breiter als bewußte Strategie verwendet würde.

Wer sich auf solch eine Strategie einläßt, muß einkalkulieren, daß schon die Einleitung solcher Modelle vom „Gescheitert“-Schrei der Gegner begleitet sein wird; die Universität Bremen beweist dies ebenso wie die Gesamthochschule Kassel oder die Experimentierphase mit Rahmenrichtlinien in hessischen Schulen. Er wird aber auch selbst den Mut aufbringen müssen, eigene Konzepte zu korrigieren, wenn sie nicht gut genug funktionieren. Und er wird bald vor komplizierten taktischen Fragen stehen: Welche Modellpolitik betrieben werden soll (im Bildungswesen steht man heute beispielsweise vor der Alternative: „Laßt tausend Blumen blühen“ oder „Grundmodelle“); wie die Experimente wissenschaftlich begleitet und ausgewertet werden sollen; vor dem Problem der Folgekosten von Modellen usw. Er hat aber auch die reelle Chance, neue Kooperations- und Verhaltensformen erproben und fördern zu können, ohne ins Ungewisse hinein Kraftakte riskieren zu müssen.

### *d. Realisierbarkeit*

Der Reformist will nicht vor allem recht behalten; er will etwas bewirken, und zwar für die gerade lebenden Generationen. Herbert Wehner hat das so ausgedrückt: „Jeder Schritt wirklicher Bewegung, demokratischer Bewegung, Arbeiterbewegung und Arbeitnehmerbewegung ist wichtiger als noch so präzis ausgedachte Programmformulierungen." [9]

Dies bedeutet, daß der Reformist seine Politik unter das Postulat der Realisierbarkeit stellen muß. Eine der wichtigsten Fähigkeiten, die er entwickeln und schulen muß, ist die produktive, alle Widerstände exakt einkalkulierende Phantasie, um verkrustete Strukturen aufzubrechen, mächtige Gegner zu neutralisieren und gewaltlos Machtverschiebungen zu erreichen. Dazu muß er die Szene, in der er sich bewegt — die Rechtsregeln, die Institutionen, die Verhaltensweise der Menschen — immer besser kennen als sein Gegner; er ist also das grade Gegenteil vom gutwilligen, idealistischen und gesinnungsstarken Räsonierer mit dem welthistorischen Panoramablick, der in den vergangenen Jahren in der europäischen Linken wieder häufiger auftrat: dem „Affektationsproletarier", wie Bernstein solche Leute nannte. Diese nützen oft, ganz gegen ihren Willen, der anderen Seite.

Natürlich steckt auch im Postulat der „Realisierbarkeit" eine große Gefahr: Daß nämlich alles, was nicht gleich und ohne Widerstände möglich ist, mit der Formel: „Das geht ja doch nicht" weggeschoben wird. Was gleich und ohne Widerstände möglich ist, ist aber fast immer *keine* „Reform"; Privilegien wegräumen provoziert immer Widerstände. Der Achtstundentag war einmal eine „utopische" Forderung; Reformismus, der den Namen verdient, muß den Atem haben, das Terrain so vorzubereiten, daß solch eine Forderung plötzlich nicht mehr „utopisch", sondern nur noch „unverschämt" ist —: dann ist sie durchsetzbar.

Ich täusche mich nicht darüber, daß die Forderung nach „Realisierbarkeit" in der Vergangenheit in den sozialdemokratischen Parteien oft ein falsches Arrangement mit schlechter Wirklichkeit begünstigt hat; oft wurden Vorurteile der Massen — die man kennen und berücksichtigen, aber nicht unbedingt exekutieren muß — aus Schwäche zur „vox populi" erklärt (innere Sicherheit); oft wurden Besitzinteressen allzufrüh als unverrückbar hingenommen (Bodenpolitik); oft verdrängt der verständliche Wunsch, mit allen in Frieden zu leben, das Engagement für die wirklich Schwachen (Kommunalpolitik). Aber wer die Regel der Realisierbarkeit außer acht läßt, wird schnell zum Hofnarren der wirtschaftlich Mächtigen; zum wohlwollend geduldeten Demonstrationsobjekt für „Radikalismus" und „Sektierertum". In den Perioden, in denen die SPD praktische

Harmlosigkeit mit verbaler Radikalität verband, war sie ihren Gegnern eine sympathische (wenngleich trotzdem sozusagen wohlwollend verteufelte) Opposition.

Reformpolitik stößt auf viele Grenzen: auf die Verflechtung der internationalen Politik, auf falsche Weichenstellungen in der Verfassung und die Auslegung dieser Verfassung durch ein notwendig „integrationistisches" Verfassungsgericht, auf die faktischen Konstellationen des Regimes (Beispiel: Bundestag-Bundesrat), auf die Tatbestände etablierter Macht. Wer für die BRD als außenpolitische Maxime lediglich „Solidarität mit den Unterdrückten in allen Ländern" anerkennen will und die komplizierte Architektur der Bündnissysteme moralisierend mißachtet, wird bald selbst zu den Unterdrückten gehören. Wer auf den kritischen Hinweis, eine Sozialisierung der Banken (die ich gar nicht für wirksam und sinnvoll halten würde) sei schon deshalb sehr schwierig, weil kein Staatshaushalt die hohen Entschädigungen hergeben könne, lediglich zu antworten weiß: „Wir wollten den Kapitalismus überwinden und nicht aufkaufen" — der mag zwar auf einem Parteitag kurzfristig im Beifall ertrinken; hinterher ertrinkt er auf andere Art. Und wer die integrierte Gesamthochschule zur Regel-Hochschule machen will, obwohl noch keine einzige wirklich erfolgreich arbeitet, gefährdet die bildungspolitische Idee der Integration.

Wer den Aspekt „Realisierung" berücksichtigt, muß den Mut zur Unvollkommenheit aufbringen und doch lernen, notwendige von faulen Kompromissen zu unterscheiden. Das psychologische Problem des Reformismus ist, daß alles so lange dauert und daß die Ergebnisse der langwierigen Plackerei so wenig spektakulär sind.

Entschlossenes, planvolles Handeln auf ein großes Ziel hin übt Faszination aus; das erklärt einen Teil der Begeisterung junger Leute aus den oberen Schichten für Aktionen, die am System rütteln. Entschlossenes, planvolles Handeln ist aber auch im zähen, reformistischen Kampf um die Macht in den Institutionen des demokratischen Kapitalismus notwendig; man darf nur nicht verschleiern wollen, daß auch dies Kampf ist, daß es um Macht geht. Machiavelli hat im „Principe" analysiert, wie die politische Energie, die notwendige „virtù" des Fürsten, aussehen muß, der sich die Macht erwerben oder erhalten will. Auch die „virtù" des Reformisten verdient eine solche Analyse. Fähigkeit zur Prognose, Mißtrauen gegen Prophetie, Präzision im Detail, Begabung zum systematischen Experiment, Geduld —

es wäre zu überprüfen, ob nicht auch diese Techniken des politischen Handelns faszinieren können.

## 3. GRUNDWERTE DES DEMOKRATISCHEN SOZIALISMUS

### *a. Was bleibt vom Sozialismus?*

Die Frage: Was bleibt vom Sozialismus? klingt nach Resignation. Sie ist aber nur selbstkritisch. Sie zeigt an, daß die Sozialisten seit dem „Manifest", seit Lassalles großen Auseinandersetzungen mit Bismarck, seit Bebels unerhörter Integrationsleistung viel hinter sich gebracht haben; sie haben auch manches hinter sich gelassen. Der reformistische Teil der Arbeiterbewegung hat aus diesen Erfahrungen andere Konsequenzen gezogen als der kommunistische.

Es gibt einige Theoriestücke, die von den demokratischen Sozialisten übereinstimmend zu den Akten der Geschichte gelegt worden sind. Sie sind programmatisch überwunden und werden auch von ins Gewicht fallenden Gruppierungen innerhalb der sozialdemokratischen Parteien nicht mehr vertreten.

Dazu gehört vor allem die grobe Version der materialistischen Erkenntnislehre, die die „Erkennbarkeit der Welt" postuliert und in deren Konsequenz über die „Diktatur des Proletariats" und den „demokratischen Zentralismus" die Verwaltung der Wahrheit in der Form eines Interpretationsmonopols den Führungsinstanzen der Partei übertragen wird. Demokratischer Sozialismus ist — wie ich darzustellen versuchte — mit Agnostizismus nicht vereinbar; er verneint aber entschieden die durch nichts begründbare Fiktion, daß die Elite einer bestimmten Klasse prädestiniert sei, Bewegungsgesetze der Geschichte zu erkennen. „Wissenschaftlicher Sozialismus" im Sinne des Marxismus-Leninismus kann deshalb im Spektrum der Sozialdemokratie nicht vertreten werden.

Dazu gehört ebenso die im Revisionismusstreit erregt diskutierte Frage der „historischen Notwendigkeit" einer Ablösung des Kapitalismus durch den Sozialismus. Natürlich kann man nicht etwa den ganzen philosophischen Materialismus in Acht und Bann tun, wohl aber die materialistische Geschichtsauffassung, als sei die gesellschaftliche Entwicklung eine Art naturgeschichtlicher Prozeß. Im Godesberger Programm heißt es: „In unsere Hand ist die Verantwortung gelegt für eine glückliche Zukunft oder für eine Selbstzerstörung der Menschheit.“ Die erdrückende Mehrheit der Sozialdemokraten in ganz Europa dürfte überdies der Meinung Jochen Steffens, des Theoretikers des linken Flügels der deutschen Partei, sein, der über Rosa Luxemburg schreibt:

„Rosa Luxemburg bietet sich für Aktionisten an. Sie ist zunächst um so brauchbarer, als man tatsächlich ihre Alternative: Sozialismus oder Untergang in die Barbarei, glaubt. An diese Alternative glaube ich auch. Problematischer ist schon die Voraussetzung ihres Denkens und ihrer Bejahung der massenhaften Aktivität in der Spontaneität, nämlich: Der Glaube an die Zielgerichtetheit der historischen Entwicklung. Daran glaube ich nicht. Allerdings ist auch bei ihr die Voraussetzung, daß die handelnden Massen zum *richtigen Zeitpunkt,* in die *richtigen Speichen* der Räder des Karrens der historischen Entwicklung greifen, um sie in die *richtige Richtung* zu drehen. Es kann auch ‚falsch‘ verlaufen. Das lehrt nach meiner Überzeugung die historische Erfahrung.“ [10]

Und noch etwas hat die historische Erfahrung uns unübersehbar ins Stammbuch geschrieben: Daß die „ökonomistische Verengung“ des Sozialismus in die Irre führt. Die sogenannte Vergesellschaftung der Produktionsmittel, die de facto auch heute noch allemal eine Verstaatlichung ist, ist nicht *der* entscheidende Hebel, der eine sozialistische Gesellschaft schafft. Marxistisch gesprochen: Die Ersetzung der tradierten gesellschaftlichen Synthesis über den Tausch durch direkt zentrale Planung schafft eben, wie die Geschichte und die aktuelle Wirklichkeit der „nachkapitalistischen“ Gesellschaften unübersehbar zeigen, keine neue Produktions- und Bedürfnisstruktur, keine neuen Denk-, Verhaltens- und Kooperationsformen bei den Menschen. Diese aber waren und sind das Ziel des Sozialismus und nicht irgendwelche Manipulationen am Wirtschaftssystem, die für dieses Ziel nur die Voraussetzungen schaffen sollten. Sie haben sie nicht geschaffen. Nach wie vor wird in diesen Gesellschaften — trotz „Vergesellschaftung“ — das Lohnsystem von einzelwirtschaftlichen Rationalitätskategorien geprägt. Es bleibt bei isolierender Konkurrenz in der Arbeit auf der einen und einem individualisierten, streng abgegrenzten Freizeitbereich auf der anderen Seite. Das „Lernziel Solidarität“ [11] bleibt unerreicht.[12]

Das kann nicht heißen, daß damit Vergesellschaftungsprozesse ein für allemal abgeschrieben seien; sie können durchaus ihren Sinn für die Durchsetzung des Sozialismus behalten. Nur wird die Diskussion über Vergesellschaftung auf dem Niveau unserer heutigen historischen Erfahrung — die die Klassiker nicht haben konnten — zu einem Problem wirtschaftspolitischer (und machtpolitischer) Zweckmäßigkeit. Der Glaube, daß die Vergesellschaftung der Produktionsmittel alle „antagonistischen" Widersprüche in der Gesellschaft überwinden könne, ist heute auch theoretisch zuschanden geworden — von der machtpolitischen Komponente der Durchsetzung einmal ganz abgesehen.

Natürlich kann man, nach allen historischen Erfahrungen, immer noch sagen, *die* Vergesellschaftung *der* Produktionsmittel sei zwar nicht die hinreichende, wohl aber die notwendige Bedingung für jede Form von Sozialismus. Das ist das alte Lied: Die „Sozialistischen" Staaten von heute beweisen gar nichts, die Leute haben unter schwierigen historischen Bedingungen alles falsch gemacht, wir werden es besser machen. Ich kann nur für *mich* sagen: Für dieses Vabanquespiel riskiere ich nicht das Leben von Abertausenden von Menschen.

Die reformistische Position ist heute deshalb im allgemeinen auf eine Überwindung der großen Aktienvermögen, auf die Schleifung der überragenden Festungen des Kapitals mit Hilfe eines variablen Instrumentariums gerichtet, dem die Mitbestimmung ebenso zuzurechnen ist wie Vergesellschaftung oder die Förderung gemeinwirtschaftlicher Unternehmungen. Wenn die *raison d'être* einer (im demagogischen Sinn) „sozialistischen" Gesellschaft die direkt-zentrale Leitung ist, wird man für den Reformismus geradezu die Faustregel „keine Zentrale" formulieren können. Denn für eine zentrale Planung der verschiedenen Wirtschaftsprozesse — so würden die Reformisten argumentieren — reichen die Informationen nicht aus, die über die Bedürfnisse der Wirtschaftssubjekte zur Verfügung stehen. So lösen — innerhalb des reformistischen Lagers — pragmatische, aus der Erfahrung abgeleitete Argumente die „grundsätzlichen" ab.

Ich sagte: Dies sind die Theoriestücke, die wir gemeinsam zurückweisen; das haben wir uns an den Schuhen abgelaufen; das haben wir fünfzig Jahre diskutiert und — in der Bundesrepublik — dann in Godesberg durch das neue Grundsatzprogramm besiegelt. Wer diesen Minimalkonsens nicht akzeptiert, ist in der Sozialdemokratie fehl am Platz. Nach wie vor gilt, was Kurt Schumacher vor mehr als zwanzig Jahren forderte: Daß man den demokratischen Sozialismus verschieden begründen kann und daß auch die marxistische Begründung ihren Platz in der Sozialdemokratie hat. Marxisten aber, die sich mit dieser Erkenntnis nicht abfinden können, passen nicht in die Pluralität der reformistischen Arbeiterbewegung und der aus ihr entstandenen Volkspartei.

Ich habe jetzt von jenen Elementen sozialistischer Theorie gesprochen, die der demokratische Sozialismus ausgeschieden hat. Das beantwortet aber nicht die Frage „Was bleibt vom Sozialismus?" Beschränken wir uns auf den Hinweis auf einige ethische Grundwerte und überlassen wir alles andere der privaten, sozusagen religiösen oder metaphysischen Entscheidungen des einzelnen?

Ich erörtere diese Frage wieder an einem Beispiel: An der Sozialismus-Definition in Richard Löwenthals 1946 unter dem Pseudonym Paul Sering verfaßtem Buch „Jenseits des Kapitalismus", dem nach Bernstein wohl bedeutendsten und grundlegendsten Werk der reformistischen Tradition.

Diese Definition umfaßt drei Elemente: Abschaffung der Klassen, Aufhebung der Lohnarbeit, Freiheit als Mittel und Zweck. Löwenthal hat dabei viele utopische Elemente längst ausgeschieden und die historische Erfahrung verarbeitet; er will die berufliche Arbeitsteilung *nicht* aufheben, sondern nur verhindern, daß sie „erblich" wird — Chancengleichheit. Vor allem aber ist ihm völlig klar, daß das eigentliche Ziel des Sozialismus nicht Aufhebung des Privateigentums und Planwirtschaft ist — der „materielle Antrieb des Einkommens" soll Schritt für Schritt durch „ideelle und kollektive Antriebe" ersetzt werden.[13]

Aber dann folgen Sätze, die der durchschnittliche Sozialdemokrat der sechziger Jahre als Linksabweichung genommen hätte. Löwenthal spricht von der „fundamentalen Erniedrigung, die im Begriff allen Lohnes liegt: Daß nämlich der Mensch nur würdig sei, die Notwendigkeiten seines Lebens von der Gesellschaft zu empfangen im genauen Maße, wie sein Beitrag zur Produktion auf dem Markte als eines Entgeltes wert anerkannt wird. Alle Lohnarbeit ist darin ‚Entmenschung', daß sie den Menschen aus einem Zweck zum Mittel der Produktion macht — und das gilt zunächst für die Lohnarbeit in einer Planwirtschaft genauso wie für Lohnarbeit im ‚freien' Kapitalismus." [14]

Gilt dies heute noch? Oder ist es durch das Godesberger

Programm „überholt“? Ist es besser, bei „Grundwerten“ zu bleiben, die breit — und damit auch: konventionell — interpretierbar sind, oder sollen wir sie durch Reflexionen über Lohnarbeit, Klassen- und Einkommensdifferenzierung schärfen und härten?

Ich will darauf meine persönliche Antwort geben. Ich glaube, daß die Erfahrungen seit dem Ende des Zweiten Weltkrieges zwei Überlegungen nahelegen — eine über die *Grenzen des Wachstums* und eine über die *Grenzen einer raschen Veränderbarkeit menschlicher Antriebe.*

Ich verzichte dabei auf pompöse Zitate aus wissenschaftlichen Arbeiten, die doch nur den falschen Schein von empirischer Beweisbarkeit erzeugen würden. Natürlich: Nichts ist „beweisbar“. Aber wir müssen politisch handeln, auch wenn wir uns nicht am Geländer der Wissenschaft anhalten und entlanghangeln können. Wir müssen unsere Entschlüsse auf unzureichenden Grundlagen treffen, weil wir sie sonst ohne Grundlagen treffen; und das ist schlimmer.

Die „klassenlose Gesellschaft“ und die „Aufhebung der Lohnarbeit“ können — wie schon Marx wußte — nur erreicht werden, wenn in seinen Worten „alle Springquellen des genossenschaftlichen Reichtums voller fließen“. Wie immer man die schon auf die Feuilletons heruntergekommenen Diskussionen über die „Grenzen des Wachstums“ beurteilt, wie sehr man auch meinen mag, die Welt habe Reichtümer genug für all die Milliarden überall auf der Welt — wenn man sie nur planmäßig und rationell auswerte statt irrational und kapitalistisch —: Die Begrenztheit der Rohstoffvorräte ist ein Faktum. Man mag darauf hoffen, daß wir uns durch die technologische Entwicklung von ihnen emanzipieren, und man mag die Prognosen über Naturzerstörung, Rohstofferschöpfung und Welternährungsproblem als malthusianische Irreführung abtun: Niemand wird — trotz unerhörter wissenschaftlich-technologischer Erfolge — sagen können, wir seien seit Marx der Überwindung des Mangels im Weltmaßstab näher gekommen. Wir sind eher weiter davon entfernt als je in den letzten hundert Jahren.

Ich kenne den Einwand: Dies sei eben die welthistorische Mechanik des Kapitalismus, der eine sinnvolle Verteilung des weltgesellschaftlichen Arbeitsvermögens verhindere. Wenn ich sehe, wie China der Sowjetunion Sozialimperialismus vorwirft, zweifle ich an dieser monokausalen Erklärung. Jedenfalls werden wir uns über viele Jahrzehnte mit einer erbitterten weltweiten Systemkonkurrenz abfinden müssen; wer sich mit ihr nicht abfindet, provoziert die Selbstzerstörung der Menschheit. All dies stimmt nicht gerade optimistisch. Und da mir das Vertrauen darauf, daß die Weltgeschichte das Weltgericht sei, gänzlich fehlt, ich vielmehr ein Scheitern dieser ebenso glanzvollen wie grausamen Veranstaltung Weltgeschichte nicht ausschließen mag, frage ich: Werden die „Springquellen des Reichtums" jemals so fließen, daß man wird sagen können: „Jedem nach seinen Bedürfnissen?"

Ich will diese Frage nicht beantworten. Niemand kann sie beantworten. Es bleibt uns gar nichts anderes übrig, als — nach gewissenhafter Prüfung aller wissenschaftlichen Erkenntnisse — unsere Entscheidungen an unseren Gewißheiten und unseren Hoffnungen auszurichten. Klassenlose Gesellschaft? Aufhebung der Lohnarbeit? Meine Hoffnungen sind begrenzt.

Sie werden auch durch die Erfahrung mit den Menschen, mit der Stabilität und Variabilität ihrer Motivationen nicht größer. Löwenthal/Sering schrieb sein Buch auf Trümmern eines Weltkrieges, der — so hoffte er — die Chance eines neuen Anfangs bot. Damals gab es als Erprobungsfeld für den Sozialismus lediglich das revolutionierte Agrarland Sowjetunion. Was kam seither alles dazu: die DDR, die (zum Teil hochindustrialisierten) osteuropäischen Länder, China, Kuba, Entwicklungsländer der verschiedensten Ausprägung. Niemand überschaut die Ergebnisse dieser „sozialen Experimente" großen Stils. Aber niemand — jedenfalls kaum jemand in der westeuropäischen Linken — behauptet auch, daß in den nachkapitalistischen Gesellschaften (von China abgesehen, über das jeder sagt: „Das kann ich nicht beurteilen") sozialistische gesellschaftliche Formen, gesellschaftlich bewußte Beziehungen entstanden oder wenigstens im Ansatz erkennbar seien.

Das ist nur für Reaktionäre ein Grund, hämisch zu werden. Man kann daraus auch keineswegs auf „anthropologische Konstanten" schließen; aber man wird wohl annehmen dürfen, daß Motivationen und Sozialbedürfnisse, die über Jahrtausende antrainiert wurden — wie beispielsweise das ja durchaus „vorkapitalistische", vom Kapitalismus nur mißbrauchte Motiv der erfolgreichen Leistungskonkurrenz — auch nur in sehr langen Zeiträumen verändert werden können. Insofern ist die „anthropologische Orientierung" des demokratischen Sozialismus, die Waldemar von Knoeringen in seinen letzten Lebensjahren so leidenschaftlich und so erfolglos predigte, notwendig.

Wenn dies alles so ist — ich schildere den Gedankengang, der mich zu meiner Entscheidung für den Reformismus, für das „Godesberger Programm" und seinen Grundwerte-Katalog führt —, hat es dann irgendeinen Sinn, eine Massenorganisation wie die Sozialdemokratie auf so etwas wie „Abschaffung der Klassen" und „Aufhebung der Lohnarbeit" hin zu orientieren? Wäre es nicht besser — zynisch gesagt —, sie machte statt solch großer Worte eine ordentliche Reform des öffentlichen Dienstrechts? Sie sorgte sich um die Renten statt um die Weltgeschichte?

Diesen Schluß haben viele ehrliche, desillusionierte Sozialdemokraten der Kriegsgeneration gezogen. Ich halte ihn für falsch und will begründen, warum.

Ich glaube, wir kommen mit dem Grundwerte-Katalog — so, wie er heute dasteht — nicht aus. Denn er ermöglicht (nicht: erzwingt!) Minimal-Interpretationen, die „Reformkonservative" genauso vertreten könnten.[15] „Solidarität" bedeutet dann — um ein Beispiel herauszugreifen — nicht mehr den Ansporn zur Entwicklung neuer Kooperations- und Verhaltensformen im Arbeitsprozeß, beim Wohnen, bei der Überwindung der unvermittelten Trennung Arbeit/Freizeit, sondern schlicht: „Soziale Sicherheit" — also, mehr oder weniger, Sozialpolitik zur Absicherung des individuellen Risikos. „Gerechtigkeit" heißt dann, daß die strukturelle Privilegierung der schlagkräftigen Interessengruppen als Pluralismus hingenommen wird — zuungunsten der nicht Konfliktfähigen: der Hausfrauen und Schüler, der Arbeitslosen und Alten, der Kranken und der Minderheiten. Solche Minimal-Interpretationen führen aber gerade nicht — auch nicht schrittweise — über qualitative Veränderungen zu einer sich stets weiterentwickelnden, nie fertigen Gesellschaft des demokratischen Sozialismus, sondern im besten Fall zu einer Art von modernem Sozialkapitalismus, zur „aktiven Demokratie" Helmut Kohls.

Ich weiß: Schon „Sozialkapitalismus" ist — verglichen mit zahllosen anderen gesellschaftlichen Formationen — eine große Leistung. Ich bin weit davon entfernt, auch nur die bescheidensten Leistungen der „sozialen Sicherheit" geringzuachten. Aber ich fürchte, daß eine sozialdemokratische Partei, die sich damit zufrieden gibt, die nicht immer wieder aus weiter gesteckten Zielen neue Orientierung bekommt, im Praktizismus steckenbleibt. Daß sie ihre Identität verliert und zu einer Art Reparaturtrupp wird, der abgehetzt von einer Bruchstelle zur anderen eilt und letztlich zu einer Patronageorganisation für die eine oder andere Gruppierung wird; im Falle der SPD am ehesten zu einer Patronageorganisationen des öffentlichen Dienstes. Und ich fürchte, daß uns dann auch die Motivationskraft fehlte, um neue Generationen für unsere Sache zu begeistern.

## *b. Selbstkritischer Sozialismus*

Ich plädiere nicht dafür, Ziele zu propagieren, an deren Verwirklichung wir nicht glauben können. Aber ich plädiere für die Wiedergewinnung von Orientierungen, die die Wirklichkeit von heute übersteigen. Ich plädiere für „relative Utopien".

Was bedeutet das? Ich benutze die Terminologie von Karl Mannheim, für den ein Bewußtsein dann „utopisch" ist, wenn es sich mit dem umgebenden Sein nicht in Deckung befindet. Von daher unterscheidet er „absolute" und „relative" Utopien. Er sagt:

„Als Utopie bezeichnen die Vertreter einer bestimmten Seinswirklichkeit alle jene Vorstellungen, die *von ihnen aus gesehen* prinzipiell niemals verwirklicht werden können. In diesem Sprachgebrauch bekommt auch das Utopische jenen heute dominierenden Nebensinn einer Vorstellung, die *prinzipiell* unverwirklichbar ist ... Nun gibt es sicher unter den seinstranszendenten Vorstellungen solche, die prinzipiell und niemals verwirklicht werden können. Die für eine bestimmte Seinsordnung denkenden und im Banne des dazu gehörenden Lebensgefühls stehenden Menschen werden aber stets die Tendenz haben, all jene seinstranszendenten Vorstellungen als *absolut utopisch* zu bezeichnen, die sich nur in *ihrer* Lebensordnung als unverwirklichbar erweisen ..." [16]

Wir müssen also, so folgere ich, das, was wir als „absolute Utopien" zu erkennen meinen, wegräumen: selbstkritischer Sozialismus. Gleichzeitig müssen wir aber erkennen, daß das wesentlichste „Formierungsprinzip" eines Bewußtseins sich in dessen utopischer Schicht findet; das „Zeitbild", das einer hat, wird von seinen Hoffnungen, Sehnsüchten, Sinnzielen bestimmt. Wer keine Hoffnungen mehr hat, hat sich abgefunden.[17]

Wir leben heute in der Gefahr, an eine „fertig gewordene Welt" [18] zu glauben; daraus folgt eine immer größer werdende Spannungslosigkeit. Noch einmal Mannheim:

„Wir gehen einem Stadium entgegen, in dem das Utopische sich durch seine verschiedenen Gestalten völlig (zumindest im Politischen völlig) destruiert." [19]

Wir müssen die Transformation vieler „Utopien“ zur Wissenschaft bejahen; ebenso die Destruktion von *falschen* Hoffnungen. Ohne Thomas Münzers „Mut und Kraft zum Unmöglichen“ werden durchgreifende Reformen nicht zu verwirklichen sein; aber man kann sich nicht Ziele setzen, an die man nicht glauben kann.

Karl Mannheim hat den Zustand der Sozialdemokratie vorausdiagnostiziert:

„Je mehr eine aufstrebende Partei in das parlamentarische Mitregieren hineinwächst, desto mehr gibt sie ihre aus der ursprünglich treibenden Utopie strahlende Totalsicht auf, desto mehr läßt sie ihre transformierende Kraft sich am konkreten Einzelfall bewähren. Dort zerbröckelt die utopische Zielstrebigkeit und die damit eng zusammenhängende Fähigkeit zur Totalsicht in parlamentarischen Beratungskommissionen und in der Gewerkschaftsbewegung in bloße leitende Richtlinien für Bewältigung und Stellungnahme bei der Beherrschung der Mannigfaltigkeit.“ [20]

Ich glaube, daß die Sozialdemokratie sich erneut auf ihre Grundwerte besinnen muß, wenn sie den nächsten Zusammenbruch — wann immer er kommt — überleben will. Sie wird, wenn sie diese Besinnung versäumt, weder die neuen Generationen binden können noch die vorgegebene Sozialordnung über den Status quo hinaustreiben. Die Schichten, die neue Ideen tragen, müßten sich ein anderes, neues Instrument suchen.

Das Ergebnis solcher Besinnung kann ich hier nicht vorwegnehmen; es kann nur aus der gemeinsamen Anstrengung der Sozialdemokratie entstehen. Man kann nur eine allgemeine Richtung angeben. Bei Horst E. Richter finde ich einige Sätze, die eine solche „Richtung“ angeben: für die „relative Utopie“, die aus dem „Grundwert“ Solidarität zu entwickeln wäre. Richter schreibt:

„Man sucht wieder einen Weg nach innen. Man sucht nach Befreiung vom Zwang zu hektischer Leistungsaktivität, zu permanenter Gefühlsunterdrückung, zu expansiver Rivalität als Prinzip. Man sehnt sich umgekehrt danach, seine verdrängten Gefühle wiederzuerwecken und in eine möglichst breite Kommunikation mit anderen einzubringen. Integration in Gruppen und Solidarität sind wesentliche neue Ziele. Man will Isolation überwinden, wo immer man dieser ausgesetzt ist: am Arbeitsplatz, innerhalb der Familie, aber zugleich zusammen mit der Arbeitsgruppe und der Familie gegenüber der übrigen Gesellschaft ... Und man will sich speziell mit denen solidarisieren, gegen die man sich unnatürlicherweise polarisiert fühlt, also mit dem anderen Geschlecht, mit abgegrenzten Minderheiten und Randgruppen.

Statt immer nur expansiv und konkurrierend vorwärts, blickt man zurück und sucht an diejenigen wieder Anschluß zu finden, die von der Konkurrenzgesellschaft abgehängt sind: die Unterprivilegierten, die Armen, die Kranken, die Alten, die Schwachen." [21]

Ein anderes Beispiel wäre das Konzept der „Demokratisierung der Gesellschaft" als Konkretisierung des Grundwerts der Gerechtigkeit. In solchen „Richtungen" muß die Sozialdemokratie weiter vorstoßen, und sie muß dabei „Seinsblindheit" ebenso vermeiden wie „Utopieblindheit". Kurz: Sie muß verdeutlichen, was sie unter „demokratischem Sozialismus" verstehen will.

Waldemar von Knoeringen hat sich in einer seiner letzten großen öffentlichen Reden an diese Erkentnis herangetastet. Er sagte:

„Es ist ein Irrtum zu glauben, wir lebten heute in einer ideologiefreien Gesellschaft der versachlichten Interessen. Der Mensch braucht Zielsetzungen, die seine Hoffnungen umschließen und die ihm Orientierung zu geben vermögen in der verwirrenden Vielfalt der Erscheinungen.

Der Wissenschaftler D. M. Mackay faßt es in die einfachen Worte: ‚Es ist absolut unmöglich, nach einer Orientierungsmarke zu segeln, die wir an den Bug unseres eigenen Schiffes genagelt haben.'

Aber was kann heute die Orientierungsmarke sein, nach der wir segeln? Für mich kann das nur die Idee des freiheitlichen Sozialismus sein. Jener Begriff, der in den ‚Perspektiven' nicht einmal mehr Erwähnung findet. Freiheitlicher Sozialismus als Ausdruck einer Ordnung, die – in der auf Gerechtigkeit gegründeten Solidarität der Gemeinschaft – die freie Entfaltung der Persönlichkeit jedes konkreten Menschen möglich macht. Sozialismus ist die dem Menschen gemäße gesellschaftliche Ordnung. Der Sozialismus muß von dem Schutt befreit werden, der durch den Zusammenbruch ökonomistischer und eschatologischer Erlösungsdoktrinen entstanden ist, er muß zurückgeführt werden auf seine ethischen Wurzeln, und er muß neu interpretiert werden im Lichte der wissenschaftlichen Erkenntnisse unserer Zeit.

Wir haben uns oft die Frage vorgelegt: Ist der Begriff Sozialismus, selbst wenn wir ihn immer mit dem Beiwort freiheitlich, demokratisch oder humanistisch gebrauchen, für uns, für das, was wir wollen, noch aussagekräftig? Ist er nicht mißbraucht worden? Sind nicht in seinem Namen große Verbrechen verübt worden und wird nicht täglich mit allen Mitteln der Weltpropaganda das kommunistische System der Unfreiheit als Sozialismus gepriesen? Wir belasten uns doch und stoßen jene Schichten ab, die den Unterschied zwischen unserem Sozialismus und dem Kommunismus nicht verstehen. Darum drückt sich die Partei heute doch so unsicher um das Wort herum. Ich gestehe, daß ich auf langen Strecken des Weges der letzten Jahre auch – um Mißverständnisse zu vermeiden – den Begriff Sozialismus wenig gebraucht habe. Wenn ich mich heute ganz bewußt zum demokratischen Sozialismus bekenne, so aus folgenden Überlegungen: Es gibt Worte und Begriffe, die für uns über den Zeiten stehen, weil sie einer tiefen Sehnsucht, einer Hoffnung, einem Orientierungsbedürfnis des Menschen Ausdruck geben. Freiheit, Gerechtigkeit, Wahrheit sind solche Begriffe; aber auch Christentum, Humanismus und Sozialismus. Wie viele Verbrechen sind im Namen dieser großen Postulate schon begangen worden. Wieviel Unterdrückung mit Freiheit gerechtfertigt. Und trotzdem: Alle Scheiterhaufen am Wege der Geschichte, alle Heuchelei, aller Mißbrauch des Wortes Christentum konnten diesen Begriff nicht auslöschen. Diese Begriffe haben so starke Wurzeln, daß kein Schwert der Zerstörung sie tilgen kann.

So ist es auch mit dem Sozialismus. Er ist Ausdruck einer säkularen Geistesströmung, die sich mit dem Beginn des Industriezeitalters in den verschiedensten Bewegungen und Organisationen manifestiert hat. Sozialismus ist Ausdruck der Sehnsucht nach einer gerechten, sozialen, humanen gesellschaftlichen Ordnung, die den Menschen in jedem einzelnen Individuum achtet; die Idee, daß die freie Entwicklung eines jeden die Bedingung für die freie Entwicklung aller ist. Immer ging es im Sozialismus um den Menschen, um sein Glück, um seine Menschlichkeit. Und wenn auch in Verkennung der menschlichen Möglichkeiten kollektivistische Ideen übergewichtig wurden, so blieb der Sozialismus in seiner innersten Substanz doch auf den einzelnen Menschen festgelegt. Von diesem Ansatz aus müssen wir den demokratischen Sozialismus in unserer Zeit neu durchdenken." [22]

## KAPITEL IV

# Über die Technik von Machterwerb und Machterhalt

*„Eine Verherrlichung der Tugenden unserer eigenen Gesellschaft, die deren häßliche und grausame Züge ausläßt, die nicht die Frage stellt, ob vielleicht ein Zusammenhang zwischen den freundlichen und den grausamen Zügen besteht, bleibt bloße Apologie, auch wenn sie in den gemessensten akademischen Tönen vorgebracht wird."* *Barrington Moore*

## 1. IST DIE STRATEGIEDISKUSSION NOCH AKTUELL?

Die reformistische Strategie der Sozialdemokratie ist im letzten Jahrzehnt innerhalb der europäischen Linken ebenso angegriffen worden wie ihr demokratisch-sozialistisches Programm. Dabei waren die strategischen Diskussionen zuweilen sogar interessanter als die programmatischen, die oft nichts anderes waren als Neuauflagen der alten Auseinandersetzungen Lenin-Luxemburg-Kautsky-Bernstein usw. In der strategischen Debatte standen sich nämlich außerhalb des orthodoxen Lagers Sozialisten gegenüber, die sich über die Fehler und Schwächen der existierenden sozialistischen bzw. nachkapitalistischen Gesellschaften klar waren; *dort* wollten sie alle miteinander nicht landen — und doch empfahlen sie grundverschiedene Wege zum demokratischen Sozialismus. Die wichtigsten Kritiker des „Reformismus" kamen aus der französischen und italienischen Arbeiterbewegung — André Gorz und Lelio Basso. Dabei muß man wissen: „reformistisch" sind für sie nicht nur die sozialdemokratischen, sondern auch die westeuropäischen kommunistischen Parteien.

Für die deutsche Sozialdemokratie wurde diese Diskussion eine Herausforderung, als im Jahr 1969 die Arbeitsgemeinschaft der Jungsozialisten ein Konzept „systemüberwindender Reformen" (später sagte man lieber: „antikapitalistischer Strukturreformen") beschloß, das in der SPD — und, mit einer gewissen Verzögerung, auch in der breiten Öffentlichkeit — zu harten Auseinandersetzungen führte und führt. Ich setze mich deshalb mit diesen neueren antireformistischen, aber auch: antiorthodoxen, antidogmatischen Strategien in jener Fassung auseinander, die ihr die Jungsozialisten gegeben haben.

Nun mag man die Frage stellen, ob eine solche Auseinandersetzung heutzutage überhaupt noch aktuell sei. Ohne Zweifel haben sich einige der wichtigsten intellektuellen Wortführer der Jungsozialisten seit 1969/70 in weitem Maße dem Reformismus genähert; auch hat die Gesamtorganisation der Jungsozialisten beim zweiten Münchner Kongreß 1974 vorsichtige Korrekturen an Fehlentwicklungen in der Praxis der angestrebten Doppelstrategie angebracht, wenn sie auch im Kern das Konzept bestätigt hat.[1] Und schließlich hat sich in der SPD, der vor dem Hannoverschen Parteitag 1973 von Hinz und Kunz eine Parteispaltung vorausgesagt wurde, seit Amtsantritt der Regierung Helmut Schmidt — und in der Folge massiver Wahlverluste der Sozialdemokraten in einigen regionalen Wahlen — die innerparteiliche Auseinandersetzung sichtbar beruhigt.

Trotzdem glaube ich: Ja, eine Auseinandersetzung mit diesem Konzept ist sinnvoll. Denn, wie die Geschichte des Sozialismus beweist, verschwinden intellektuell anspruchsvolle, dazu noch emotional bewegende Ideenkonstruktionen nicht einfach in der Versenkung, nur weil sie in irgendeinem historischen Moment in der Arbeiterbewegung keine Mehrheit finden. Natürlich will kaum jemand die Schuld dafür zugeschoben bekommen, daß die heutzutage gegebene Regierungsfähigkeit der Sozialdemokratie zerstört wird; aber wie sähe es nach einem — nie auszuschließenden — massiven Rückschlag in der Wählergunst aus? Nein, die Strategie der „antikapitalistischen Strukturreformen“ war nicht nur das Vehikel für ein paar clevere junge Leute, in der Parteihierarchie nach oben zu klettern; es war eine ernstzunehmende Herausforderung des Godesberger Sozialismus. Solch ein Konzept muß man ganz oder teilweise übernehmen oder aber geistig überwinden — dadurch, daß man ein paar seiner Protagonisten ausschaltet und es im übrigen totschweigt, ist es nicht zu „erledigen“.

Ich plädiere für das „Überwinden“. Ich mache allerdings kein Hehl aus meiner Meinung, daß die ideologische Neubesinnung der Jungsozialisten seit 1969 der Partei auch entscheidende Impulse vermittelt hat: so den — von der Gesamtorganisation noch kaum aufgegriffenen — Hinweis auf außerstaatliche Aktivitäten der Partei („Basismobilisierung“) und die Wiedererinnerung an den Auftrag zur Entwicklung neuer Verhaltens- und Kooperationsformen jenseits unserer Warenwelt. Deshalb betone ich ausdrücklich: Diese Kritik an der Juso-Strategie soll der Mehrheitsfraktion in der SPD kein gutes Gewissen schaffen. Denn ihre — oder ich muß sagen: unsere — Strategie ist allzu kurzatmig, unbewußt und ungezielt.

## 2. ANTIKAPITALISTISCHE STRUKTURREFORMEN UND „SYSTEMÜBERWINDUNG“ — ANALYSE EINER STRATEGIE

Was sind nun systemüberwindende Reformen bzw. antikapitalistische Strukturreformen? Ich benutze als Quellen für die Rekonstruktion dieses Konzepts einmal die Beschlüsse des Münchner Bundeskongresses der Jungsozialisten [2] 1969 sowie die auf dem Strategiekongreß der Jungsozialisten in Hannover 1970 beschlossenen Papiere: „Thesen zur polit-ökonomischen Analyse und zu strategischen Ansätzen“, „Thesen zum Abbau der privaten Verfügungsgewalt über Produktionsmittel, Betrieb, Gewerkschaft, Staat“ und „Thesen zur Massenmobilisierung und Organisation“.[3] Mit herangezogen werden die für diesen Bundeskongreß erarbeiteten Diskussionsgrundlagen des Bundesvorstandes sowie verschiedener Arbeitsgruppen.[4] Ihnen kommt — da sie nicht beschlossen worden sind — zwar nicht der gleiche Quellenwert zu wie den bisher genannten Papieren; aber auch sie geben zweifellos ein Bild vom Stand der Diskussion innerhalb der Jungsozialisten.

In einem Vergleich mit dem auf dem Bundeskongreß 1974 beschlossenen Antrag „Doppelstrategie, Parteiarbeit und Mobilisierung der Lohnabhängigen“ soll sodann festgestellt werden, inwieweit die Jungsozialisten ihre strategischen Positionen seit 1969 modifiziert haben.[5]

Das Konzept der systemüberwindenden Reformen geht aus von der klassischen marxistischen Analyse eines kapitalistischen Industriestaates:

„Die Gesellschaftsordnung der Bundesrepublik ist vom Grundwiderspruch aller kapitalistischen Gesellschaftsordnungen geprägt, dem Widerspruch zwischen gesellschaftlicher Produktion und privater Aneignung. Die gesamt-gesellschaftlich bedeutenden Krisenerscheinungen und die strategisch bedeutsamen Widersprüche sind auf diesen Grundwiderspruch zurückzuführen." [6]

Dabei wird auch die klassische marxistische Krisenanalyse beibehalten, jedoch modifiziert:

„Die kapitalistische Produktionsweise bedingt eine ständige Unstabilität und Krisenanfälligkeit der kapitalistischen Gesellschaft. Dabei hat es sich jedoch in der Vergangenheit gezeigt, daß der von vielen Sozialisten erwartete ökonomische Zusammenbruch des Systems ausblieb, da sowohl in der nationalen wie in der internationalen staatlichen Wirtschaftsregulierung Instrumente entwickelt wurden, die dies erfolgreich verhindert haben." [7]

Die Folgen von Keynes werden also rezipiert. Trotzdem heißt es klipp und klar:

„Der Versuch, durch eine Vollbeschäftigungspolitik die Krisenhaftigkeit des Systems zu beseitigen, ist mißlungen." [8]

Da die Bahnen der marxistischen Analyse im wesentlichen eingehalten werden, erübrigt sich hier eine ausführliche Darstellung. Modifizierungen gibt es bei der Darstellung der Rolle des Staates: Hier setzte sich der Bundesvorstand gegen die Hamburger und Berliner Jungsozialisten mit einer Version durch, die den Staat nicht als reines Ausbeutungsorgan der herrschenden Klassen sieht.
Zu diesem Thema war ja nach dem Hannoverschen Strategiekongreß innerhalb der Jungsozialisten eine heftige Kontroverse losgebrochen, in der sich die Anhänger der Theorie vom staatsmonopolistischen Kapitalismus nicht durchsetzen konnten. In München 1974 wurde beschlossen:

„Allgemein gesprochen besteht die Funktion des kapitalistischen Staates ... in der Aufrechterhaltung des privaten Kapitalverwertungsprozesses. Dabei geht es vorrangig nicht darum, Partikularinteressen von Einzelkapitalien wahrzunehmen; vielmehr ist das gesamtkapitalistische Interesse Rahmenbedingung staatlichen Handelns; der Staat wirkt als ideeller Gesamtkapitalist." [9]

In der Analyse von Hannover folgt dann das klassische Theoriestück der Kritik am Konsummodell, einschließlich der

Kritik an Verschleißproduktion und Werbung. Die Zielprojektion lautet:

„Die Demokratisierung der Verfügungsgewalt über die Produktionsmittel, die die Vergesellschaftung notwendig einschließt, ist also auch heute noch der entscheidende Hebel zur Abschaffung des kapitalistischen Systems.“ [10]

Daß dabei Vergesellschaftung und Verstaatlichung nicht in primitiver Weise vermischt werden, sei ausdrücklich betont. Das Problem wird gesehen:

„Ziel antikapitalistischer Strukturformen ist die Ablösung der Fremdbestimmung durch Selbstbestimmung und Selbstorganisation der abhängig Beschäftigten. Fragen der Mobilisierung und Organisierung abhängig Beschäftigter betreffen das umfassende strategische Problem, wie eine unterdrückte und zunächst noch weitgehend passiv in einer fremdbestimmten Rolle verharrende Klasse im Prozeß zunehmender Bewußtwerdung sich nach und nach gegen die Fesseln der bestehenden unsozialen und undemokratischen Verhältnisse als aktionsfähiges Kollektiv in selbstbestimmter Form und Zielsetzung organisieren kann.“ [11]

Hier ist das strategische Problem also schon formuliert. Noch klarer heißt es an anderer Stelle:

„Die Forderung nach Vergesellschaftung der Produktionsmittel taugt in ihrer allgemeinen Form jedoch nicht dazu, die Massen für eine sozialistische Politik zu gewinnen. Es ist notwendig, aus ihr Forderungen abzuleiten, die zur Vergesellschaftung hinführen, die aber an den für den Menschen erfahrbaren Widersprüchen der kapitalistischen Gesellschaft ansetzen. Die subjektiv erfahrbaren Widersprüche sind besonders wirksame Ansatzpunkte, um die Lohnabhängigen die politischen Widersprüche erkennen zu lassen und zur Entwicklung sozialistischer Perspektiven zu führen.“ [12]

In München 1974 werden diese Festlegungen bestätigt:

„Das bedeutet, daß die bisherige Fremdbestimmung durch Selbstbestimmung, Selbstorganisation und Selbstverwaltung ersetzt, die Produktion den Bedürfnissen der Bevölkerung untergeordnet und die private Verfügungsmacht über die Produktionsmittel beseitigt wird ...“

Und etwas später:

„Da der Staat im Interesse der Erhaltung des kapitalistischen Systems Massenloyalität braucht und sichern muß, diese aber in der Regel nur dadurch erreicht, daß er zwecks Vermeidung von offenen Konflikten und gar eines Aufbruchs des Klassengegensatzes Zugeständnisse hinsichtlich der Produktions- und Lebensbedingungen macht, ergibt sich hier ein Ansatz, der zur Durchsetzung struktureller Änderungen und Reformen im Interesse der Lohnabhängigen wirksam gemacht werden kann, wenn und in dem Maße, wie die Klassenauseinandersetzungen offenbar werden und durch Mobilisierung der Lohnabhängigen wirksame Gegenmacht entsteht ..." [13]

In all diesen Formulierungen ist das strategische Konzept der systemüberwindenden Reformen bereits im Kern enthalten. Es geht um „antikapitalistische Strukturreformen". Da diese — mit dem Hauptziel der Abschaffung privater Verfügungsmacht über die Produktionsmittel — den passiv gemachten „entpolitisierten" Massen aber nicht auf einmal verständlich gemacht werden könnten, soll ihnen an einzelnen, in ihrem Lebensbereich erfahrbaren Problemen der Widerspruch zwischen Kapital und Arbeit aufgezeigt werden. Solche Aktionsfelder sind die Probleme um Mieten, Sanierung, Schulen, Umweltschäden, Berufsausbildung, Hochschulen etc.[14]

Bei der Selbstorganisation der Arbeitenden in Straßenaktionen, Betriebs- und Projektgruppen usw. soll ihnen klargemacht werden, daß Widerstand gegen die kapitalistische Gesellschaft lohnt, und dieser summierte Widerstand soll dann, über die Institutionen transformiert, zu einer Ablösung des kapitalistischen Gesellschaftssystems führen. Dies ist allerdings nicht schnell zu erreichen:

„Unter den gegenwärtigen Bedingungen geht es jedoch vorrangig darum, Gegenmachtspositionen der Lohnabhängigen aufzubauen und von dort ausgehend auf die staatliche Wirtschaftspolitik einzuwirken." [15]

Für die Transformierung des systemkritischen Bewußtseins einzelner Gruppen über die Institutionen ist nun die vieldiskutierte Doppelstrategie notwendig:

„Die praktisch erfahrbaren Widersprüche der kapitalistischen Gesellschaftsordnung sind die Ansätze für systemkritisches Bewußtsein. Damit sich Bewußtsein in praktischem Veränderungswillen fortsetzt, genügt es nicht, verbale Aufklärung zu betreiben: Es muß die praktische Veränderbarkeit der Verhältnisse erfahrbar gemacht werden. Dieses wird letztlich nur in der Selbstorganisation der jeweils Betroffenen erreicht. Die Doppelstrategie stellt den JUSOS die Aufgabe, auf der einen Seite: punktuelle Selbstorganisation von fallweise Betroffenen zu intiieren und deren

Effektivität und Kontinuität zu gewährleisten; auf der anderen Seite: durch den so entstehenden Druck die Partei und die Institutionen zu zwingen, die Bevölkerungsinteressen wirksam zu vertreten und durchzusetzen." [16]

Die gesellschaftlichen Kräfte, mit denen in der Bundesrepublik eine Zusammenarbeit angestrebt wird, sind die Gewerkschaften und die SPD. Zwar wird eine weitgehende „Anpassung der Gewerkschaften und der SPD an das kapitalistische System — verbunden mit einer wachsenden Entpolitisierung weiter Teile der Arbeiterklasse" [17] konstatiert; trotzdem wird eine Arbeit in diesen Institutionen für sinnvoll gehalten:

„Eine schlüssige sozialistische Strategie muß unter den kapitalistischen Bedingungen der Bundesrepublik von den bestehenden Massenorganisationen der Arbeiterklasse ausgehen, da diese als die Grundlage der bestehenden Arbeitermacht und auch als Gradmesser für den Stand des Klassenbewußtseins angesehen werden müssen." [18]

Und noch klarer:

„Die Jungsozialisten halten die Arbeit in der SPD für notwendig, weil diese Partei nach wie vor von der Mehrheit der Lohnabhängigen als ihre Interessensorganisation betrachtet wird. Die sozialistischen Kräfte in der SPD müssen gestärkt werden, damit sie von einer Minderheit zur Mehrheit werden können." [19]

Die Doppelstrategie wird in München 1974 ausdrücklich bestätigt. Die Funktionen der Basisarbeit und der Institutionenarbeit werden genau auseinandergelegt und Punkt für Punkt erörtert; die einmal entwickelte Theorie wird also sozusagen weiter entfaltet. Ebenso werden „praktische Erfahrungen eingebracht"; so wird verlangt, „zu verhindern, daß entstandene Mobilisierung folgenlos bleibt" [20], und auf diejenigen eingewirkt, die aufgrund der Basisarbeit die Parteiarbeit vernachlässigen oder ganz einstellen wollen:

„Unterbewertung der Arbeit in den Institutionen ... oder gar der völlige Verzicht auf Arbeit in der SPD hätte langfristig die Konsequenz, daß entstandene Mobilisierung ohne weitergehende Perspektive versickerte und damit unwirksam bliebe und daß die sozialistischen Ansatzpunkte besonders in der SPD nicht weiterentwickelt würden." [21]

Adressaten der politischen Arbeit sollen also Gewerkschaften und sozialdemokratische Parteien sein. Dabei wird der internationale Aspekt berücksichtigt:

„Eine derartige Strategie muß allerdings beim heutigen Stand der Kapitalkonzentration auf multinationaler Ebene abgesichert werden. Eine Politik der Kooperation mit den antikapitalistischen Kräften auf westeuropäischer Ebene in den entsprechenden Parteien und Gewerkschaften ist unerläßlich. Der organisierten Macht des Kapitals steht heute noch eine in sich uneinige Arbeiterbewegung auf westeuropäischer Ebene gegenüber, die noch keine gemeinsame Strategie für ein demokratisches, sozialistisches Europa erarbeitet hat.“ [22]

Dies heißt — blickt man einmal auf die westeuropäischen Staaten, die in der EG zusammengeschlossen sind — die Zusammenarbeit der heute noch zersplitterten Organisationen der Arbeiterbewegung; also sowohl der sozialdemokratischen als auch der christlichen als auch der kommunistischen Gewerkschaften und zum Teil auch der Parteien. Sie sollen nach Meinung der Jungsozialisten — gemeinsam — den Kampf gegen den Kapitalismus aufnehmen. Die Thesen versuchen dann, dieses Konzept in verschiedenen Bereichen zu konkretisieren. Hierbei wird sowohl der Produktions- als auch der Reproduktionsbereich berücksichtigt. Die antikapitalistischen Kräfte müssen dabei Schritt für Schritt vorgehen. Ein erster großer Schritt, dem viele kleine Schritte vorangehen müssen, ist dabei beispielsweise eine öffentliche Kontrolle der Investitionspolitik über eine Kontrolle des privaten Bankapparates.[23] Aber:

„Eine öffentliche Kontrolle des Kreditwesens ist freilich nicht als eine Teilverwirklichung des Sozialismus aufzufassen, sondern erhält ihren strategischen Stellenwert vor allem dadurch, daß auf der Grundlage dieser Forderung eine Problematisierung des Privateigentums möglich ist.“ [24]

Daß das Grundkonzept dieser „Strategie“ zwischen 1969/70 und 1974 ausgefeilt, nicht aber in wichtigen Elementen verändert wurde, zeigt die folgende Formulierung:

„Antikapitalistische Strukturformen sind nur dann durchzusetzen, wenn die abhängig Beschäftigten die ständig zunehmenden und sich verschärfenden Widersprüche des kapitalistischen Systems als Klassenauseinandersetzung zwischen Lohnarbeit und Kapital verstehen und ihre politische Perspektive in der Abschaffung des Privateigentums an Produktionsmitteln und dem Aufbau einer sozialistischen Demokratie unter Führung von SPD und Gewerkschaften sehen. In diesem Sinne ist es notwendig, daß die

Jungsozialisten in allen innerparteilichen Diskussionen die punktuellen Erfolge von Basismobilisierung und ihre Umsetzung in fortschrittlichen Parteibeschlüssen (Bodenrecht) abgrenzen von verbreiteten Illusionen über enge Grenzen, die sozialdemokratischer Reformpolitik bei Beibehaltung der kapitalistischen Grundstrukturen der Gesellschaft und dem Verzicht auf Massenmobilisierung gesetzt sind." [25]

Wer der Analyse bis hierher gefolgt ist, erkennt — sofern er sich einigermaßen mit der neueren marxistischen Forschung vertraut gemacht hat — unschwer die Grundlagen dieses strategischen Konzepts: Diese Gedanken sind zuerst in nur wenig anderer Form, von André Gorz und Lelio Basso, von denen seit der Mitte der sechziger Jahre verschiedene Arbeiten auch ins Deutsche übersetzt wurden [26], entwickelt worden. Die Identität geht bis in die Begriffsbildung: die „antikapitalistischen Strukturreformen" stehen bei Gorz (und Basso) ebenso wie die „Gegenmachtpositionen" etc.

Ausgangspunkt aller Überlegungen dieser sozialistischen Theoretiker war die Kritik einerseits am dogmatischen Sozialismus der kommunistischen Staaten (Gorz nennt das den „Sozialismus der Akkumulation") und andererseits die Kritik an der Politik der westeuropäischen kommunistischen Parteien. Diese hätten es nicht vermocht, den Kampf für den Sozialismus mit dem Kampf um Tagesforderungen zu verbinden und hätten ihre Zeit mit dem „revolutionären Warten auf die Krise" [27] verbracht.

„Mindestens dreißig Jahre lang hat die kommunistische Bewegung einen prophetischen Glauben an die Katastrophe verbreitet und den zwangsläufigen Zusammenbruch des Kapitalismus vorausgesagt ... Man dachte, daß die inneren Widersprüche des Kapitalismus immer schärfer, daß die Lage der arbeiteten Massen schlechter würde. Die revolutionäre Erhebung galt als eine Frage der Zeit." [28]

Mit dieser Warterei wollen die neuen Theoretiker der Arbeiterbewegung nun Schluß machen. So konzipierte Gorz eine „Strategie der *fortschreitenden* Eroberung der Macht durch die Arbeitnehmer." [29] Von unten her, von der Kommunalpolitik, von der Ebene des Betriebes aus, sollen „Gegenmachtpositionen" als Teilziele des sozialistischen Weges errichtet werden. Gorz sagt:

„Gewiß, Sozialismus kann nur die Vorherrschaft der Arbeiterklasse, nur das gesellschaftliche Eigentum an den Produktionsmitteln sein. Aber um dorthin zu gelangen, muß man zunächst versuchen, Zwischenziele zu erreichen. Nur so wird der Sozialismus schließlich als möglich erscheinen, eine konkrete Bedeutung erhalten und sich als wünschenswert erweisen." [30]

Hier findet sich übrigens auch schon das voluntaristische Element des Gorzschen Sozialismus, das aus der engen geistigen Verbindung der französischen Linken zum Existenzialismus herrühren mag. Eben dieses Element ist auch von den Jungsozialisten mit aufgenommen worden: nämlich die (in einem bestimmten Kontext auch zweifellos richtige) Idee, daß die Mobilisierung des Bewußtseins der Massen nur möglich ist durch gemeinsame erfolgreiche Aktionen und nicht durch irgendwelche administrativen Maßnahmen von oben.

„Der Kampf um autonome Teilmacht und um ihre *Ausübung* soll den Massen *ermöglichen*, den Sozialismus als eine Realität zu erleben, die schon begonnen hat; eine Wirklichkeit, die auf freie Entfaltung drängt und den Kapitalismus von innen aushöhlt. Statt dichotomisch die Gegenwart der Zukunft gegenüberzustellen, wie das Böse dem Guten, die augenblickliche Ohnmacht der künftigen Macht, gilt es, die Zukunft gegenwärtig und die Macht schon spürbar zu machen. Aktionen sollen den Arbeitnehmern ihre wirkliche Kraft zeigen, ihre Fähigkeit, sich mit der Macht des Kapitals zu messen und ihm ihren Willen aufzuzwingen." [31]

Daß sich aus dieser — aus französischer Perspektive — für Gewerkschaften wie die linksdemokratische CFDT oder die kommunistische CGT konzipierten Strategie eine ganz andere Beurteilung des politischen Alltagskampfes und beispielsweise des französischen Mai 1968 oder des spontanen Septemberstreiks 1969 in der Bundesrepublik ergibt als für die deutsche Sozialdemokratie, steht außer Zweifel.

Selbstverständlich lassen sich beim Konzept der systemüberwindenden Reformen, wie es in der Bundesrepublik aufgenommen wurde, auch Abweichungen vom eigentlichen Vorbild registrieren. Die gravierendste ist wohl die, daß in der Bundesrepublik als institutionelle Ansatzpunkte jener Strategie nicht nur die Gewerkschaften, sondern auch die sozialdemokratische Partei gesehen wird. Dies würde Gorz selbst nicht mitmachen. Für ihn sind selbst (oder erst recht) die kommunistischen Parteien als Bündnispartner kaum zu gebrauchen. Er ist davon überzeugt, „daß in der neokapitalistischen Gesellschaft die Gewerkschaft viel mehr als die Partei der Katalysator und der Ort der Bildung des Klassenbewußtseins ist".[32]

Auf einige andere, wesentliche Unterschiede in der Durchsetzungsstrategie, in der Konsequenz, werde ich im folgenden mehrfach zu sprechen kommen. Die Grundsätze aber sind identisch. Die folgende Formulierung von Lelio Basso könnte genauso in einem der Papiere des Strategiekongresses der Jungsozialisten stehen:

„Die entscheidende Aufgabe einer sozialistischen Strategie ist daher, die Tagesaktion, den Kampf zur Durchsetzung ökonomischer Forderungen, mit antikapitalistischen Strukturreformen zu verknüpfen, kurz: mit Zielsetzungen, die als Zwischenstufen auf dem Weg zum Sozialismus gelten können. Wo diese Verknüpfung fehlt, wo der ökonomische Tageskampf um das sozialistische Endziel als zwei getrennte und voneinander unabhängige Momente der Aktion gesehen werden, verfällt man entweder einem subalternen Reformismus, der das kapitalistische System nicht in Frage stellt, sondern es lediglich verbessern will, oder einem abstrakten, maximalistischen Revoluzzertum, das die Revolution zwar proklamiert, aber sich damit begnügt, wundergläubig auf sie zu warten.“ [33]

## 3. FÜNF THESEN ZUR STRATEGIEDISKUSSION IN DER SPD

Wie ich schon angedeutet habe, halte ich derartige strategische Überlegungen für unrealistisch. Um genauer zu sein: Ich bin vor allem der Meinung, daß es ein ganz und gar illusionärer Glaube ist, derartige Theoriestücke aus der französischen und italienischen Wirklichkeit ohne viele Veränderungen in die ganz anders geartete deutsche ökonomische Situation versetzen zu können. Und für ganz und gar unpraktikabel halte ich es, dieses Konzept nun auch noch mit Apparaten vom Typ der deutschen oder skandinavischen sozialdemokratischen Parteien verwirklichen zu wollen; dies widerspricht auch ganz und gar den Überzeugungen von Leuten wie Gorz und Basso. Überhaupt: aus Unwissenheit oder auch aus taktischen Gründen wird nur ein von der Konsequenz seiner eigenen Theorie gereinigter Gorz weitervermittelt. (Für Lelio Basso gilt übrigens mit wenigen Abstrichen dasselbe. Ich konzentriere mich in meiner Beweisführung aber auf Beispiele aus den Arbeiten von Gorz, weil dieser, wie es Norbert Gansel formuliert hat, „den stärksten Einfluß auf die Theorie-Diskussion der Jungsozialisten hat“[34].)

Der wichtigste Teil meiner Argumentation bezieht sich also auf die deutsche Situation. Da ich der Meinung bin, daß auch bei der heute gegebenen starken Verflechtung zwischen den EG-Ländern eine gleichartige Beeinflussung des sozialen Wandels aufgrund allgemeiner (beispielsweise marxistischer) historischer Gesetzmäßigkeiten weit schwieriger ist, als allgemein angenommen wird, ist diese Beschränkung nur selbstverständlich. Im übrigen will ich aber im Zusammenhang mit dem Problem und der außenpolitischen Bündnisfrage nicht nur die Gorz-Rezeption in Deutschland, sondern auch Gorz selbst kritisieren. Mag sein, daß auch ich, durch jahrelange praktische Arbeit in der Politik, schon vollständig im Apparat-Denken verhaftet bin; aber ich kann mich in diesem Punkt der Überzeugungskraft der orthodox-marxistischen Kritik an Gorz nicht entziehen.

Ich weise nochmals darauf hin, daß die folgenden Bemerkungen *rein strategischer Natur* sind. Ich diskutiere also nicht die Frage, ob es ökonomisch sinnvoll ist, den staatsinterventionistischen Kapitalismus, wie wir ihn heute in der Bundesrepublik vorfinden, durch einen Sozialismus der Selbstverwaltung abzulösen; ich beschäftige mich schlicht und einfach mit der Möglichkeit der Durchsetzung derartiger Ziele. Das bedeutet nicht, daß ich mich stillschweigend mit allen antikapitalistischen Thesen einverstanden erkläre; es kann aber auch nicht bedeuten, daß es sinnvoll wäre, ohne eine eingehende Diskussion über sie hinwegzugehen: Denn daß die marxistische Kritik an der sozialen Wirklichkeit des demokratischen Kapitalismus viel Wichtiges enthält, kann nicht mit dem Hinweis auf die ökonomischen Probleme und den politischen Terror in vielen sozialistischen Ländern abgetan werden.

Ich habe versucht, meine Argumente in fünf Thesen zusammenzufassen.

### *a. Der Verlauf des sozialen Wandels und die Rolle der Gewalt*

Die Strategie der systemüberwindenden Reform geht darauf aus, Gegenmachtpositionen von unten her zu erobern, dadurch das Bewußtsein der „Arbeiterklasse", von der man sehr wohl weiß, daß sie in zahllose Fraktionen zerspalten ist —

zu stärken. Und dann? In den Münchner Beschlüssen der Jungsozialisten von 1969 heißt es:

„Die effizienteste Möglichkeit, gegen das System vorzugehen, bestünde zweifellos in seiner Abschaffung, das heißt in der Substitution von privater Verfügungsgewalt über Produktionsmittel durch gesellschaftliche Verfügungsgewalt. Wir meinen aber, daß es zur Zeit durch die Verfilzung der verschiedensten subjektiven Interessenlagen quer durch die Klasse der Lohnabhängigen und sogar quer durch die verschiedensten Schichtungen dieser Klasse in der BRD nicht möglich ist, eine radikale Veränderung zu erreichen. Es gibt aber sehr viele Vorstufen, die zur Vergesellschaftung der Produktionsmittel führen oder zumindest schrittweise zum gleichen Effekt und die nicht so viele Vorurteile mobilisieren wie etwa eine Enteignung. Eine solche Wirtschaftsverfassung muß schrittweise eingeführt werden, ohne daß dadurch Belastungen der Stabilität oder gar handfeste Wirtschaftskrisen entstehen dürfen." [35]

Auf die Reaktion der heute herrschenden Oberklassen auf ganz entscheidende, ihre Herrschaftsposition gefährdende „systemüberwindende Reformen" oberhalb einer bestimmten Schwelle will ich in der These 2 ausführlich eingehen. Hier nur soviel: Wer glaubt, den Kapitalisten den Kapitalismus „schrittweise" aus der Hand winden zu können — sozusagen ohne daß die herrschenden Oberklassen es richtig bemerken —, der unterschätzt die historische Erfahrung dieser Klassen gewaltig (obwohl sie kleiner ist als die vergleichbarer Gruppen in anderen Ländern).

André Gorz schwindelt sich um diese Erkenntnis übrigens ganz und gar nicht herum. Der Erfinder der Strategie der „fortschreitenden Eroberung der Macht" sagt klar, was ihm in Deutschland wegredigiert wird: daß nämlich der Eroberung von Gegenmachtpositionen (in einem überschaubaren, relativ kurzen Zeitraum übrigens) irgendwann die revolutionäre, gewaltsame Aktion folgen muß:

„Es gibt keinen ‚allmählichen' und unmerklichen ‚Übergang' vom Kapitalismus zum Sozialismus, und es kann ihn auch nicht geben. Die wirtschaftliche und politische Macht der Bourgeoisie ist nicht durch einen langsamen Aushöhlungsprozeß oder durch eine Folge von partiellen Reformen zu zerstören, die für sich offenbar harmlos und akzeptabel für den Kapitalismus wären, deren kumulativer Effekt aber einer im stillen vor sich gehenden Einschließung des Gegners durch eine geheime sozialistische Armee gleichkäme, die verborgen voranmarschiert ohne Lärm und im Schutze der Nacht, um sich eines schönen Tages im Besitze der Macht wiederzufinden. Nein, darum handelt es sich hier nicht. Allmählich voranschreitend kann und muß in einer sozialistischen Strategie die Vorbereitungsphase sein, die den Prozeß auslöst, der zum Ausbruch der Krise und der letzten Kraftprobe führt. Die Wahl dieses Weges, unangemessen als ‚friedlicher Weg zum Sozialismus' bezeichnet, beruht nicht auf einer *apriorischen* Option für den ‚Gradualismus' oder auf der *apriorischen* Ablehnung der gewaltsamen Revolution oder eines bewaffneten Aufstandes, sondern sie ist die Konsequenz von deren faktischer Unmöglichkeit im europäischen Kontext." [36]

Das geistige Klima in Deutschland würde nun den Schluß zulassen, daß mit derartigen Bemerkungen die Vertreter einer Strategie antikapitalistischer Strukturreformen auf schlichte Weise diskriminiert werden sollten: Da in Deutschland jeder, der unter bestimmten Bedingungen für gewaltsame soziale Veränderungen eintritt oder zumindest nicht von vornherein bereit ist, solche gewaltsamen Veränderungen für verbrecherisch und bösartig zu halten, als politisch tot gelten kann, könnte schon die Tatsache, daß man von einem revolutionären Theoretiker wie Gorz lernt, als triumphierender Beweis für demokratische Unzuverlässigkeit gewertet werden. Nichts ist törichter als eine solche Haltung. Wer aus der Perspektive der sozialen Verhältnisse in Deutschland chinesische Bauern kritisiert, weil sie die Kuomintang mit revolutionärer Gewalt davongejagt haben, oder wer — rückwärts in die Geschichte gewendet — die Politiker in gute oder schlechte einteilt, je nachdem, ob sie für einen gradualistischen oder einen revolutionären Weg waren, urteilt unkritisch und oberlehrerhaft. Ich bin weit davon entfernt, beispielsweise die 1100 bis 1400 Menschen, die in dem September-Massaker von 1792 ums Leben kamen, oder die Opfer der blutig unterdrückten Gegenrevolution in der Vendée zu verschweigen oder zu entschuldigen; aber es wäre eben auch nicht gerecht, wenn man die Opfer vergessen wollte, die der Faschismus in Japan und Deutschland gekostet hat. Daß dieser Faschismus aber eine wesentliche Wurzel in der Tatsache hat, daß in diesen beiden Ländern aufgrund einer Koalition zwischen den alten agrarischen Eliten und den Handels- und Industriekreisen eine „Modernisierung von oben", also eine Modernisierung ohne gewaltsame historische Umwälzungen und unter Beibehaltung möglichst vieler der alten sozialen Strukturen versucht wurde, kann heute nicht mehr bestritten werden.[37]

Selbstverständlich ist dies kein Plädoyer für die Gewalt, schon gar nicht für die Anwendung von Gewalt in entwickelten Industriegesellschaften. Es ist auch nicht der Versuch, vergessen zu machen, welch brutale Diktatur das Ergebnis der russischen Revolution unter dem Stalinismus war und zum Teil auch heute ist. Es soll nur soviel sagen: Man darf über den Folgen der revolutionären Gewalt auch nicht die Folgen jener Gewalt vergessen, die in der normalen Gesellschaft — jedenfalls in vielen Gesellschaften — täglich geübt wurde und geübt wird.

Anders ausgedrückt: Man kann, spricht man von sozialem Wandel, nicht „grundsätzlich" für oder gegen Gewalt sein. Man muß jeweils abwägen, und meist ist die Abwägung schwierig. Eins darf man allerdings nicht: Man darf sich nicht über die Folgen bestimmter strategischer Maßnahmen hinwegmogeln. Genau dieses werfe ich aber denjenigen vor, die heute von systemüberwindenden Reformen sprechen: Sie denken nicht — jedenfalls nicht ausreichend — über die Konsequenzen ihres eigenen Handelns nach, noch schlimmer: sie unterschätzen den Gegner. Für „Strategen" ist dies ein ziemlich katastrophaler Fehler.

Falsch eingeschätzt wird dabei auch die Massenmobilisierung als psychologischer Prozeß. Die Serie punktueller Aktionen muß auf einen Höhepunkt zutreiben; sie muß gleichzeitig in einem übersehbaren Zeitraum vor sich gehen. Sicher wird man nicht sagen können, wieviele Monate oder Jahre ein solcher Prozeß umfassen kann. Genauso sicher aber ist es unrealistisch, zu glauben, man könne sozusagen das Stück Erkenntnis, das die einzelne Aktion mit Mietern, Studenten oder Arbeitern im Betrieb erreichen mag, über Jahre hin wachhalten. Genau das Gegenteil ist der Fall: Die Erregung, die Empörung verraucht, wenn der aktuelle Streitfall beigelegt ist; sie verdichtet sich entweder zu Resignation oder einer bescheidenen Art neuer Zufriedenheit. Das zeigt die Praxis der „Doppelstrategie" der Jungsozialisten. Gorz sieht das mit aller Klarheit:

> „Um es noch einmal zu sagen: eine sozialistische Strategie der Reformen muß sich vornehmen, das Gleichgewicht des Systems zu brechen und diesen Bruch auszunutzen, um den revolutionären Prozeß des Übergangs zum Sozialismus auszulösen, was (wie wir gesehen haben) sich nur machen läßt, wenn die Sache ‚heiß' ist." [38]

Wenn die Sache heiß ist — gerade diese zeitliche Dimension (und die Zeit spielt in jeder Strategie eine entscheidende

Rolle: Es ist wichtig zu wissen, ob man im Morgengrauen oder in der Abenddämmerung angreift) wird mißachtet. Gorz erteilt seinen Jüngern eine Lektion, die man sich klarer nicht wünschen kann:

„Eine Strategie dieses Typs ist einzig in Zeiten der Bewegung, auf der Basis von offenen Konflikten und breit angelegten gesellschaftlichen und politischen Aktionen praktikabel. Man darf sie nicht als eine aufreibende Schlacht in einem Stellungskrieg begreifen. Denn wenn die gesellschaftliche Front sich stabilisiert und ein Gleichgewicht der Kräfte sich wieder herstellt, dann ist der Kampf um einen Einbruch ins System — den eine sozialistische Strategie vorzubereiten hat — schon kaum noch zu leisten. Gewiß, das neue Kräftegleichgewicht kann für die Arbeiterklasse vorteilhafter sein als das alte, und die zur Logik des Kapitalismus in Widerspruch stehenden und sich antagonistisch zu ihr verhaltenden Elemente können sich deutlicher herausgebildet haben. Aber wenn der Kampf um die Reformen erst einmal zu dem Punkt gelangt ist, wo seine Dynamik praktisch blockiert ist, dann haben diese Widersprüche ihre Gewalt verloren, und der Kampf verkümmert zu armseligen, mal von dieser, mal von jener Seite geführten Attacken, die gegnerischen Positionen zu erschüttern. Aus diesen, ihrem Wesen nach *taktischen* Geplänkeln kann keine *Strategie* mehr werden. Denn so labil das Kräftegleichgewicht auch sein mag: Es findet seine wesentliche Stütze darin, daß es unmöglich ist — was hier und dort auch eingesehen wird —, eine Entscheidung zu erzwingen. Es ist daher unrealistisch, diesen abgestumpften, nur mehr taktischen Konflikten die Bedeutung zu verleihen, daß sie auf lange Sicht zu einem ‚revolutionären Prozeß', der in einem oder mehreren Jahrzehnten heranreifen würde, führen könnten... Virtuell antikapitalistische Institutionen oder Eroberungen werden auf lange Sicht geschwächt, entstellt, wieder aufgesogen und ihres Inhalts ganz oder teilweise entleert, wenn der durch sie geschaffene Ungleichgewichtszustand nicht gleich bei seinem Eintreten durch neue Offensiven ausgenutzt wird. Unter dem Zwang, mit den Institutionen auskommen zu müssen, die anfangs noch seiner Logik direkt entgegenstanden oder seinen Herrschaftsbereich beschränkten, lernt der Kapitalismus, sie sich unterzuordnen, ohne sie frontal anzugreifen..." [39]

Und an anderer Stelle:

„Es ist ... unmöglich, die Periode des Übergangs oder die Phase, die den Übergang vorbereitet. als eine lange, nach Jahrzehnten zu bemessende Zeitspanne zu fassen." [40]

Das ist aber noch nicht alles. Die Strategie der punktuellen Angriffe, wenn sie außerhalb einer heißen Phase der Klassenauseinandersetzung erprobt wird, wenn man sie nicht als Vorbereitung einer großen Aktion mit der Bereitschaft zur Anwendung von Gewalt konzipiert, führt nicht nur zu bloß partiellen Siegen, sie führt sogar zu Niederlagen und Schwächungen derer, die man eigentlich stärken will. Solche Aktionen führen zur Enttäuschung der Beteiligten, die in den Kampf gerissen wurden, zu einer leeren, ungerichteten Unzufriedenheit, deren Entladung nicht kontrolliert werden kann. Auf der Basis der Erfahrungen des französischen Mai 1968 formuliert Gorz:

„Das Gleichgewicht des Systems zerstören, ohne seine Krise zum Vorteil der Arbeiterklasse auszunutzen und zu lösen zu wissen, heißt, ihre Siege sich in Niederlagen verkehren zu lassen." [41]

Hierbei könnte man auch denken: es sei nur das „Zerstören" gemeint. Also eben eine Situation wie der Mai 1968 in Frankreich. Schon beim nächsten Satz weiß man aber, daß Gorz dasselbe auch auf weniger dramatische Kampfsituationen bezieht:

„Ebenso bedeutet die momentane Erschütterung der Macht der Bourgeoisie schließlich ihre Verstärkung, wenn man ihr nicht Machtpositionen zu entreißen versteht, von denen aus der Kampf weitergeführt und die Macht des bürgerlichen Staates in eine Krise gestürzt werden kann, und so zuläßt, daß die Bourgeoisie die Breschen, die in ihr Machtgefüge geschlagen wurden, auf ihre Weise wieder schließt." [42]

Selbstverständlich kann dies nicht heißen, daß jede „Aktion an der Basis", jede Aktion, in der unmittelbare Interessen von Unterprivilegierten vertreten werden, strategisch sinnlos sei. Viele dieser Aktionen gewinnen ihren Sinn durch das Maß an Hilfe, das sie den Betroffenen gewähren. Auch sind im Rahmen eines taktischen Konzepts — beispielsweise im Rahmen einer Wahlauseinandersetzung, bei der Ablösung eines reaktionären Funktionsträgers in einem Betrieb oder einer anderen sozialen Institution — punktuelle Aktionen, die aufeinander aufbauen und zu einem benennbaren Ende führen, durchaus sinnvoll. Aber man wird jede Rote-Punkt-Aktion, jeden Sitzstreik auf Straßenbahnschienen, jeden Mieter-Sternmarsch genau darauf prüfen müssen, für wen er welchen Zweck erfüllt und im Rahmen welches Konzepts er sinnvoll ist. Der Glaube jedenfalls, daß alle möglichen derartigen Aktionen, wenn man sie nur in ausreichender Zahl durchführt und aufeinander häuft, zu einem nicht bestimmbaren Zeitpunkt irgendwann die Ablösung des

Kapitalismus bedeuten, ist mit Sicherheit falsch. Eine realistische Analyse der gegebenen sozialen Situation wird zur Basis einer Strategie werden müssen, die heute mehr aus der Lektüre klassischer und neoklassischer Texte abgeleitet wurde. Norbert Gansel sagt:

„Die nächste Aufgabe wäre eine gründliche, empirisch erarbeitete Analyse der gesellschaftlichen und ‚staatspolitischen' Entwicklung der Bundesrepublik unter Berücksichtigung aller internationalen Verpflichtungen und Abhängigkeiten, die Überprüfung schon vorhandener und der Entwurf neuer, realisierbarer Reformpläne und damit die notwendige Entscheidung über die entsprechende Strategie." [43]

Gansel hat recht — seit 1971!

### *b. Das Element „demokratisch" beim „demokratischen Sozialismus"*

Ich gehe jetzt davon aus, daß ein langwieriger und komplizierter Kampf gegen die herrschenden Oberschichten diese so sehr geschwächt hat, daß die Macht von der Arbeiterbewegung und ihren Verbündeten übernommen werden kann. Da meine Phantasie nun ganz und gar nicht ausreicht, mir dieses für eine so stabile Gesellschaft wie die Bundesrepublik (zumindest in einem absehbaren Zeitraum) vorzustellen, schlage ich vor, als Modell für eine derartige Überlegung Italien zu wählen. Natürlich bin ich weit davon entfernt, hier leichtfertig irgendwelche Prognosen über die soziale Entwicklung eines Nachbarlandes zu produzieren; aber eines wird man sagen können: Wenn schon eines der westeuropäischen Länder für einen sozialen Wandel in Richtung Sozialismus in Frage käme, dann vermutlich Italien, das aufgrund des Nord-Süd-Gegensatzes und gemessen am Entwicklungsstand seiner Produktivkräfte und seiner Koalitionskonstellation am ehesten die Voraussetzungen dafür bringt. Ob man sich nun eine Große Koalition zwischen bestimmten Kräften aus der Democrazia Cristiana mit den Kommunisten vorstellt (was wohl am wahrscheinlichsten wäre) oder irgendeine andere Form der Volksfront-Koalition, ist gleichgültig: In jedem Fall gehe ich für unsere Diskussion einmal davon aus, daß die Vertreter der Strategie der antikapitalistischen Strukturreformen auch in einer solchen Situation zu ihrem Wort stünden und die Etablierung eines Systems nach dem Muster des autoritären Sozialismus ablehnten. Denn dies ist die erklärte Politik jener westeuropäischen Linken, die heute systemüberwindende Reformen verlangen. Die deutschen Jungsozialisten vertreten dies ebenso wie Gorz, Basso, Angehörige der außerparlamentarischen Opposition anderer westlicher Länder oder kritische Intellektuelle der osteuropäischen Staaten. Ich halte es für richtig, diese Versicherungen ernst zu nehmen. Im übrigen wissen wir, daß — um beim Beispiel Italiens zu bleiben — eine solche Politik auch bis weit in die Reihen der kommunistischen Partei Italiens vertreten wird.

Der Wille zu einem demokratischen Sozialismus ist also sicherlich vorhanden; und dieses würde heißen: die Erhaltung wesentlicher Schlüsselelemente der liberalen Gesellschaftsordnung — Redefreiheit, das Recht, sich friedlich zu versammeln, Wahlrecht, ein objektives Rechtssystem etc.

Meine Behauptung lautet nun folgendermaßen: Wer eine direkte Konfrontation mit den ökonomisch ausschlaggebenden Schichten und den mit ihnen verbündeten Gruppen inszeniert — und die Abschaffung des Privateigentums an Produktionsmitteln ist ja nun wohl solch eine Konfrontation, wie sehr man sie auch durch das Wort „langfristig" hinausschieben mag — wird aufgrund der scharfen Gegenreaktionen dieser Oberschichten die liberalen, demokratischen Grundrechte dispensieren müssen; eine Verbindung der Elemente „sozialistisch" (in diesem „strikten" Sinn) und „demokratisch" wird — jedenfalls in entwickelten Industriegesellschaften europäischen Typs — nicht möglich sein.

Denn was würde geschehen, wenn in einer der zahllosen Krisen eines unstabilen politischen Systems — bleiben wir einmal beim Beispiel Italien — eine entschlossene Volksfront-Koalition für jede Branche zulässige Gewinnspannen festsetzen, die Investitionen kontrollieren oder die Werbung verbieten würde? Gorz sieht die Wirkung solcher Maßnahmen mit vollständiger Klarheit; seine deutschen Schüler sehen sie — fürchte ich — leider nicht immer:

„Aber die Durchführung solcher Direktiven der öffentlichen Hand würde recht bald mit der Logik des Kapitalismus in Kollision geraten und dessen Gefüge zerstören. Sie wäre in der Tat gleichbedeutend mit der Aufhebung der unternehmerischen Souveränität, der faktischen Sozialisierung der unternehmerischen Tätigkeit und der indirekten öffentlichen Leitung der Firmen. Sie würde die Beschlagnahme (oder die sehr starke Überbesteuerung) der hohen Gewinne bis zu ihrem durchschnittlichen Niveau als Sanktion nicht ausschließen. Schließlich würden dadurch den privaten Gesellschaften alle Rationalisierungs- oder Innovationsmotivationen, die ihre Profite über das für normal gehaltene Maß hinaus steigerten, genommen und damit eine der Haupttriebfedern für den technischen Fortschritt zerstört werden. Kurz, wenn der Staat aus den Unternehmern Beamte macht, ihnen eine schwerfällige Bürokratie aufbürdet und an das Gewinnmotiv rührt, greift er in das Getriebe des Systems selbst ein und führt über kurz oder lang seine Lähmung oder Verkalkung herbei.“ [44]

Gorz zieht aus dieser Diagnose die Konsequenz, daß man in die Mechanismen des kapitalistischen Systems nur drastisch eingreifen könne, wenn man entschlossen sei, es abzuschaffen. Und er macht sich keine Illusionen darüber, wie die Oberschichten darauf reagieren würden: Er prophezeit für diesen Fall „eine brutale Reaktion des Systems, ein großes Durcheinander in der Wirtschaft und mit aller Wahrscheinlichkeit, wenigstens für eine kurze Zeit, eine Verschlechterung der materiellen Lage der Massen“.[45]

Ich würde das mit der „kurzen Zeit“ nur dann für halbwegs realistisch halten, wenn auch in den meisten anderen Nachbarstaaten das gleiche geschähe; sollte aber eine derartige abrupte Veränderung nur in einem Land, sozusagen auf einer Insel in einem kapitalistischen Ozean, stattfinden, so würde meines Erachtens die Wirtschaftsblockade für lange Zeit fortgeführt werden. Aber darauf kommt es im einzelnen gar nicht an. Entscheidend ist dies: Auch die beste Propaganda und die härteste, langfristige Basisarbeit würden nicht ausreichen, um der Masse der Arbeitnehmer eine massive Verschlechterung der materiellen Lage, auch wenn sie nur über ein Jahr lang dauert, zu erklären. Anders ausgedrückt: Ich glaube, daß die Einleitung des „Sozialismus“ mit all ihren notwendigen strukturellen Maßnahmen von der Landwirtschaft bis zur Großindustrie Rebellionen in allen möglichen Bevölkerungsschichten hervorrufen würde. Wer in einer derartigen Situation das Prinzip allgemeiner Wahlen, die Presse- und Meinungsfreiheit, kurz, die vollständige Bewegungsfreiheit aller Gesellschaftsmitglieder (und auch der politischen Gegner) aufrechterhalten will, wird ganz schnell aus der Macht entfernt werden. Mit einem Satz: Ich meine, daß die Unterdrückungsmaßnahmen in den sozialistischen Ländern einschließlich der DDR in erster Linie nicht auf die persönlichen Schwächen oder verbrecherischen Anlagen ihrer Führer von Stalin bis Ulbricht, sondern auf strukturelle Ursachen zurückzuführen sind.

André Gorz sieht es genauso:

„Wir dürfen uns meines Erachtens keine Illusionen machen über die Möglichkeit, die Souveränität und die Demokratie der Produzenten, die sich in der Phase der Errichtung der *Grundlagen* des Sozialismus zu demokratischen Gemeinschaften gruppiert haben, zu erhalten. Wir müssen im Gegenteil die dialektische Notwendigkeit einer teilweisen staatlichen Zentralisierung anerkennen ..." [46]

Nun muß man bei derartigen Äußerungen berücksichtigen, daß für Gorz die Revolution geradezu metaphysische Quellen hat. Man müßte genau untersuchen, wo seine Analyse des revolutionären Prozesses wirklichkeitsfern und romantisch ist.

„Im Augenblick der revolutionären Vereinigung zur Eroberung der Macht fallen individuelle und kollektive Freiheit zusammen, und es besteht eine reale Souveränität des Individuums, insofern dieses *für* und *durch* die Gruppe in Ansehung eines *gemeinsamen* Zieles, das mit seinem individuellen Ziel übereinstimmt, existiert." [47]

Die Anbetung der „kollektiven Macht" [48], die Theorie der „fusionierenden Gruppe" und der „Brüderlichkeit als Terror" [49] sind im übrigen zweifelhaft genug; sie sind aber integrierende Bestandteile der Gorzschen Theorie, die man akzeptieren muß, wenn man diese Theorie — und Strategie — sinnvoll anwenden will. Es könnte sein, daß eine intensivere Diskussion dieser Theoriestücke ergäbe, daß sich hier eine ziemlich dunkle Gruppenphilosophie mit irrationalen und romantischen Ursprüngen in den Marxismus eingeschlichen hat.

Für denjenigen, dem die Revolution ein Akt der Befreiung — auch ein psychologischer Akt der Befreiung — ist, wird natürlich die darauffolgende Konstruktionsperiode — die Zeit, in der eine neue Gesellschaftsordnung aufgebaut und gefestigt wird — psychologisch und gesellschaftlich besonders enttäuschend. Aber trotzdem (und auch wenn man die romantischen Aspekte der Gorzschen Revolutionstheorie nicht teilt) wird man ernst nehmen müssen, was Gorz sieht:

„Deshalb ist die Errichtung der Grundlagen des Sozialismus notwendig begleitet von einem Niedergang der direkten Demokratie und der Macht des Volkes, wie sie während der revolutionären Eroberung der Macht bestanden haben.“ [50]

Denn obwohl dieser in Deutschland immer nur halb zitierte Autor die Revolution für einen „Befreiungsakt“ hält, weiß er sehr wohl:

„Ich halte daran fest, daß eine autoritäre Staatslenkung und Bürokratie während der Periode des Aufbaus der Grundlagen des Sozialismus in einer allgemeinen Mangelsituation nicht ganz zu vermeiden sind. Nur wenn gewisse historische Bedingungen erfüllt sind, ist es möglich, die Tendenzen zum Bürokratismus und zur Zentralisation zu mildern und zu korrigieren.“ [51]

Man muß sich klarmachen: Wenn man eine herrschende Struktur mit zumeist doch noch sehr vitalen Oberschichten in Systemen mit wirtschaftlichem Wachstum stürzen will, wird es harte Gegenwehr geben. Die Schichten, die abgelöst werden sollen, werden imstande sein, Mangel zu produzieren. Und in Mangelsituationen werden die „Arbeitermassen“ nicht bei der Stange bleiben. Wer das „System“ also überwinden oder sprengen will, darf nicht hoffen, daß er dabei sanft, demokratisch und parlamentarisch bleiben kann. Der Rasen wird nicht geschont werden können, die Systemveränderer werden ihn zerwühlen müssen — und wahrscheinlich mit schweren Fahrzeugen. Flurschaden wird nicht zu vermeiden sein.[52]

Gegen diese Argumentation kann eingewendet werden — Jochen Steffen hat dies eingewendet [53] —, daß ja nicht nur die Unter- und Mittelschichten in ihren Interessenlagen vielfach gespalten und in sich differenziert seien, sondern ebenso die Oberschichten. Jochen Steffen sagt:

„Es hat schon immer Kapitalisten und Millionäre gegeben, die sich aus humaner Ideologie auf die Seite sozialistischer Radikaler stellten. Im vergesellschafteten Kapitalismus kommt zur Ideologie (Rapoport) noch die Einsicht in den gesellschaftlich-ökonomischen Prozeß und die Nichtgefährdung ihrer persönlichen Existenz ...“ [54]

Ich würde auf diese Kapitalisten und Millionäre — die es selbstverständlich gibt — nicht vertrauen. Das Eigentum an den entscheidenden Produktionsmitteln liegt in der Bundesrepublik nicht mehr, wie in manchen Entwicklungsgesellschaften, bei 200 oder 300 „großen Familien“; es ist breiter — und zwar international — gestreut. Dann gibt es eine erhebliche Anzahl von Menschen aus den Mittelschichten, die von den bestehenden Besitzverhältnissen in der Tat profitieren; und dazu kommen dann noch Millionen, die sich irrigerweise einbilden, sie profitierten davon. Das ist ein harter Block, der — noch dazu in einer Krisensituation — kaum aufzubrechen sein wird; und zwar eben wegen des sehr menschlichen Drangs nach „Nichtgefährdung“ der „persönlichen Existenz“.

Heißt das alles nun: *demokratischer* Sozialismus ist eben überhaupt nicht möglich? Heißt es: Lenin hatte recht, entweder Kapitalismus oder Diktatur des Proletariats mit allen (bekannten) Konsequenzen?

Ich antworte auf diese Frage mit Nein. Dieses Nein gilt allerdings nur, wenn man — wie das Godesberger Programm — die Sozialisierung nicht zur *conditio sine qua non* des demokratischen Sozialismus macht. Der Prozeß der weiteren Demokratisierung der Verfügungsgewalt über Produktionsmittel (den ich, allerdings bei Beibehaltung saftiger individueller Profitchancen, für notwendig halte) kann nach dem Modell der „Übernahme“ nicht funktionieren, wenn man demokratische Zustände beibehalten will. Wer dies nicht einsieht, läuft in einen Konflikt hinein, der meiner Meinung nach im entweder latenten oder offenen Faschismus endet.

Gegen dieses Argument kann man außer romantischem Gerede nur noch eins vorbringen. Nämlich: Dort landen wir sowieso. Das ist ein wichtiger Einwand; ich will mich mit ihm weiter unten auseinandersetzen.

### *c. Das Koalitionsproblem in soziologischer Perspektive*

Die Strategie der systemüberwindenden Reform ist — das sollten wir voraussetzen — das Ergebnis einer Analyse. Ich behaupte, daß diese Analyse allzu soziologistisch ist und historisch unterbelichtet bleibt. Einerseits: Die Verallgemeinerung von in der Geschichte vorfindbaren Handlungszusammenhängen wird übertrieben; man geht allzu unkritisch davon aus, daß sich historische Konstellationen wie physikalische Versuchsanordnungen wiederholen. Andererseits: Die

Analyse ist viel zu wenig konkret, berücksichtigt viel zu wenig empirische Fakten, ist ein wenig mechanisch aus dem „Büchl“ übernommen. Ich benutze zur Untermauerung dieser These vor allem das Quellenmaterial, das Barrington Moore in seinem schon zitierten Buch in über zehnjähriger Forschungsarbeit zusammengetragen hat. Bei ihm steht auch die folgende Maxime, die ich für richtig halte:

„Historische Generalisierungen sind keine unabänderlichen Gesetze wie die der Physik: Der Lauf der Geschichte reflektiert in der Hauptsache die Bemühung, den Bindungen der bisherigen Bedingungen zu entrinnen, die sich in solchen Generalisierungen ausdrücken.“ [55]

Das Unhistorische und Unkonkrete an der Analyse, die hier zur Debatte steht, zeigt sich meines Erachtens ganz besonders gut am sogenannten Koalitionsproblem. Dies ist die Frage: Mit Hilfe welcher Gruppen und Schichten wird in einer bestimmten historischen Situation eigentlich reagiert? Welche Gruppen und Schichten sind zu gewinnen, um gegen die alte Ordnung zu revoltieren? Für welche Gruppen und Schichten würde eine solche Revolte welche angebbaren Folgen (oder besser: Erfolge) mit sich bringen? All diese Fragen sind auseinanderzuhalten. Nur ihre exakte Beantwortung ermöglicht planvolles soziales Handeln. Alle diese Fragen scheinen mir von den Befürwortern der systemüberwindenden Reformen nicht beantwortet.

Ich glaube auch, daß man die Aspekte für derartige Fragen nur durch eine sorgfältige, vergleichende Analyse der verschiedenen sozialen Umwälzungen in den letzten 500 Jahren in verschiedenen Kulturkreisen bekommt. Beispiel: In Deutschland und Japan haben, wie schon erwähnt, agrarische Oberschichten eine Koalition mit Handels- und Industriekreisen gefunden und haben es geschafft, „die Industriearbeiter vermittels einer Mischung von Repression und väterlicher Fürsorge niederzuhalten“.[56]

In den Vereinigten Staaten ist diese Koalition — die verheerende Folgen für die Demokratisierung der Gesellschaft hatte — nicht zustande gekommen; unter anderem, weil die Industriekreise des Nordostens sich mit den Farmern des Westens gegen die Sklavenwirtschaft des Südens verbunden haben, das heißt also, weil die Koalitionspartner der Industrie unabhängige Farmer, selbständige Familienbetriebe waren, die die Konkurrenz des Südens fürchteten und dadurch den Nord-Süd-Gegensatz züchteten. Selbstverständlich gibt es noch eine Reihe weiterer derartiger Gründe, die wir hier nicht zu erörtern brauchen. Wichtig ist nur eins — und Moore weiß das:

„Es gibt keinen abstrakten allgemeinen Grund, warum der Norden und der Süden sich hätten bekämpfen müssen. Mit anderen Worten, es mußten besondere historische Bedingungen gegeben sein, um das Einvernehmen zwischen einer auf unfreier Arbeit beruhenden Agrargesellschaft und einem aufsteigenden Kapitalismus zu verhindern." [57]

Die jeweiligen besonderen historischen Bedingungen scheinen in der der Systemüberwindung zugrundeliegenden Analyse nicht berücksichtigt. Ich glaube, daß man, will man wirkliche politische Erfolge erzielen, noch viel mehr und noch viel genauere Fragen stellen muß, als heute überhaupt bewußt geworden sind. Wo ist — wenn man schon auf Kraftproben zusteuert — ein radikales Potential? Wem hilft welche Maßnahme? In welchem Zeitpunkt ist was möglich? Um an einem überspitzten Beispiel deutlich zu machen, was gemeint ist: Zum Zustandekommen der französischen Revolution war neben hundert sozialen, ökonomischen und sicher auch kulturellen Gründen eben auch noch eine Naturkatastrophe notwendig: Der Ernteertrag im Herbst des Jahres 1788 war sehr gering, der anschließende Winter ungewöhnlich streng, der Frühling brachte heftige Stürme und Hochwasser.[58]

Ich wiederhole nochmals: Es handelt sich hier um ein überspitztes Beispiel. Niemand verlangt von den Strategen sozialer Wandlungen, daß sie auch noch das Hochwasser programmieren sollen. Niemand wird auch glauben, daß es in der französischen Gesellschaft keine Revolution gegeben hätte, wenn 1788 die Ernte besser gewesen wäre. Nur: eine epochale soziale Veränderung läuft nicht ab wie die andere, und schematische Übertragungen von politischen Versuchsanordnungen aus einem Land ins andere, aus einer Epoche in die andere, sind zum Scheitern verurteilt.

Um zu exemplifizieren, was ich meine, will ich gegen die zur Diskussion stehende Analyse vier Einwände formulieren:

a) Das strategische Konzept berücksichtigt überhaupt nicht die „alten" Klassen, die im Begriff sind, von der historischen

Bühne abzutreten. Gerade sie aber sind es, die bei jenen „Kraftproben“, von denen wir sprechen, immer eine ganz entscheidende Rolle gespielt haben. Mao hat zwischen 1921 und 1926 mehrfach — mit verheerendem Verlust an Menschen — den Versuch gemacht, der klassischen marxistischen Analyse folgend, in den Städten mit dem städtischen Proletariat gegen die Kuomintang anzutreten. Erst um 1926 herum bemerkte er, daß dies nicht erfolgversprechend war, und änderte seine Strategie; er konzentrierte sich auf die Bauern. Seine Revolution war dann — wie ganz ähnlich auch die Lenins in Rußland — eine Bauernrevolution. Moore folgerte daraus:

„Ein großer Teil der Konfusion und der Abneigung gegen die Verwendung umfassenderer Kategorien rührt daher, daß diejenigen, die die Massenunterstützung für eine Revolution liefern, diejenigen, die sie führen, und jene, die letzten Endes von ihr profitieren, ganz verschiedene Gruppen von Menschen sind ...“ [59]

„Die Bauernrevolutionen des zwanzigsten Jahrhunderts fanden ihre Massenunterstützung bei den Bauern, die dann die Hauptleidtragenden der von kommunistischen Regierungen durchgeführten Modernisierung waren.“ [60]

Die Ausgangssituationen in der Bundesrepublik oder irgendeines anderen westeuropäischen Landes heute ist von der Situation Chinas im Jahre 1921 oder der Situation Rußlands im Jahre 1917 selbstverständlich vollständig verschieden; aber auch heute gibt es depravierte, unzufriedene, an den Rand gedrängte soziale Schichten wie den alten Mittelstand, die Bauern, einen bestimmten Teil mittlerer Industrie in bestimmten Branchen usw. Welche Rolle sollen und können sie spielen? Wie muß man sie beeinflussen, wie sind sie in die Strategie eingebaut? Darüber hört man meistens kein Wort: Die Rede ist immer nur allgemein von „Lohnabhängigen“. Das reicht nicht aus.

b) Wer verändern will, darf sich in der Auseinandersetzung nicht nur um seine Verbündeten kümmern; er muß auch den Gegner analysieren. Eine solche Analyse fehlt vollständig. Moore sagt:

„Bevor ein revolutionärer Durchbruch möglich wird, müssen die Oberklassen ein beträchtliches Maß an Blindheit an den Tag legen, die in der

Hauptsache das Produkt besonderer historischer Umstände ist und von der es immer eine Reihe bedeutsamer individueller Ausnahmen gab." [61]

Schon wieder die „besonderen historischen Umstände". Aber sie sind eben zu berücksichtigen: Wie steht es mit den Oberklassen in der Bundesrepublik? Haben sie ein „beträchtliches Maß an Blindheit" an den Tag gelegt? Wie sehen sie eigentlich aus? All diese Fragen sind ungestellt.

c) Auch unterdrückte Klassen können uneins sein; ein gutes Beispiel sind, wie Moore nachweist, die japanischen Bauern in der späteren Phase der Meiji-Ära, etwa ab 1887. Genauso ist es natürlich mit den „Lohnabhängigen" in der Bundesrepublik. Dies wird zwar in den Analysen etwa der Jungsozialisten immer wieder betont; es ist mehrfach von „Fraktionen" [62] die Rede. Aber dies sind meist Feststellungen, die zwar zeigen, daß das Problem erkannt ist, die aber nicht zu Konsequenzen führen. Will man mit Hilfe der an den Rand gedrängten Zwischenschichten, der ungelernten Arbeiter, der Arbeiter in absinkenden Industriezweigen und zusammen mit den unzufriedenen jungen Leuten aus der Oberschicht und der oberen Mittelschicht zu etwas kommen? Wie will man die heute bestehende Koalition der aufstrebenden Mittelschicht, der Facharbeiter und der modernistischen Fraktion der Großindustrie — eine Koalition, mit der viele sozialdemokratische Parteien arbeiten — aufbrechen oder verändern? Was wird mit der technischen Intelligenz, was mit den verschiedenen Gruppierungen des öffentlichen Dienstes? Sicher nützen da Schlachtordnungen, die nur auf dem Papier stehen, wenig; sicher läßt sich nicht alles programmieren. Aber: exakte Fragen wären auch hier nützlich; das romantische Gerede von der „Arbeiterbewegung" und den „Lohnabhängigen" allein hilft gar nichts.

d) Neben den ganz wesentlichen ökonomischen werden die nichtökonomischen oder nur vermittelt ökonomisch beeinflußten Konfliktursachen zuwenig berücksichtigt. Die Analysen etwa der japanischen Entwicklung durch Barrington Moore oder der chinesischen durch Wolfgang Bauer [63] zeigen, welch wichtige Wirkung auch nichtökonomische Fakten für soziale Wandlungen gespielt haben. Unser ganzes Denken wäre ohne Marx anders verlaufen; aber auch ohne Max

Weber. Auch diese Erkenntnis wäre bei der Entwicklung strategischer Konzepte zu berücksichtigen.

Vor allem aber eins: Solche Analysen — und die Fragen unter a) bis d) sind selbstverständlich keineswegs vollständig — müßten angestellt werden, bevor man das Ergebnis mit lautem Hallo in die Welt hinausposaunt. Wer weiß, was solche Analysen ergeben würden! Aber was sie auch ergeben: Wer, bevor er sich zum Handeln fit gemacht hat, allzu laute Drohungen gegen einen mächtigen Gegner ausstößt, der könnte schuld daran sein, daß es zu einer Koalition kommt, die ganz und gar nicht mehr aufzubrechen ist. Historische Beispiele gibt es dafür mehr als genug, und es gibt längst ein Kartell von Interessengruppen, das an solch einer Koalition bastelt.

### *d. Das innenpolitische Bündnisproblem*

Die Idee, eine Strategie systemverändernder Reformen mit Hilfe der sozialdemokratischen Parteien durchzuführen, wie sie heute in Westeuropa existieren, scheint mir nicht erfolgversprechend. Nun wird man darauf sofort antworten: „Wir wollen sie ja gerade verändern.“ Ich verstehe diese Absicht sehr wohl; ich glaube aber trotzdem nicht, daß sie auf einer realistischen Einschätzung beruht.

Ich räume ein, daß alle Erwägungen dieses Problems heute nur auf schwankendem Grund vorgenommen werden können: Parteiensoziologische Untersuchungen auf empirischer Basis gibt es in größerem Umfang nicht; vor allem liegen keine zureichenden internationalen Vergleiche vor. Ich beschränke mich in meinen Bemerkungen also ganz auf die deutsche Sozialdemokratie und formuliere Erfahrungen, die ich durch meine Arbeit in dieser Partei gewonnen habe. Daß eine solche unsystematische Art der teilnehmenden Beobachtung wissenschaftliche Analysen nicht ersetzen kann, ist selbstverständlich.

Meine These läuft darauf hinaus, daß mit einer Partei wie der SPD, die heute eher eine Mittelschicht- als eine Arbeiterpartei ist, eine Strategie systemüberwindender Reformen — wenn man nicht nur davon redet, sondern auch konsequent nach diesem strategischen Plan handelt — nicht durchführbar ist. Blanke Daten, die die SPD-Mitgliedschaft nach

Schichtzugehörigkeit, Beruf oder Einkommen gliedern, reichen zu strategischen Folgerungen selbstverständlich ganz und gar nicht aus.[64] Aber ich formuliere die Hypothese, daß sowohl die Mehrheit der Mitglieder als auch die Mehrheit der aktiven Funktionäre entweder aus der oberen Unterschicht oder aber der unteren oder mittleren Mittelschicht stammen und daß sehr viele von ihnen in den letzten zwanzig Jahren (in der Selbstbeurteilung) in der sozialen Hierarchie einen Schritt nach oben gemacht haben. Diese leistungsorientierte, aufstiegsbewußte und — andererseits — sicherheitsabhängige Schicht dürfte auch dann die Mehrheit behalten, wenn der Trend anhält, den wir heute konstatieren: der Trend nämlich, daß viele junge Leute aus der Oberschicht oder der oberen Mittelschicht, die mit antiindividualistischen, konsumfeindlichen und sozialistischen Idealen gegen die Normen ihrer Erziehung protestieren[65], zur SPD stoßen.

Ich schließe daraus, daß eine Mitgliederpartei mit demokratischen, also schwerfälligen Meinungsbildungsmechanismen und einer breiten, „vielfältigen" Mitgliederstruktur zu einer konsequenten Politik „systemverändernder" antikapitalistischer Strategie nicht zu gebrauchen ist. Hier hatte Lenin recht. Ich sehe auch nicht, wie dies — beispielsweise durch eine Veränderung der Mitgliederstruktur — anders werden könnte. Anders würde — und wird — es nur, wenn die „aufstiegsbewußten" und „sicherheitsabhängigen" Arbeiter, Angestellten, Selbständigen unter so miserablen Zuständen leben müßten, daß sie das Empfinden haben: Wir haben nichts mehr zu verlieren. Aber dann ist *alles* anders. Selbst 1918/19 ist es nicht so weit gekommen.

Dies alles — und das muß einschränkend gesagt werden — heißt selbstverständlich nicht, daß ich es bei der schwächlichen Taktik des Mehrheitsflügels der SPD für unmöglich halte, daß der linke Flügel eines Tages die Mehrheit bekommt. Ich glaube nur: selbst wenn dies passierte, würde der dann übernommene Apparat bald zur leeren Hülse — es sei denn, man setzte die jetzige Politik (mit gewissen, aber nicht zu weitgehenden Modifikationen) fort. Genau dies würde auch geschehen. Eine konsequente Politik der „Systemsprengung" ist mit der SPD nach Tradition und Zusammenhang nicht zu machen.

Ich darf in diesem Zusammenhang noch einmal auf André Gorz verweisen, der dieselbe Ansicht vertritt:

„Eine solche Strategie ist offenbar im Rahmen von Gipfelbündnissen mit neokapitalistischen Gruppierungen, d. h. mit Sozialdemokraten und Zentristen, nicht zu verwirklichen, weil diese von Anfang an versuchen, die Reformaktionen auf ein für die Bourgeoisie annehmbares Maß zu beschränken, und von ihren Partnern verlangen, diese Grenze bei ihren Programmentwürfen streng einzuhalten.“ [66]

Was andererseits der Sozialdemokratie passierte, wenn sie sich auf ein Bündnis mit Volksfrontcharakter, das ja wohl auch die Jungsozialisten für die BRD mehrheitlich ablehnen, einließe, sagt Gorz ebenso deutlich. Im Rückblick auf den Mai 1968 und eine mögliche linke Koalition unter Mitterand oder Mendès-France meint er:

„Für eine revolutionäre Partei, die imstande wäre, eine Übergangsstrategie zu entwickeln, hätte die Formel für eine provisorische Regierung der ‚Einheit der Linken‘ ... nichts Erschreckendes gehabt. Damit hätte sich die Gelegenheit geboten — und wäre sie auch noch so zweifelhafter Art gewesen —, dem Sieg des Volkes über das gaullistische Regime einen Inhalt zu geben und den Kampf — der zu diesem Zeitpunkt stockte — in eine neue Phase zu führen. Die Frage des ‚gemeinsamen Programms‘ war nicht von so entscheidender Bedeutung: Denn welches Programm die Führungsstäbe auch in aller Eile aufgestellt hätten, es wäre sehr schnell von der Radikalität und der Stärke der weitergehenden Massen überholt worden. Das Machtverhältnis zählte mehr als das geschriebene Programm.“ [67]

Und dann folgt eine klassische Darstellung der Doppelstrategie, wie Gorz sie versteht:

„Im übrigen hätte eine revolutionäre Partei nichts daran gehindert, sich dafür einzusetzen, daß das von den Führungsstäben entworfene Programm von der Basis über den Haufen geworfen worden wäre. Es hätte genügt, daß sie ‚auf zwei Hochzeiten getanzt‘, d. h. eine Doppelstrategie verfolgt hätte: zum einen die politische und programmatische Vermittlungsarbeit bei den reformistischen, von der Basis getrennten Führern, die an der Spitze der provisorischen Regierung gestanden hätten; und zum anderen bei den Initiativgruppen der Bewegung — den Aktions-, Streik- und Selbstverteidigungskomitees, den Studenten-, Lehrer-, Mediziner-, Architekten-, Journalistenkomitees usw. —, denen sie mit all ihren organisatorischen Mitteln hätte helfen können, ihre eigenen Reformpläne auszuarbeiten, zu koordinieren und *sie ohne Zögern durchzusetzen,* wo immer es möglich gewesen wäre, und zwar auf dem Wege einer „Machtergreifung“ auf lokaler oder berufsspezifischer Ebene ...“ [68]

Angesichts der gegebenen sozialen Konstellationen in der Bundesrepublik muß die Sozialdemokratie, wenn sie eine

Modernisierung bei allmählichem sozialem Wandel durchführen will, statt auf eine „Volksfront“ (mit wem auch?) auf eine Spaltung der Konservativen hinarbeiten. Dies aber ist selbstverständlich schon ein reformistischer Strategieansatz.

### *e. Das außenpolitische Bündnisproblem*

Die folgende These richtet sich — ich habe darauf schon hingewiesen — nun nicht mehr nur gegen die unvollständige Übernahme der Theorien von André Gorz in Deutschland und in der deutschen Sozialdemokratie, sondern auch gegen Gorz selbst. Ich glaube nämlich, daß die Strategie der systemverändernden Reform die außenpolitischen Gegebenheiten völlig ausklammert. Eine Außenpolitik ohne gesellschaftspolitische Kategorien ist hilflos; aber eine Gesellschaftspolitik ohne Abschirmung durch außenpolitische Überlegungen geht ins Leere.

Weder Gorz noch irgendeiner seiner Anhänger sehnt sich nach dem autoritären Sozialismus der Ostblockländer. Gorz hält vielmehr vor allem unabhängige Gewerkschaften innerhalb des Sozialismus für dringend notwendig. Seine Kritik am autoritären Sozialismus ist scharf:

„... Die Logik und die Aufgabe der Akkumulation mußten von Arbeiterführern angenommen werden, und so konnte man sehen, wie diese Führer eine Arbeitsethik wiedererfanden, die in gewisser Hinsicht der Ethik der puritanischen Bourgeoisie im heroischen Zeitalter des Kapitalismus ähnelte, d. h. eine Ethik des Verzichtes, der Genügsamkeit, der Strenge, der Gewinnsucht in der Arbeit, der Selbstdisziplin sowie des moralischen Rigorismus, nämlich der Prüderie, der Reinlichkeit und der sexuellen Repression.“ [69]

Um es ganz kurz zu sagen: Ein derartiger Standpunkt — wer einerseits den „Kapitalismus“ *stürzen* will, andererseits aber jenen Sozialismus, der heute als politische Macht existiert, als Verbündeten nicht akzeptiert — ist unpolitisch. Wenn man einerseits dem „amerikanischen Imperialismus“ jede Schlechtigkeit zutraut und überall die CIA am Werke sieht (und sie ist ja auch wahrlich oft am Werke), dann kann man andererseits nicht hoffen, ein ganzes westeuropäisches Industrieland einfach aus der westlichen Allianz herausbrechen zu können, ohne daß dies zu erheblichen, zumindest ökonomischen Reaktionen der anderen Verbündeten führt. Wenn man aber — und zur Zeit muß man das noch — davon ausgeht, daß solche — und nicht gerade freundliche — Reaktionen zu erwarten sind, dann wird man bei der Planung von „Kraftproben" und bei der dahin führenden Strategie auch überlegen müssen, wie man eine derartige Strategie außenpolitisch absichert. Dies konzediert auch Steffen: „Ein *nationaler* abrupter Systemwechsel, wenn machtpolitisch durch die Westmächte geduldet, wäre nur unter schwerstem Flurschaden usw. möglich. Die UdSSR würde ihn wahrscheinlich nur tolerieren unter Anlehnung an ihr System. Dadurch würden die Opfer total sinnlos." [70] Eben.

Hinsichtlich der inneren Ordnung der sozialistischen Länder halte ich es mit Barrington Moore, der dazu gesagt hat:

„Es steht außer jedem Zweifel, daß der Anspruch der bestehenden sozialistischen Staaten, eine höhere Form der Freiheit zu verkörpern als der demokratische Kapitalismus des Westens, auf Versprechungen, nicht auf Leistung beruht. Die offenkundige Tatsache, daß die bolschewistische Revolution dem russischen Volk nicht die Befreiung gebracht hat, läßt sich nicht leugnen. Sie hat höchstens die Möglichkeit zu einer Befreiung geschaffen. Das stalinistische Rußland war eine der blutigsten Tyranneien, die die Welt je gesehen hat." [71]

Ungeachtet dessen bin ich der Meinung, daß die Kritik, die aus den sozialistischen Ländern oder von den orthodoxen Kommunisten im Westen an der Strategie der systemüberwindenden Reformen geübt wird, richtig ist. Ich würde die Akzente anders setzen; im Tenor aber hat Josef Schleifstein recht:

„Gorz isoliert nicht nur die Forderung nach Strukturreformen von der Politik und der politischen Machtfrage, sondern er löst auch die Entwicklung der Arbeiterbewegung in den westeuropäischen Ländern völlig von den internationalen Faktoren, von der Entwicklung der Welt, von der Auseinandersetzung der beiden Weltsysteme, von der anti-imperialistischen Befreiungsbewegung los. Aber wie will man Klassenbewußtsein bilden, ohne den Arbeitern die internationalen Zusammenhänge ihres Kampfes zu erläutern, ohne sie für die Unterstützung des vietnamesischen Volkes und der anderen um ihre Befreiung vom Imperialismus kämpfenden Völker zu gewinnen, ohne sie zur Solidarität mit den sozialistischen Staaten, mit der Sowjetunion zu erziehen, die noch immer die Hauptlast der weltweiten Auseinandersetzung mit dem Imperialismus zu tragen hat?" [72]

Norbert Gansel zitiert beiläufig die Strategiedefinition von Clausewitz, nach der Taktik die Lehre vom Gebrauch der Gefechte zum Zwecke des Krieges sei. Der Zweck des Krieges aber sei es, den Gegner zum Erfüllen unseres Willens zu zwingen.[73]

In diesem Sinne ist das Konzept der systemüberwindenden Reformen eine schlechte Strategie: Die Schätzungen über die zur Verfügung stehenden Truppen sind vage, die Kenntnisse über ihre Kampfbereitschaft gering, der Ort der Auseinandersetzung unvorsichtig ausgesucht. Ich glaube nicht, daß das Ausmaß des Leidens, das dieser Krieg bringen würde, ausgelotet ist. Aber ich gestehe zu, daß viele von denen, die Systemüberwindung entrüstet ablehnen, sich auch nicht um das Leiden gekümmert haben, das diese Gesellschaft duldet.

Wer der Strategie der Systemüberwindung nicht folgen will, muß ihr eine Strategie der kontrollierten Systemveränderung entgegensetzen; eine Koalition aus dem *juste milieu* der Arbeiterbewegung, aus der alten linken Subkultur reicht nicht zum Erfolg. Die deutsche Linke wird als politische Kraft nur weiterexistieren, wenn sie die historische Aufgabe des Reformismus bewußtmacht: nicht als Weltanschauung oder Patentrezept für alle geschichtlichen Situationen, sondern als konkrete Strategie für bürokratisierte, nachindustrielle Gesellschaften am Ende des 20. Jahrhunderts. Unsere Aufgabe ist, Marx schöpferisch anzuwenden, ohne Lorenz von Stein zu vergessen.

### *f. Jochen Steffens Einwände*

Der Kern dieser Gedankengänge ist schon 1972 formuliert und dann veröffentlicht worden. Jochen Steffen hat ihnen in seinem Buch „Strukturelle Revolution“ einen „Exkurs“ gewidmet, der manches berücksichtigenswerte — und berücksichtigte — Argument enthält. Seine grundlegende Perspektive ist aber doch eine andere. Steffens Grundfrage:

> „Die Frage an alle Sozialisten ist, ob wir überhaupt noch Zeit haben, sie (eine Analyse) zu erstellen. Ob es nicht wahrscheinlicher ist, daß wir — um einmal zu überspitzen — nach alter Tradition an stinkenden Flüssen in kleinen, geheimen Radar- und Laser-Strahl gesuchten Zirkeln in Gasmasken analysieren, *warum es so kommen mußte.* Meine feste Überzeugung ist: Wir haben nicht mehr viel Zeit.“ [74]

Aus dieser — pessimistischen — Einschätzung der Auswirkungen des „irrationalen, totalen Prozesses" kritisiert er das reformistische Konzept der kontrollierten Systemveränderung, das ich der Systemüberwindung entgegensetze. Ich wolle, meint er, „Gürtel und Hosenträger" anbehalten, und dann schreibt er:

„Aber regieren die Mächtigen deshalb anders, weil Glotz für ‚kontrollierte Systemveränderung' eintritt? Das tue ich auch. Glotz müßte doch eigentlich sehen, daß die Veränderung des Wortes die Unveränderbarkeit der sozialistischen Aufgabe unterstreicht." [75]

In einem hat Steffen recht: die Veränderung des *Wortes* allein würde nichts bedeuten. Zwar können auch Worte — wie man an der Wirkung der jungsozialistischen Agitation auf weite Kreise der Mittelschichten sehen kann — töten; oder jedenfalls betäuben. Aber die Terminologie allein macht es nicht. Wer frontal auf die Mächtigen loswill, kann sich nicht durch sanfte Worte tarnen, das durchschauen sie.

Nein, unsere Differenzen liegen nicht in den Worten, sondern in den Sachen. Ich bestreite nicht die verheerenden Wirkungen des „totalen Prozesses". Steffens Bild — wir alle an stinkenden Flüssen — ist plastisch; es trägt Wirklichkeit in sich. Aber ich bestreite, daß sein Konzept: „politische Investitions-Kontrolle", uns davor bewahren kann.

Denn: die bisher bekannten Systeme „politischer Investitionskontrolle" — allemal Befugnisse für staatliche Behörden, also Bürokraten ohne „materielle Interessiertheit" — haben den irrationalen Prozeß nicht rationaler gestaltet. Das Thema Natur- und Umweltzerstörung ist ein Paradebeispiel für diese These. Und wenn — was Steffen doch offenbar will — die „politische Investitionskontrolle" mit liberalen Grundrechten, also doch wohl (auch) Wahlmechanismen gekoppelt werden soll — woher kommt dann der Glaube an eine größere Manövrierfähigkeit? Dann kann ich die Autoproduktion auch nur einschränken, wenn die Leute weit genug sind, um zu begreifen, daß sie sonst an ihrem geliebten Ding zugrunde gehen. Das kann ich heute auch.

Der Vorschlag „politische Investitionskontrolle" ist, das ist inzwischen eine sozialdemokratische Binsenweisheit, nicht ausformuliert. Er ist noch keine „Alternative" zum bestehenden System. Mein Einwand lautet deshalb: Mit so unfertigen Konzepten kann man weder Mehrheiten gewinnen noch „Kraftproben“ riskieren. Das Risiko ist zu groß, daß wir zwar viel Unglück produzieren, die auf uns zurollenden Probleme (Steffens „totaler Prozeß“) aber trotzdem nicht lösen.

Ich räume ein: Es ist ganz unsicher, ob wir, wenn wir genau wüßten, was notwendig ist, das Notwendige durchsetzen könnten. Es gibt viel Notwendiges, was wir zur Zeit — obwohl wir genau wissen, wie notwendig es ist — nicht zustande bringen. Das kann furchtbare Folgen haben. Ich habe auch nicht die Kraft und die Zuversicht, an die Stelle von Steffens abgrundtiefem Pessimismus einen fröhlichen Optimismus zu setzen.

Sein welthistorischer Gleichmut scheint mir aber doch unangemessen. Er sieht die Problemwelle so unaufhaltsam auf uns zurollen, daß er bei „beiden Strategien“ — Systemüberwindung, kontrollierte Systemveränderung — „gewaltsame Auseinandersetzungen“ kommen sieht.[76] Also sei nichts „programmierbar“.[77] Das trifft zu, soweit „programmierbar“ eine feste, sichere Voraussage meint. Aber daraus kann man keine achselzuckende Gleichgültigkeit gegenüber alternativen Strategien ableiten. Die der „Systemüberwindung“ geht (so meine ich) mit vorhersagbarer Sicherheit schief. Die andere möglicherweise. Der eigentliche Kern unserer unterschiedlichen Auffassungen ist die verschiedene Beurteilung des „totalen Prozesses“. Die Strategie der „kontrollierten Systemveränderung“ braucht Zeit. Steffen fürchtet: Wir haben keine Zeit mehr. Ich bin sicher, Jochen Steffen hofft, daß er unrecht behält.

## 4. DIE CHILENISCHEN ERFAHRUNGEN

Es gibt in der neueren Geschichte verschiedene Versuche, Demokratie und Sozialismus zu verbinden. Tito löste sich 1953 aus der Vorherrschaft der Sowjetunion; seither gibt es in Jugoslawien immer wieder tastende Ansätze einer Demokratisierung, der jeweils Perioden eines schärferen zentralistischen Drucks folgen. Der polnische Oktober von 1956 entwickelte solche Tendenzen ebenso wie der ungarische Aufstand im selben Jahr. Das am meisten diskutierte Beispiel ist sicher der von der Sowjetunion und den Mächten des Warschauer Pakts mit Waffengewalt beendete Prager Frühling von 1968.

Dies alles waren aber — bisher vergebliche — Bestrebungen, eine einmal etablierte „Diktatur des Proletariats" zu demokratisieren. Umgekehrt in Chile: Dort machte Salvador Allende den Versuch, den Übergang vom Kapitalismus zum Sozialismus unter Aufrechterhaltung der liberalen, demokratischen Grundrechte zu organisieren.

Wir alle haben die Jahre zwischen 1970 und 1973 mit Besorgnis, aber auch voller Hoffnung nach Chile geblickt. „Wir" — das kann nicht heißen: wir Deutschen; in der Bundesrepublik haben die chilenischen Oberschichten schnell Verbündete bekommen — vor allem in der Presse und in der Wirtschaft. Von allzu vielen wurde der Militärputsch wenn nicht offen, so doch versteckt begrüßt. Heute herrscht in Chile eine konzeptionslose Clique von Militärs, für deren baldiges Verschwinden jeder Demokrat eintreten muß.[78]

Dies darf allerdings die demokratische Linke in der Bundesrepublik nicht dazu veranlassen, aus berechtigtem Ekel gegen die Politik der Militärjunta eine sorgfältige Analyse des chilenischen Experiments zu unterlassen. Es reicht nicht, chilenische Emigranten einzuladen, ihnen unsere Solidarität zu bekunden und mit ihnen „Venceremos" zu singen. Das Scheitern der chilenischen Unidad Popular muß uns Anlaß sein, unsere „Strategien" zu überprüfen.

Ich analysiere das chilenische Beispiel als einen Versuch, in kurzer Zeit einen grundlegenden sozialen Wandel und eine Umwälzung der ökonomischen Herrschaftsverhältnisse unter demokratischen Bedingungen herbeizuführen. Die Voraussetzungen dazu waren in Chile *relativ* günstig: jedenfalls günstiger als in den meisten Entwicklungsgesellschaften ohne demokratische Tradition (die in Chile vorhanden war) und günstiger als in den entwickelten Industriegesellschaften, in denen der Treibsatz von Hunger und Elend weitgehend entschärft ist — während in Chile noch 1968 47% der Erwerbstätigen ein Einkommen unter einem Sueldo Vital (Existenzminimum) hatten.[79]

Allendes Regierung trieb ohne Zweifel von Anfang an eine Politik des konsequenten Klassenkampfes, die auf eine grundlegende, schnelle Änderung der chilenischen Machtstruktur gerichtet war. Fundamentales Ziel war die Umwälzung der Eigentumsverhältnisse; ihr wurde alles andere untergeordnet. Das heißt: Allende tat — allerdings unter anderen Bedingungen, nämlich unter einem viel höheren „Leidensdruck" der Massen — das, was die systemüberwindenden Teile der europäischen Linken an den sozialdemokratischen Parteien im allgemeinen vermissen.

Es ist hier nicht der Ort, die Strategie der Unidad Popular Punkt für Punkt darzustellen. Einige charakteristische Fakten zeigen aber sofort die Tendenz: Schon im ersten Regierungsjahr enteignete die Regierung Allende fast so viele Landgüter (1300) wie die Administration Frei — die durch ein Gesetz von 1967 die Grundlage dafür gelegt hatte — in sechs Jahren (1410); im Jahr 1972 enteignete sie 1800 Latifundien; es verblieben noch etwa 400.[80]

Statt geplanter 91 wurden bis zum Jahresende 1972 320 Unternehmen verstaatlicht oder unter staatliche Kontrolle gestellt. Bei dem hohen Grad der staatlichen Wirtschaftstätigkeit in Chile führte dies dazu, daß zu diesem Zeitpunkt 76% der chilenischen Wirtschaft in staatliche Hände gelangten.[81] Die ausländischen Minengesellschaften (die Kupferexporte machten 1970 76% der Außenhandelserlöse aus), die Frei zu 51% chilenisiert hatte, wurden ganz übernommen; den Besitzern wurden von den Entschädigungen die „exzessiven Gewinne" seit 1955 abgezogen, so daß sie gegenüber Chile noch Verbindlichkeiten übrig behielten.

Die Wirtschaftspolitik wurde in ihrem Ablauf der politischen Strategie untergeordnet. Die UP begann mit einem Konzept, demzufolge die Löhne angehoben wurden, um einen Nachfragestoß zu erzielen; gleichzeitig wurden die Preise reguliert. Die Produktion sollte erhöht und die gestiegenen Produktionskosten und geringeren Gewinne der Unternehmen sollten durch eine größere Stückzahlproduktion ausgeglichen werden. Diese Politik war im ersten Jahr erfolgreich: die UP gewann auch — was ihr erklärtes Ziel war — die Kommunalwahlen von 1971 und nahm über 14% zu.

Diese Politik mobilisierte aber erstens massive Gegenkräfte im In- und Ausland und behinderte zweitens — ökonomisch — ein weiteres Wachstum der Wirtschaft. Inländische Investitionen gingen zurück, ausländische Kredite wurden gesperrt, in den Kupferminen gab es einen (verdeckten, auch durch Streik bedingten) Produktionsrückgang,[82] der Import von Nahrungsmitteln und Getränken kletterte von 149,7 (1969) auf 313,6 Mio. US-Dollars (1972). Während im ersten Jahr durch die harten wirksamen Preiskontrollen — die die Unternehmen dazu brachten, zum Teil unter den Gestehungskosten zu verkaufen — die Inflation gedämpft wurde, kletterte sie anschließend immer weiter über das durchschnittliche Niveau von rund 30% bis zu ca. 400% im Jahre 1973. Die Versorgung wurde kritisch, es bildeten sich schwarze Märkte, Lebensmittelkarten wurden eingeführt. Die ökonomischen Kennziffern der Lage verschlechterten sich: inländische Produktion, Export, Devisenerlöse, Außenhandelsbilanz, Devisenreserven, Importbedarf, Kapitalimport, Auslandsverschuldung, Staatshaushalt.[83]

Aber diese — natürlich auch durch Gegendruck erzeugte — Situation erklärte sich zumindest zum Teil aus der Unterordnung der ökonomischen unter die politischen Faktoren. Ich zitiere dafür nur zwei Belege. 1972 gab der UP-Wirtschaftsminister Carlos Matus dem SPIEGEL ein Interview, in dem es heißt:

„Spiegel: Kann eine Volksfrontregierung auch über bestimmte ökonomische Tatbestände hinwegsehen? Etwa die miserable Lage der Zahlungsbilanz, die verheerende Inflation, die Versorgungskrise auf dem Konsum- und Investitionsgütermarkt, den Produktionsrückgang in den großen Kupferminen, die zweimalige Abwertung des Escudo, die internationale Vertrauenskrise der ausländischen Kreditgeber...

Matus: In der Praxis macht das alles, was Sie aufzählen, die Arbeit für die Regierung sehr kompliziert und verpflichtet uns alle zu großen Opfern. Aber diese Schwierigkeiten verstärken nur den Wandlungsprozeß... Einen Prozeß wie den unseren können Sie nicht nur mit den Kriterien der Produktivität messen... Was für Sie die Krise ist, ist für uns die Lösung.“ [84]

Und Hans Matthöfer, zur Zeit Forschungsminister der Regierung Helmut Schmidt, sagte in einem Interview Anfang 1974:

„Auch die Unidad Popular hat Fehler gemacht. Nehmen wir einmal die Frage der Inflation. Die Unidad Popular hat in ihrem Programm vor den Wahlen immer gesagt: Wir wollen keine Inflation, Inflation nützt nur den oberen Einkommensschichten. Als sich dann durch viele Dinge, die nicht nur durch die Unidad Popular zu verantworten waren, tatsächlich eine Inflation von zwei-dreihundert Prozent jährlich entwickelte, erklärte mir zum Beispiel der führende Sozialist Altamirano, das sei wünschenswert, man könne nämlich die Inflation als Instrument des Ausgleichs zwischen den Einkommensschichten einsetzen.“ [85]

Was mobilisierte diese Politik? Mit Sicherheit *auch* die Massen. Die revolutionären Gruppen MIR (Movimiento de Izquierda Revolucionaria = Bewegung der Revolutionären Linken) und MAPU (Movimiento de Accion Popular Unitaria = Bewegung für die Volkseinheit) festigten durch ihre direkten Aktionen der Landnahme ihre Basis auf dem Land, insbesondere bei den Unterprivilegierten, beispielsweise den Indios (den Mapuches) entscheidend. Die Sozialistische Partei, innerhalb der UP der treibende, revolutionäre Faktor, gewann bei den Parlamentswahlen 1973; allerdings nicht auf Kosten der DC und der Konservativen, sondern auf Kosten anderer UP-Parteien, wie der Kommunistischen Partei. Sowohl links wie rechts gab es Bewaffnungen von Zivilpersonen. Die „politische Beteiligung“ — um einen Terminus der herkömmlichen Politikwissenschaft zu gebrauchen — stieg ohne Zweifel.

Aber es zeigten sich auch die Tendenzen, die solch ein schneller sozialer Wandel offensichtlich unabänderlich im Gefolge hat. Nämlich: Massiver Druck von außen, scharfe Reaktionen der inländischen Oberschicht, Gruppenkämpfe innerhalb der „Lohnabhängigen“, institutionelle Hemmnisse für schnellen Wandel. Insgesamt zeigte sich, daß gerade die Doppelstrategie der UP scheiterte.

Ich zitiere wenige, bei allen Interpretationsunterschieden nicht wegzudiskutierende Tatsachen:

### *a. Druck von außen*

Am meisten zitiert und mit Empörung kommentiert wird der von amerikanischen Journalisten aufgedeckte Versuch der ITT bzw. ihres Spitzenmanagements, eine hohe Summe für eine Aktion zur Verfügung zu stellen, die den Antritt Allendes im Präsidentenamt verhindern sollte.[86] Schlimmer als dieser — nicht verwirklichte — Plan waren die konkreten wirtschaftlichen Maßnahmen der großen Konzerne. Die betroffenen Minengesellschaften hatten schon die vorsichtige Nationalisierungspolitik Freis boykottiert und keinen Dollar mehr investiert; trotzdem hatten sie während Freis Regierungszeit 605 Millionen Dollar Gewinne gemacht. Als Allende die „exzessiven Gewinne“ aufrechnete und keine Entschädigung zahlte, übten die enteigneten US-Unternehmer Druck auf den Kupferweltmarkt aus; der Kupferpreis sank auf den tiefsten Stand seit Beginn der sechziger Jahre. Die frühere Besitzerin der Mine El Teniente, der amerikanische Konzern Kennecott, erwirkte vor einem französischen Gericht in Paris die Beschlagnahme eines chilenischen, für Frankreich bestimmten Kupferschiffes und versuchte auf diesem Rechtsweg, Entschädigungen zu erzwingen. Am schädlichsten aber war der Rückgang der ausländischen Kapitalhilfe und das Austrocknen der Kredite. Nohlen resümiert:

„Wägt man die Frage ab, ob ein internationaler Boykott gegenüber Chile bestehe, so sprechen die nackten Zahlen für die These. Chile erhielt seit November 1970 keinen Kredit der Weltbank oder der AID, geschweige denn nordamerikanische Kredite auf bilateraler Basis, die 57% der chilenischen Schuldenlast ausmachen. Allein von der Interamerikanischen Entwicklungsbank BID wurden zwei Kredite in Höhe von insgesamt 10 Millionen Dollar gewährt, während vordem jährlich etwa 60 Millionen Dollar an BID-Krediten nach Chile flossen. Die traditionellen Quellen ausländischer Kredite versiegten somit, zumal auch die privaten ausländischen Kapitalhilfen um 200 Millionen Dollar zurückgingen.“ [87]

Es gab keine militärischen Interventionsversuche von amerikanischer Regierungsseite wie in Kuba oder St. Domingo; aber auch Holden stellt amerikanische Einflüsse in der Weltbank und im IMF fest.[88] Nur wird ihm schwer zu widersprechen sein, wenn er im Hinblick auch auf die von der Allende-Administration offen ausgesprochene „antiamerikanische“ und „antiimperialistische“ Haltung fragt: „What else were they expected to do?“ [89] Nachzutragen ist noch, daß auch die Hoffnung auf die Kredithilfe des Ostblocks sich nicht im erwünschten Maße erfüllte. Chile dürfte nach Angaben Nohlens [90] in den drei Jahren nach der Allende-Regierung nicht mehr als 400 Millionen Dollar Kredithilfe aus den sozialistischen Ländern bekommen haben. Damit stand Chile vor einer wirtschaftlich überaus schwierigen Situation.

Inzwischen hat der amerikanische Präsident Gerald Ford auch direkte CIA-Aktionen mit vielen Millionen Dollars gegen Allende zugegeben. Diese lapidare, ungeheuerliche Tatsache bedarf keines Kommentars.

*b. Reaktionen der inländischen Oberschicht*

Ich habe schon darauf hingewiesen, daß über die strikt antikapitalistische, auf Überwindung privater Verfügungsgewalt über Produktionsmittel gerichtete Tendenz der UP-Politik kein Zweifel bestehen konnte; schon gar nicht bei den Betroffenen. Dazu kam, daß die UP ihre Verstaatlichungspolitik in der Industrie und bei der Kollektivierung auf dem Land nicht exakt eingrenzte und so auch die Besitzer kleinerer oder mittlerer Betriebe verunsicherte.[91] Dies zeitigte die voraussagbaren Folgen: Kapitalflucht ins Ausland, Investitionsbegrenzungen, Produktionsdrosselung, Hortung von Waren.

Besonders im Agrarsektor — in dem es durch die illegalen Landnahmen der revolutionären Gruppen zusätzliche Unsicherheit gab — kam die private Investitionstätigkeit zum Erliegen; die Latifundistas verkauften zum Teil ihr Vieh, um es in Geldkapital umzuwandeln, das leichter „beweglich" ist.[92] Aber auch in der Industrie führten die reduzierten Gewinne zu reduzierten Investitionen — sicher nicht nur aus Liquiditätsgründen; und zwar schon 1971 um 7,7%.[93] Im Kupferbergbau zogen sich nicht nur ausländische, sondern auch chilenische Fachkräfte aus der Leitung und Organisation der Unternehmen zurück; der umfangreiche Wechsel in der Administration — auch übrigens eine unsachgemäße Aufblähung der Verwaltung und Mängel bei der Bedienung der komplizierten Maschinen — führte zu hohen Verlusten, nach Angaben des kommunistischen Verwaltungsdirektors der Mine Chuquicamata allein in dieser Mine 1971 zum Verlust von 60 Millionen Dollar aufgrund „arbeitstechnischer Mängel".[94]

Horst Bieber stellt zusammenfassend fest:

„Allendes Wahlsieg löste prompt eine Kapitalflucht aus; binnen vier Wochen wurden 250 Millionen Mark abgehoben oder auf dunklen Wegen ins Ausland transferiert. Gleichzeitig begann ein Exodus aus den Betrieben und Verwaltungen — Chile mußte schließlich 12.000 Spezialisten entbehren, die durch Funktionäre und Gesinnungstreue nicht ersetzt werden konnten. Wer im Lande blieb, hielt sich bei den Investitionen zurück — nicht zuletzt, weil die Löhne massiv heraufgesetzt, die Preise für wichtige Bedarfsgüter aber eingefroren wurden. In der Oberschicht verstärkte sich die Tendenz, das demokratische System jetzt, da die Volksfront es beherrschte, zu boykottieren oder zu stören."[95]

### c. *Gruppenkämpfe innerhalb der Lohnabhängigen*

Es war aber keineswegs allein der Widerstand der Oberschicht, der der UP Schwierigkeiten machte. Vielmehr erwies sich auch in Chile, daß langfristige gesellschaftspolitische Perspektiven auch viele der Lohnabhängigen, insbesondere Angehörige der Mittelschichten nicht zur — auch nur zeitweiligen — Hinnahme von akuten wirtschaftlichen Nöten bewegen können.

Die soziale Struktur Chiles sieht folgendermaßen aus:

> „Chiles Gesellschaft ist soziologisch durch eine breite Mittelschicht gekennzeichnet. Die Einkommensklassen, die man zur unteren Mittelschicht rechnen kann, machen etwa 34% der Bevölkerung aus. Zusammen mit der oberen Mittelschicht und der Oberschicht bilden sie eine Mehrheit von etwa 53% gegenüber einer Unterschicht, die sich sehr heterogen entwickelt hat und fast zu gleichen Teilen aus lohnabhängigen und selbständigen Arbeitern besteht ... Von besonderer Bedeutung ist, daß Teile der Industriearbeiterschaft ihren Einkommen nach bis in die obere Mittelschicht hineinreichen, so daß ... keine gemeinsame ökonomische und soziale Klassenlage und kein einheitliches politisches Bewußtsein der Arbeiterschaft in Chile existiert.“ [96]

Daß diese Analyse richtig ist, erweisen sowohl der 75-Tage-Streik der Minenarbeiter von El Teniente als auch der Oktoberstreik der Mittelschichten. Die Arbeiterschaft der Kupferminen, besser gewerkschaftlich organisiert als irgendwelche anderen Gruppen, setzte ihre Lohnforderungen durch — und zwar gegen die Lohnleitlinien der Regierung und gegen die Weisungen des Gewerkschaftsbunds CUT. Das trade-unionistische Verhalten der bestbezahlten chilenischen Arbeiter kostete Chile viele Millionen.[97]

Stärker politisch als rein ökonomisch motiviert war der Streik der Mittelschichten im Oktober 1972. Es begann bei den Fuhrunternehmern (überwiegend Kleinbetriebe mit einem oder zwei Wagen), die höhere Tarife verlangten. Wirtschaftsminister Matus konterte dieses Verlangen mit einem Konzept, das das Transportwesen in gemischte, staatlich kontrollierte Unternehmen überführen und so aus der privaten Verfügungsgewalt herausnehmen sollte. Darauf traten die Fuhrunternehmer in den Streik. Obwohl die Regierung ihn sofort als nicht gewerkschaftlich, sondern politisch brandmarkte und scharfe Töne anschlug, solidarisierte sich der Handel, der damit gegen Versorgungsmängel, Interventionen etc. protestierte. Und dann schlossen sich immer mehr Gruppen an: Organisationen der Ärzte und Ingenieure, Richter und Piloten, aber auch viele Einzelpersonen in den Betrieben und Verwaltungen. Nach zwei Wochen Streik und Ausnahmezustand, in der die Versorgung von der Armee aufrechterhalten wurde, mußte Allende Militärs in seine Regierung aufnehmen.[98]

Diese Beispiele können selbstverständlich keineswegs nachweisen, daß es unmöglich wäre, die Mittelschichten auf die Seite der unteren Schichten zu ziehen oder sogar die Oberschicht zu spalten. Sie zeigen nur, daß dies unter dem massiven Druck wirtschaftlicher Schwierigkeiten vor allem dann überaus kompliziert ist, wenn viele Lohnabhängige in eine breite Mittelschicht mit erkennbaren Privilegien integriert worden sind. Diese Entwicklung aber, die schon Bernstein prognostizierte bzw. in Ansätzen feststellte, ist heute in den meisten industrialisierten Gesellschaften Wirklichkeit und muß beim Entwerfen von Strategien für den sozialen und politischen Wandel berücksichtigt werden.

### *d. Institutionelle Hemmnisse für schnellen Wandel*

Chile hat, gemäß der Verfassung von 1925, ein Präsidialsystem. Der Präsident, der vom Volk mit absoluter Mehrheit gewählt wird (wird sie von niemandem erreicht, entscheidet der Kongreß), ernennt nicht nur seine Minister und Staatssekretäre, sondern auch die Intendanten der Provinzen und Gouverneure der Departements sowie drei von fünf Verfassungsrichtern etc. Er hat die Haushaltskompetenz, steuert das System der Löhne und Gehälter im öffentlichen Dienst und hat die Vetomöglichkeit gegen Gesetze, die vom Parlament angenommen wurden. Dieses Veto kann nur mit Zweidrittel-Mehrheit in beiden Häusern überwunden werden.

In dieser Verfassungskonstruktion lag aber auch ein entscheidendes Problem gerade der Präsidentschaft Allendes. Das Parlament (Senat mit 50, Abgeordnetenhaus mit 150 Mitgliedern) beschließt die Gesetze und kontrolliert die Regierung; neben der Haushaltsdebatte steht dem Kongreß vor allem die Verfassungsklage zur Verfügung, die gegen Minister und Präsidenten angewandt werden kann und zur Ersetzung des Angeklagten führen kann. Die UP hatte im Präsidentschaftswahlkampf nur etwas mehr als ein Drittel der Stimmen auf sich vereinigt und war ein Wahlbündnis verschiedener, zum Teil überaus unterschiedlicher Parteien. Im Parlament war die Linke gegenüber der Mitte (DC) und der Rechten in der Minderheit. Auch bei den Parlamentswahlen von 1973 erhielt die UP wieder rund 44% der Stimmen, während das gegnerische Wahlbündnis der CODE, vor allem Christliche Demokraten und Nationale, 54,7% erhielten.

Wichtige Teile der Politik der UP konnten also vom Parlament blockiert werden; so besaß die UP beispielsweise keine parlamentarische Mehrheit für ihre Sozialisierungspolitik im Industriesektor. Nach der Verfassung darf niemand „seines Eigentumsrechtes, eines Teiles desselben oder eines Anspruchs hierauf beraubt werden, es sei denn durch einen Urteilsspruch oder durch eine auf gesetzliche Ermächtigung gestützte Enteignung aus Gründen des öffentlichen Wohls" (Art. 10). Darum entbrannte bald eine harte Auseinandersetzung über die Legitimität der Maßnahmen der Regierung. Der institutionelle Spielraum für Reformen war also weit geringer als das Reformbedürfnis des Landes, geringer jedenfalls als das Reformprogramm der Unidad Popular. Diese Diskrepanz ist geradezu klassisch; sie findet sich nahezu in allen entwickelten Staaten.

Allende verstaatlichte aufgrund eines von einem findigen Juristen ausfindig gemachten Dekrets (Nr. 520) der kurzlebigen sozialistischen Republik von 1931, das niemals außer Kraft gesetzt worden war. Im Oktober 1971 brachten zwei DC-Senatoren eine Verfassungsreform ein, mit der sie die durch verschiedene Maßnahmen — Bindung der Enteignungen nach dem Dekret 520 an später erlassene Normen, Ungültigkeit von Aktienaufkäufen von staatlicher Seite etc. — die Verstaatlichungspolitik bremsen wollten. Beide Kammern verabschiedeten das Gesetz; Allende legte sein Veto ein. Der Streit kulminierte in einer Auseinandersetzung um das Quorum, mit dem das Parlament über das Präsidenten-Veto entscheiden konnte.

Hatte die Opposition recht, die Allende „Verfassungsbruch" vorwarf? Oder Allende, der immer wieder die Legalität seines Vorgehens betonte? Bieber urteilt:

„So unverfroren Allende später versuchte, die Opposition mit Verfahrenstricks, mit 40 Jahre alten Dekreten einer nur 100 Tage alt gewordenen Volkfrontregierung und mit hart an der Grenze der Legalität entlangbalancierenden Repressalien aufs Kreuz zu legen — dem bewußten Schritt in die Illegalität widerstand er, teils aus Sorge vor dem Militär, teils aus Überzeugung. Hilfe fand er bei den (moskautreuen) Kommunisten; seine eigene Sozialistische Partei desavouierte ihn nach Kräften.“ [99]

Ich bin nicht in der Lage, den chilenischen Verfassungskonflikt juristisch zureichend zu beurteilen. Tatsache ist, daß Allende energisch versuchte, die institutionellen Hindernisse für seine Politik zu überwinden, wobei er in Kauf nahm, daß die Opposition ihn — sicherlich nicht ohne Wirkung in der chilenischen Öffentlichkeit — der Verfassungsverletzung bezichtigte. Zusammen mit den illegalen Bewaffnungen links und rechts entstand eine Situation, in der sich auf beiden Seiten des politischen Spektrums die Entschlossenheit zur gewaltsamen Auseinandersetzung festigte.

Und ich betone nochmals: derartige institutionelle Barrieren sind kein chilenisches Sonderproblem. Denjenigen, die *schnell* grundlegende Umwälzungen herbeiführen wollen, stellen sich regelmäßig, zumindest in entwickelten politischen Kulturen, institutionelle („stabilisierende“) Elemente in den Weg.

### e. Doppelstrategie

Man kann durchaus von einer „Doppelstrategie“ der Unidad Popular sprechen; allerdings keineswegs in dem Sinn, wie dies beispielweise die Jungsozialisten meinen, die innerhalb der bestehenden Gesetze operieren wollen. Man muß auch bezweifeln, ob wirklich alle Kräfte der Unidad Popular bewußt gleichzeitig zwei Wege einschlugen: den institutionellen, über die verfassungsmäßigen Einrichtungen (Wahlen, Präsidentschaft, Parlament), und den über die Mobilisierung der Bevölkerung durch direkte Aktionen — auch gegen bestehende Gesetze. Die Kommunisten haben sich dagegen mehrfach eindeutig abgegrenzt.[100] Aber es kann kein Zweifel sein, daß beide Wege von Kräften der Unidad Popular — wenn auch sicher nicht exakt aufeinander abgestimmt — begangen wurden.

In der Unidad Popular gab es von vornherein keine Einigkeit für die strikte Gewährleistung der demokratischen Grundrechte. Kommunisten, Radikale, die sozialdemokratischen Splittergruppen und die Unabhängige Volksaktion traten dafür ein; Allendes eigene Partei, die Sozialisten, hielten die „revolutionäre Gewalt für unvermeidlich und legitim“.[101] Die Sozialisten wiesen Bündnisse mit der DC zurück und beschlossen auf ihrem Parteitag von 1971 in La Serona den ideologischen Kampf auch innerhalb der Unidad Popular; die Stoßrichtung ging gegen die (1971 in die Sozialistische Internationale aufgenommene) Radikale Partei, die sich dann auch spaltete und immer mehr an Einfluß verlor.

Der Druck auf die Institutionen wurde durch Fabrikbesetzungen, Landnahmen und Waffensammlungen auf der Linken organisiert. Es wurden auch landwirtschaftliche Güter unter 80 Basishektar besetzt, die aufgrund des Gesetzes von 1967 nicht einmal enteignet werden durften; die Bestellung und Ansiedlung von Bauern konnte aber mit dieser Geschwindigkeit des Wandels nicht Schritt halten. Über — zuweilen von außen inszenierte — Arbeitskonflikte wurde in Unternehmen interveniert, die eigentlich zur Verstaatlichung nicht vorgesehen waren.[102]

Bieber schildert die Situation so:

> „Die verständliche, aber verhängnisvolle Ungeduld enttäuschter Linker, die Allendes Verfassungstreue mit wilden Land- und Fabrikbesetzungen zu unterlaufen suchten, provozierte Gegenaktionen der Rechten, die auch vor Terror und Mord nicht zurückschreckten. Und beide Seiten waren nicht bereit oder nicht fähig, ihre Extremisten an die Kandare zu nehmen.
>
> Allende jedenfalls konnte es nicht wagen, einen scharfen Trennungsstrich nach links zu ziehen, und mußte aus diesem Grund auch die Verhandlungsangebote der Christdemokraten ausschlagen, die immer noch zu Reformen bereit waren, wenngleich sie die revolutionären Parolen der Linken und die Entwicklung in Richtung auf eine zentral gelenkte Staatswirtschaft als Bruch früherer Zusagen empfanden und dagegen ankämpften. Über 2000 illegale Besetzungen hielten sie der Regierung Mitte 1972 vor; sie verlangten energisch, Allende solle seine radikalen Helfer stoppen. Seine Autorität reichte dazu aber nicht aus.“ [103]

Ich diskutiere hier nicht die Legitimität der einen oder anderen Strategie, obwohl ich meine Option eindeutig klargemacht habe; über die Frage, ob die sozialen Verhältnisse in Chile so gewaltbeherrscht waren, daß sie Gegengewalt erforderlich machten, können nur die Chilenen selbst urteilen. Aber es scheint sich doch eindeutig erwiesen zu haben, daß das Nebeneinander von zwei unterschiedlichen Theorien und Strategien des Übergangs zum Sozialismus sich in Chile, wenn man das *Ziel*, nämlich *demokratischen* Sozialismus, im Auge behält, nicht bewährt hat. Die revolutionären Aktionen erschütterten die Rechtssicherheit; sie verprellten, wie die Kommunisten — in ihrer Terminologie — sagten, „die Verbündeten des agrarischen Proletariats im Kampf um die Agrarform." [104] Sie schufen vor allem all denen ein gutes Gewissen oder jedenfalls eine wirksame Entschuldigung, die sich von rechts — auch gegen die Gesetze — bewaffneten.

Ich kann deshalb der Beurteilung von Boris/Boris/Ehrhardt — allerdings von 1971 — nicht folgen, die die „solidarische Zusammenarbeit der verschiedenen Linksgruppen" für die „beste Gewähr für das Gelingen des chilenischen Weges" [105] erklärten. Erstens war diese „Zusammenarbeit" von Anfang an, im Lauf der Zeit allerdings steigend, keineswegs „solidarisch"; sie konnte es auch nicht sein und ist es praktisch in keiner oder kaum einer linken Bewegung auf der Welt. Ich glaube vielmehr, daß Dieter Nohlen zuzustimmen ist, der sagt:

„... die fundamentalen strategischen Divergenzen in der Politik der chilenischen Linken innerhalb und außerhalb der UP erzeugten die gravierendsten Widersprüche in konkreten politischen Maßnahmen, vor allem im wirtschaftspolitischen Bereich. Solange freie Wahlen durchführbar bleiben, solange der Bruch mit den bürgerlichen Institutionen ... nicht erfolgte und die Bedingungen für die Irreversibilität des Transformationsprozesses nicht erstellt werden konnten, sind beide strategischen Konzeptionen weit davon entfernt, sich gegenseitig zu fördern und damit auch ihren gemeinsamen Kern, den Sozialismus. Unter repräsentativ-demokratischen Bedingungen sind beide Strategien miteinander inkompatibel." [106]

Genauso urteilt — im nachhinein — der frühere kommunistische Senator Volodia Teitelboim. Ich zitiere einen Bericht über eine Pressekonferenz, die er im September 1974 in Warschau hielt:

„Es seien Fehler gemacht worden, gab Teitelboim zu. Der Hauptfehler sei gewesen, daß in der Volksfrontkoalition nicht volle strategische und taktische Einheit geherrscht habe. Es habe nebeneinander *zwei im Grunde antagonistische politische Linien* gegeben. Ein politischer Sektor, zu dem Teitelboim auch sich und seine Partei zählte, habe sich bemüht, die mittleren Klassen zu gewinnen, während andere vom Glauben ausgegangen seien, die Mittelklasse sei zur Revolution verurteilt, und entsprechend das Kriterium für die Nationalisierung auch auf Kleinbetriebe mit vier oder fünf Beschäftigten und kleine bäuerliche Familienbetriebe ausdehnten. Das aber sei nicht die Politik der Volksfront insgesamt, des Präsidenten Allende und der chilenischen KP gewesen.

Ein politischer Sektor, sagte Teitelboim, habe sich von ultrarevolutionärer Phraseologie leiten lassen und die Aufgabe der Revolution in der damaligen Situation Chiles nicht verstanden. Diese habe nicht die sofortige volle Verwirklichung des Sozialismus erfordert, sondern zunächst vor allem eine antiimperialistische und antimonopolistische Politik, die Chile die Kontrolle seiner natürlichen Reichtümer zurückgeben sollte. Teitelboim nannte nicht die politischen Kräfte, gegen die sich dieser Vorwurf richtete, zu bald zuviel gewollt zu haben; es trifft nicht nur auf extremistische Gruppierungen links von der Volksfront zu, sondern auch auf Kräfte in ihr, insbesondere den linken Flügel der Sozialisten, zu dem auch der Generalsekretär Altamirano gehörte.

Teitelboim unterstrich nachdrücklich die Rolle der Vereinigten Staaten bei der Entwicklung, die zur Militärdiktatur in Chile führte. Erstmals habe ein amerikanischer Präsident zugeben müssen, daß der amerikanische Geheimdienst CIA an der Beseitigung einer Regierung eines anderen Landes beteiligt gewesen sei, eine Enthüllung, die Teitelboim mit den Enthüllungen des Watergate-Skandals auf eine Stufe stellte." [107]

Ein Sozialdemokrat, der die Lage in Chile weit besser beurteilen kann als ich und der dem Verdacht der unkritischen Parteinahme mit Sicherheit nicht ausgesetzt sein kann, Hans Matthöfer, urteilt so:

„Dann muß man die Rolle der Ultralinken sehen, die Waffen sammelten und Fabriken besetzten — außerhalb der CUT, des zentralen Gewerkschaftsbundes, der von sich aus bei diesen Besetzungen nie initiativ war —, die groß vom bewaffneten Aufstand und vom Bürgerkrieg sprachen und dann im entscheidenden Moment, als sie die Situation hatten, die sie bewußt herbeiführten oder jedenfalls in Kauf nehmen wollten — den gewaltsamen Zusammenstoß zwischen reaktionären und progressiven Kräften —, nicht aufzutreiben waren, als es wirklich ans Kämpfen ging. Dieses Verhalten ist geschichtlich nicht zu rechtfertigen . . ." [108]

### *f. Fazit*

Was muß man aus all dem schließen? Daß der chilenische Sozialist und Generalsekretär Altamirano recht hat, der sagte:

„Der leninistische Sozialismus kannte und kennt nur eine Bahn, die nichts gemein hat mit freien, geheimen und auf frei zugänglicher Information beruhenden Wahlen. Dieses dumme Geschwätz gehört in die Archive." [109]

Ist Demokratie und Sozialismus unvereinbar?

Ich halte diesen Schluß — den ja nicht nur Marxisten-Leninisten, sondern ebenso Konservative ziehen — für falsch. Abgesehen davon, daß für mich Sozialismus nicht identisch ist mit Sozialisierung und ich Sozialisierung auch nicht für eine notwendige Bedingung des Sozialismus halte, hat das chilenische Drama die Unvereinbarkeit auch von „striktem" Sozialismus mit Demokratie keineswegs „bewiesen". Unter den sozialen Voraussetzungen von Chile — die in Westeuropa allerdings nirgends gegeben sind — hätte sich dort vielleicht auch „strikter" Sozialismus — ohne Zerstörung der Demokratie — durchsetzen lassen; jedenfalls kann dies niemand ausschließen.

„Das chilenische Experiment wurde nicht entsprechend seinen Prämissen ausgeführt. Sein Scheitern bedeutet deshalb nicht, daß das Modell, legal und demokratisch den Sozialismus aufzubauen, gescheitert sei." [110]

Was also lernen demokratische Sozialisten aus dem chilenischen Experiment? Ich sage es in den Worten von Hans Matthöfer:

„Einmal: Als demokratischer Sozialist kann man Transformationen der Strukturen nur im Einklang mit dem Bewußtsein der breiten Masse der Bevölkerung herbeiführen. Man darf sich also nicht überheben, sonst hebt man sich einen Bruch. Das zweite: eine entschiedene oder noch entschiedenere Auseinandersetzung mit den Ultralinken, deren Funktion offenbar darin besteht, demokratisch gewählte Regierungen zu behindern und der Reaktion, die ja noch immer über wichtige Machtpositionen verfügt, Vorwände zum gewaltsamen Eingreifen zu geben. Schließlich: eine klare Erkenntnis des Charakters der Konservativen und der Reaktionäre, die im Moment des Umschlages von einem System ins andere bereit sind, zu Waffengewalt, zu Repression, zu Folter, Mord, Konzentrationslagern, Zensur und Bücherverbrennungen zu greifen, wenn es ihren Zwecken dient. Für diese Leute läuft die Frontlinie nicht zwischen Demokratie und Diktatur, sondern zwischen Sozialismus und Kapitalismus." [111]

Kapitel V

# Die Programm-Diskussion der SPD: Von Godesberg nach Hannover

## 1. DER WEG NACH GODESBERG

Die ersten vier Kapitel dieses Buches enthielten theoretische und strategische Überlegungen, die die Weiterentwicklung des demokratischen Sozialismus allgemein betrafen, allerdings bezogen auf die konkrete historische Situation, die wir heute in Westmitteleuropa vorfinden. Die beiden folgenden Kapitel konzentrieren sich auf eine der vielen sozialdemokratischen Parteien Europas, auf die SPD. Ihre weitere Entwicklung — und damit auch die Entwicklung der Bundesrepublik Deutschland — wird den Weg Europas im letzten Drittel des zwanzigsten Jahrhunderts entscheidend beeinflussen: Es geht um die Entscheidung zwischen einem konservativen und einem sozial-liberalen Europa, d. h. um die Frage, ob dieses Europa noch einmal die Kraft hat, eine Alternative zu entwickeln zwischen dem ungezügelten Kapitalismus der Vereinigten Staaten auf der einen und dem diktatorischen Sozialismus der Ostblockstaaten auf der anderen Seite.

Ich wende mich zuerst der Entwicklung des Programms der SPD zu. Eine konservative Partei kann weitgehend ohne Programm und ohne Programmdiskussion leben; sie will bestehende Wertorientierungen, herrschende Verhältnisse nicht ändern, sondern höchstens modernisieren; sie schwimmt also mit den Urteilen und Vorurteilen der Menschen, wird von ihnen getragen. Anders eine Partei, die gezielte Veränderung organisieren will. Sie muß die Menschen von der Notwendigkeit der Veränderung überzeugen, muß ihnen die Mutlosigkeit gegenüber dem selbstverständlichen Eigengewicht des Etablierten nehmen, muß sie begeistern und ihre Aktivität auf prinzipiell erreichbare Ziele richten. Aus all diesen Gründen hat die Programmdiskussion für die SPD herausragende Bedeutung, wenn man auch nicht dem Irrtum verfallen darf, die heutige Zerissenheit der Partei rühre vor allem von hehren Auseinandersetzungen um hohe Ideale her; sie ist eher eine Konsequenz von nicht durchschauten Machtkämpfen verschiedener sozialer Schichten, die aus psychologischen Gründen nicht miteinander auskommen und ihren Widerwillen gegeneinander ideologisch kostümieren. Aber davon im nächsten Kapitel.

In der SPD beruft sich heute jedermann auf das Godesberger Programm von 1959. Auch diejenigen, die seine Verabschiedung seinerzeit verzweifelt bekämpft haben, benutzen es heute als Grundlage ihrer Argumentation. Dies zeigt, daß das Godesberger Programm weit mehr war als eine taktische Anpassung an bestehende Zustände mit dem Ziel des Machterwerbs; es war auch mehr als die abrupte Aufwallung der Gefühle von Sozialdemokraten, die den Konservativismus des Adenauer-Regimes satt hatten. In Godesberg zog die SPD die Konsequenz aus einer fünfzigjährigen Diskussion; sie beendete den Widerspruch zwischen wortradikaler Theorie und reformistischer Praxis; sie zog endlich die Konsequenzen aus dem, was Bernstein, Vollmar und andere längst formuliert hatten und was seit langem zur Praxis der großen Mehrheit der deutschen Arbeiterbewegung geworden war.

Man mag sich fragen, warum die Deutsche Sozialdemokratie nach dem Zusammenbruch des Faschismus in Deutschland noch 14 Jahre brauchte, um sich neu zu orientieren. Der wichtigste Grund liegt wohl in der außergewöhnlichen Tabula-rasa-Situation, die die Sozialdemokraten vorfanden, als sie aus den Trümmern hervorkrochen oder aus der Emigration zurückkamen. Die Zerstörung von so viel Besitz und Macht, die gewaltsame Verzerrung der Sozialstruktur des Landes durch Nationalsozialismus und Krieg boten scheinbar (wenn man nämlich den Einfluß der jeweiligen Besatzungsmächte vergaß) die Chance eines neuen Anfangs. Und was bietet sich für einen neuen Anfang als Leitidee eher an als der Sozialismus? Selbst die CDU konnte sich seiner Faszination, wie das Ahlener Programm von 1949 zeigt, nicht entziehen.

Erst die historische Entwicklung der Jahre zwischen 1945 und 1959 machte die SPD reif für die programmatische Neuorientierung, für eine neue Definition des demokratischen

Sozialismus und das Bekenntnis zu einer reformistischen Strategie. Auf dem Godesberger Parteitag von 1959 reagierte die Sozialdemokratie auf drei große Herausforderungen: auf das Scheitern eines humanen Sozialismus in den kommunistischen Staaten des Ostblocks, auf die überraschende Elastizität und Widerstandskraft von staatlich beeinflußten Marktwirtschaften und auf die Veränderung der Sozialstruktur der Gesellschaft in der Bundesrepublik seit der Währungsreform.

## 2. DIE HERAUSFORDERUNG VON GODESBERG

### *a. Gescheiterte sozialistische Experimente*

1945 hatte es nach wie vor nur *ein* großes sozialistisches Experiment gegeben: die Sowjetunion. Die europäische Linke kannte den massiven, rücksichtslosen Kampf der kapitalistischen Umwelt gegen das einzige sozialistische Land und war geneigt, viele problematische Entwicklungen innerhalb der Sowjetunion den Gegnern des Sozialismus aufs Konto zu schreiben. Dazu kam die psychologische Wirkung des Überfalls Hitlers auf die Sowjetunion und das Kriegsbündnis mit den Westmächten.

Unabhängig davon hatten die deutschen Sozialdemokraten — schon aus ihrer Erfahrung mit den Kommunisten aus den zwanziger und dreißiger Jahren — gleich nach 1945 eine strenge Abgrenzung gegenüber den Kommunisten praktiziert. Diese Politik wurde in den folgenden Jahren Punkt für Punkt bestätigt: Die Auseinandersetzungen zwischen der Sowjetunion und Jugoslawien, die Enthüllungen anläßlich der Entstalinisierung in der Sowjetunion, die niedergeschlagenen Aufstände in der DDR 1953 und in Ungarn 1956, die Abhängigkeit der „Satellitenstaaten“ von ihrer Vormacht — all diese Entwicklungen *mußten* eine theoretische Diskussion aktuasieren, die in der Sozialdemokratie seit ihren Anfängen geführt worden war: die Diskussion über das Verhältnis von Sozialismus und Demokratie, über die Unverzichtbarkeit auf politische Freiheitsrechte. Die Zeit war reif, das, was als Hypothese des demokratischen Sozialismus längst formuliert war und was die Arbeiterbewegung auch tagtäglich praktiziert hatte, nun auch formell zum Programm zu erheben.

### *b. Die Stabilität marktwirtschaftlicher Mechanismen*

Gleichzeitig erwies sich das kapitalistische Wirtschaftssystem, ergänzt durch ein Instrumentarium staatlicher Interventionen, wie es vor allem John Maynard Keynes entwickelt hatte, als weit krisenfester, als die Marxisten jemals vorausgesehen hatten. Die Entwicklung in den sozialistischen Volkswirtschaften zeigte deutlich, daß auch bei weitgehender Vergesellschaftung der Produktionsmittel entwürdigende Herrschaftsverhältnisse möglich waren, daß Verstaatlichungsprozesse keineswegs automatisch zu neuen Verhaltens- und Kooperationsformen der Menschen führten und daß der Sozialismus keineswegs „alle Springquellen des Reichtums" fließen ließ. Im Gegenteil: die Not — das war jedenfalls die Perspektive der fünfziger Jahre —, die Knappheit war im sozialistischen Teil der Welt größer als in den entwickelten kapitalistischen Gesellschaften.

Es sollte sich — vor allem in den Diskussionen des Hannoverschen Parteitags der SPD 1973 — erweisen, daß die ökonomische Diagnose von Godesberg nicht in allen Elementen aufrechterhalten werden kann. Zwar hat das demokratisch-kapitalistische System die periodischen Überproduktionskrisen überwunden; aber es wird statt dessen von einer schleichenden, weltweiten Inflation heimgesucht. Vor allem war die Hoffnung auf ein ungehemmtes Wachstum der entwickelten Volkswirtschaften, die den Godesberger Parteitag, aber auch die wirtschaftspolitische Praxis des ganzen Jahrzehnts danach noch beherrschte, wohl nicht berechtigt. In jedem Fall hat die Sozialdemokratie 1959 in Godesberg auf empirische Erfahrungen mit zentral geleiteten und marktwirtschaftlichen ökononmischen Systemen reagiert. Das Ergebnis dieser Diskussion war die Zurückstufung der Vergesellschaftung von Produktionsmitteln zu *einem* wirtschaftspolitischen Instrument unter vielen.

### *c. Neue Sozialstruktur*

Vor allem aber hatte sich die Gesellschaft in der Bundesrepublik so verwandelt, wie Bernstein es am Ende des 19. Jahrhunderts vorausgesagt hatte: Die Mittelschichten waren nicht verschwunden, sie waren stark gewachsen. Trotz eines unglaublichen Industrialisierungs- und Konzentrationsprozesses war es nicht so, daß wenige Besitzende einer großen Masse von proletarisierten und eigentumslosen Lohnabhängigen gegenüberstanden; vielmehr hatten eine aktive Arbeiterbewegung und ein interventionistischer Staat die Beteiligung vieler Arbeitnehmer am wirtschaftlichen Wachstum erreicht. Was immer auch die „objektive" marxistische Analyse ergeben mochte — zumindest in ihrem Bewußtsein waren große Teile der „Lohnabhängigen" dem System, unter dem sie lebten, verbunden. Wer vom Mehrheitsprinzip nicht abweichen und trotzdem Staatsmacht ausüben wollte, mußte diese Mittelschichten ansprechen. Die Sozialdemokratie sah sich gezwungen, ihre einseitige Fixierung auf die Industriearbeiterschaft und deren soziales Umfeld aufzugeben und Programme zu entwickeln, mit denen sie auch andere soziale Gruppen ansprechen konnte. Dies führte inhaltlich und soziologisch von der marxistischen Weltanschauungspartei für die Industriearbeiterschaft zur programmgebundenen, grundwertorientierten „Volkspartei" — wobei man auch hier wissen muß: Godesberg war nicht der Anfang dieser Entwicklung, sondern nur ihre programmatische Besiegelung.

Diese drei „Herausforderungen" bestimmten den Godesberger Parteitag; sie schlugen sich nieder in der Debatte zu fünf Problemkomplexen, die meiner Meinung nach entscheidende Bedeutung haben: die Abgrenzung vom Kommunismus, ein neues Verhältnis zur Gesellschaft, insbesondere zu den Kirchen, die Entwicklung von der Weltanschauungspartei zur Volkspartei, die Auseinandersetzung um die Wirtschaftspolitik und um die Landesverteidigung.

Der große Dialog, der über diese entscheidenden Themen auf dem Godesberger Parteitag stattfand, ist heute ebenso packend wie 1959. Seine Protagonisten waren auf der einen Seite, der Minderheit, Peter Blachstein, Willy Birkelbach, Peter von Oertzen, Werner Stein, und auf der anderen Seite, der Mehrheitsfraktion, Adolf Arndt, Heinrich Deist, Willi Eichler, Gustav Heinemann, Waldemar von Knoeringen, Herbert Wehner. Willy Brandt hielt eine umjubelte, allerdings weitgehend auf das Thema Berlin konzentrierte Rede, Helmut Schmidt war einer der Berichterstatter des Parteivorstandes. Das ausgleichende Zentrum war der Vorsitzende, Erich Ollenhauer. Und manche, die man heute kennt, erkennt man in ihren Diskussionsbeiträgen von damals nicht wieder; einer der angeblichen „Väter" des Godesberger Programms, Karl Schiller, war übrigens gar nicht anwesend.

Ich wähle mir aus den damals diskutierten, besonders wichtigen fünf Themen zwei aus, die auch heute in der innerparteilichen Auseinandersetzung um die Programmatik der Partei eine große Rolle spielen: die Entwicklung von der Weltanschauungspartei zur Volkspartei und die wirtschaftspolitische Debatte um Sozialisierung und Demokratisierung. An diesen beiden Themen läßt sich die intellektuelle Spannweite der Godesberger Diskussion gut dokumentieren.

## 3. DIE ANTWORTEN VON GODESBERG

### *a. Von der Weltanschauungspartei zur Volkspartei*

Das Thema schlägt schon der Parteivorsitzende, Erich Ollenhauer, in seiner großen Einleitungsrede an. Er wendet sich gegen den Vorwurf, die Partei wolle ihre sozialistische Tradition preisgeben. Die Diskussion vom sogenannten marxistischen Charakter der SPD solle der Partei von ihrem politischen Gegner aufgedrängt werden. An die Marxisten in den eigenen Reihen gewandt, sagt er dann:

„Die Forderung, das politische Programm von Karl Marx und Friedrich Engels zum Inhalt eines sozialdemokratischen Grundsatzprogramms vom Jahre 1959 zu machen, ist doch im Grunde so unmarxistisch wie nur denkbar. (Beifall.) Wollten wir diesen Vorstellungen folgen, wäre ein Resultat sicher: Wir würden in absehbarer Zeit als Sekte politisch einflußlos werden im politischen Kampf unserer Zeit.

Wir sollten diese Diskussion in unserer Partei nicht immer von neuem aufnehmen und vertiefen. Wir wollen uns an die klare Begriffsbestimmung halten, die uns Kurt Schumacher nach 1945 gegeben hat mit dem einfachen Satz: ‚Der Marxismus ist eine Methode der soziologischen und politischen Erkenntnis und kein Gebäude von dogmatischen Lehrsätzen.‘ (Beifall.) Wir demokratischen Sozialisten sind gerade in der Anwendung dieser Marxschen Methode auf die Untersuchung unserer heutigen gesellschaftlichen Situation und der sich daraus ergebenden Notwendigkeiten und Aufgaben zu dem Entwurf unseres heutigen Grundsatzprogramms gekommen.“ [1]

Noch einmal zitiert Ollenhauer Schumacher — mit dem wohl in der SPD am meisten hin und her gewendeten, auch in diesem Buch schon mehrfach diskutierten Satz über die Prinzipien der Toleranz in der SPD. Ollenhauer sagt:

Auf der anderen Seite ist die Demokratie nur lebensfähig, wenn alle ihre gesellschaftlichen Kräfte bereit sind zur Selbstbeschränkung und zur Toleranz. Die Sozialdemokratie hat in ihrem Programm daraus die Schlußfolgerung gezogen, daß sie als politische Partei nicht den Anspruch erhebt, eine Weltanschauungspartei oder ein Ersatz für die Kirche zu sein. Wir haben in unserem Programm die Vorstellung niedergelegt, die ebenfalls Kurt Schumacher im Jahre 1946 unmittelbar nach dem Wiedererstehen der Partei zum Ausdruck brachte, als er erklärte: ‚Es ist gleichgültig, ob jemand durch die Methoden marxistischer Wirtschaftsanalysen, ob er aus philosophischen oder ethischen Gründen oder ob er aus dem Geist der Bergpredigt Sozialdemokrat geworden ist. Jeder hat für die Behauptung seiner geistigen Persönlichkeit und für die Begründung seiner Motive das gleiche Recht in der Partei.' Die Partei ist in den Jahren seit 1946 weitgehend dieser Auffassung gefolgt, und wir möchten sie hier programmatisch festlegen." [2]

Der erste, der diese Argumentation kritisch, mit gewichtigen Argumenten aufnimmt, ist der Berliner Delegierte Werner Stein, später Wissenschaftssenator in Berlin. Er wehrt sich gegen den im Programmentwurf enthaltenen Satz: „Der demokratische Sozialismus, der in Europa in christlicher Ethik, im Humanismus und in der klassischen Philosophie verwurzelt ist, will keine letzten Wahrheiten verkünden", mit dem Argument, eine solche „Sprechweise" erwecke den Eindruck, „als wenn die sozialistische Bewegung in Deutschland auf den Kanzeln der Kirchen und auf den Lehrstühlen der Universitäten begonnen hätte. Historisch ist das bekanntlich nicht so gewesen". (Beifall.)[3]

Und dann wehrt er sich gegen die Relativierung von Verstaatlichungsprozessen:

„Was wir fordern müssen, Genossinnen und Genossen, und was in diesem Grundsatzprogramm nicht angesprochen ist, ist die Vergesellschaftung des Staates, d. h. aus dem Staat etwas zu machen, von dem jeder Bürger sich als ein Teil empfindet. Ein solcher vergesellschafteter Staat darf dann auch Anspruch erheben, einen Teil der Wirtschaftsprozesse mitzukontrollieren, vielleicht sogar mitabzuwickeln." [4]

Stein ist der Auffassung, daß der Programmentwurf nicht klar und deutlich genug sagt, was die Partei will: Überwindung von wirtschaftlicher Macht durch Verstaatlichungsprozesse. Diese ökonomische Geschichtsauffassung verficht auch Peter Blachstein in seiner direkten Replik auf Erich Ollenhauer:

„Der Genosse Erich Ollenhauer kam heute morgen in seiner Einleitung auch kurz auf das Verhältnis der Partei zum Marxismus zu sprechen. Er hat einen Satz von Schumacher zitiert, nach dem der Marxismus für uns kein Dogma, sondern eine soziologische Methode ist.

Ich glaube, dieser eine Satz reicht nicht aus, um das Verhältnis der Partei zum Marxismus in der Vergangenheit und, für einen Teil der Partei, in der Gegenwart richtig zu kennzeichnen. Ich möchte die Ausführungen von Kurt Schumacher, nachdem er heute morgen hier zitiert worden ist, zu diesem Punkt etwas ergänzen; denn es kann auf diesem Parteitag ganz nützlich sein, sich zumindest einmal an solche uralten Reden zu erinnern. Es hieß damals:

‚Wir haben als Sozialdemokraten gar keine Veranlassung, den Marxismus in Bausch und Bogen zu verdammen und über Bord zu werfen. Einmal wissen ja die Kritiker am Marxismus gar nicht, was Marx ist. Zweitens aber haben die östlichen Entwicklungs- und Entartungsformen des Marxismus gar nichts mit dem zu tun, was die deutsche Sozialdemokratie aus und mit Marx macht. Der Marxismus ist in seinen beiden wichtigsten Formen, der ökonomischen Geschichtsauffassung und der des Klassenkampfes, nicht überaltert, weil er durch die Realitäten bejaht wird. Er ist kein Ballast. Ich erkenne gern an, daß er nicht eine ausschließliche Begründung des Sozialismus ist, auf die jeder Sozialdemokrat hören muß, ich gebe jedem Sozialdemokraten gern das Recht, aus anderen Motiven und mit anderen Argumentationen, vom Philosophischen über das Ethische zum Religiösen her seinen Sozialismus zu begründen. Wenn der Marxismus uns auch kein Katechismus ist, so ist er doch die Methode, der wir, besonders in der Analyse angewendet, mehr Kraft und mehr Erkenntnis und mehr Waffen zu verdanken haben als jeder anderen wissenschaftlichen und soziologischen Methode in der Welt.‘

Ich glaube, es ist notwendig, hier auf diesem Parteitag, zu sagen, daß es nicht um einen persönlichen Spleen einiger Unbelehrbarer geht, daß es nicht um eine private Sache, sondern daß es ums politische Handwerkzeug geht, das wir solange nicht aus der Hand geben sollten, als wir nicht bessere Waffen bekommen. In dem Entwurf, der auf diesem Parteitag zur Beratung steht, ist leider in manchen Punkten ein Verzicht gerade auf diese Methode zu verzeichnen.“ [5]

Die entscheidenden Antworten auf diesen nach wie vor ökonomischen Denkansatz geben dann Herbert Wehner und Waldemar von Knoeringen. Auch Wehner geht in Godesberg — wie Willy Brandt 14 Jahre später in Hannover — von jenem berühmten Schumacher-Zitat aus. Und er sagt:

„Wenn wir diese beiden Sätze zusammennehmen und uns überlegen, wie denn nun ein Grundsatzprogramm der Sozialdemokratischen Partei sein muß und wie es sein kann und wie es nicht sein kann, dann kann es eben — bitte entschuldigt das, ich sage es ganz freimütig — keine marxistische Wirtschaftsanalyse sein und es kann ebensowenig der Versuch sein, das Wollen der Sozialdemokratie lediglich zu motivieren aus Philosophischem oder Ethischem oder aus dem, was Schumacher den Geist der Bergpredigt nannte.“ [6]

Und er fährt wenig später fort:

„Liebe Genossinnen und Genossen, ich bin der Überzeugung, daß marxistisches Denken — ich verstehe es im Geiste dessen, was Ollenhauer von Schumacher zitiert hat — und marxistische Methode für unsere Sozialdemokratische Partei unentbehrlich sind als ein Bestandteil aus einer ganzen Reihe notwendiger Bestandteile. Ich wende mich aber gegen den *Ausschließlichkeitsanspruch,* und zwar wende ich mich dagegen aus bitterer eigener Erfahrung, weil ich der Meinung bin, daß der Marxismus als eine Doktrin weder parteibildend noch im Sinne dessen, was wir als soziale Demokratie und als demokratischen Sozialismus wollen müssen, fördernd sein kann, wenn er als eine Doktrin, als Lehrgebäude, einer Partei als allein gültig aufgedrängt werden sollte. Das liegt in der Natur der Sache. Glaubt einem Gebrannten!“ [7]

Herbert Wehner bleibt aber bei der Ablehnung eines Ausschließlichkeitsanspruchs des Marxismus nicht stehen. Er erweitert — und zwar inhaltlich — die ökonomische Ausrichtung der Politik, die lediglich auf Demokratisierung der *Kapital*macht zielt, auf die allgemeine Demokratisierung des Staates. Knoeringen wird — nach Wehner sprechend — dabei noch weiter gehen.

Wehner sagt, bezugnehmend auf die Argumente Werner Steins:

„Hier wurde gesagt, worauf es ankomme, sei die Vergesellschaftung des Staates. Ich würde um diesen Begriff nicht streiten wollen. Mir scheint, es kommt darauf an — und darum wollte ich bitten, noch einmal nachzulesen, was Ollenhauer darüber gesagt hat —, *den Staat* wirklich bis in die *letztmöglichen Konsequenzen zu demokratisieren* und für die politische Demokratie feste Fundamente durch die Verankerung der Demokratie im Wirtschaftlichen und Sozialen zu schaffen.“ [8]

Und dann entwickelt er eindrucksvoll und in großer Klarheit das Konzept der *Volkspartei,* den „Durchbruch zu einer Demokratie, die sich darauf stützt, daß es in ihr Demokraten gibt“:

„Es ist gesagt worden, für die Arbeiter sei unser Programm zu wenig. Gewiß, ich würde freimütig überall gestehen: Dieses Programm ist, im engeren Sinne verstanden, kein Arbeiterprogramm. Aber es ist nicht ein Programm — wir werden es in den einzelnen Abschnitten beweisen können —, das weniger wäre als ein für die Arbeiter nützliches Parteiprogramm, sondern es ist insofern mehr, als es für die Arbeiterschaft und im weiteren Sinne für die Arbeitnehmerschaft Grundlagen dafür zu schaffen sucht, daß Arbeiter und Arbeitnehmer nicht mehr infolge ihrer Abhängigkeit in der gesellschaftlichen Ordnung Staatsbürger minderer Kraft und minderen Ranges sind, daß für sie nicht nur auf dem Papier der Verfassung steht, daß das gleiche Recht für alle gilt. Wenn man wägen und wählen soll, dann muß ich sagen: Ich halte den Durchbruch zu einer Demokratie, die sich darauf stützt, daß es in ihr Demokraten gibt — und die Sozialdemokraten werden dabei das stärkste, das lebendigste, das zukunftsträchtigste Element stellen —, für entscheidend. Es geht dabei um etwas, das für die Sozialdemokraten auch in Auseinandersetzungen mit anderen sozialistischen Richtungen immer so wesentlich war: die politische Macht zu erringen. (Beifall.) Wozu, Genossinnen und Genossen? Ich möchte es einmal simpel ausdrücken: Damit die Macht im Staat nicht mehr dazu mißbraucht werden kann, die Vorrechte jener zu schützen und immer weiter auszubauen, die über die große wirtschaftliche Macht verfügen. (Beifall.) Dazu bedarf es dieser politischen Macht, und dazu gehört meiner Meinung nach der Appell an den Willen, und der muß über die *Arbeiterschaft* im engeren Sinne hinausgehen. Er muß auch über die *Arbeitnehmerschaft* hinausgehen.

Wir müssen vor der breiten Öffentlichkeit als Partei unter Beweis stellen, daß wir eine allgemeine Ordnung anstreben — darunter verstehe ich den eigentlichen Bereich der Politik —, die keine Schicht und keine Gruppe der Bevölkerung mehr benachteiligt. Das ist der Durchbruch zu einer grundsätzlich anderen Handhabung der Macht im Staat, als es bis heute noch und wahrscheinlich noch eine ganze Weile in diesem Ringen der Fall sein wird ...

Jeder Schritt wirklicher Bewegung, demokratischer Bewegung, Arbeiterbewegung und Arbeitnehmerbewegung ist wichtiger als noch so präzis ausgedachte Programmformulierungen. Ich würde mich gegen ein Programm wenden, das es den Sozialdemokraten erschwert oder gar verbietet das zu tun, was sie als Sozialdemokraten für das Allgemeinwohl und das Wohl des Volkes schlechthin zu tun für notwendig halten, wenn sie die Macht haben. Unser Programm enthält keinen solchen Vorschlag, enthält keinen solchen Riegel, es enthält aber eine ganze Anzahl entscheidender und bis heute vielfach vernachlässigter Ansätze dafür, daß wir zu einer solchen Bewegung kommen, damit unsere demokratische Ordnung durch die lebendigen Demokraten umgestaltet wird zu einer Ordnung, die nicht mehr rückläufig zu einer Kasten-, zu einer Cliquen- oder Klassenherrschaft entwickelt werden kann. (Lebhafter Beifall.)“ [9]

In den letzten Jahren ist of die Behauptung aufgestellt worden, das Konzept der „Demokratisierung der Gesellschaft“ sei erst über die APO, in den Jahren nach 1967, in die SPD „eingewandert“. Schon Herbert Wehners Beitrag stellt diese Behauptung in Frage. Wenn man aber Knoeringens Rede in der „allgemeinen Aussprache“ des Godesberger Parteitags nachliest, wird endgültig deutlich, daß dieses große Konzept schon in Godesberg entwickelt wurde. Knoeringen macht Schluß mit der alten sozialdemokratischen Parole der Weimarer Zeit, die da lautete „Demokratie, das ist nicht viel, Sozialismus ist das Ziel“; er verweist auf den Vorrang des Grundwerts Freiheit vor dem Grundwert Gleichheit. Und er fordert expressis verbis „Demokratisierung des gesellschaftlichen Lebens" — fast ein Jahrzehnt vor der APO — und unter brausendem Beifall der Delegierten des Godesberger Parteitags.

Knoeringen knüpft an die Rede Wehners an:

„Wenn man die Programme der Sozialdemokratischen Partei zurückverfolgt — das muß man sorgfältig tun, um erkennen zu können, was bei dieser Vorlage wirklich erreicht ist —, ist zum ersten festzustellen: hier hat die Sozialdemokratie in ihrem Verhältnis zur Demokratie Aussagen gemacht, die noch in keinem vorhergehenden Programm enthalten sind. Diese Aussagen bedeuten, daß wir die Demokratie anders ansehen, als man sie früher betrachtet hat, nämlich als Mittel, Einfluß auf die Gestaltung des Staates zu bekommen. *Für uns ist die Demokratie heute ein Wert an sich. Das Ziel sozialdemokratischer Politik ist die Verwirklichung der Demokratie auf allen Ebenen der gesellschaftlichen Tätigkeit.* (Beifall.) Darum heißt es in diesem Programm: Sozialismus wird nur durch Demokratie verwirklicht, die Demokratie durch den Sozialismus erfüllt. Genossen, was bedeutet das in seiner Konsequenz?

Das bedeutet in seiner Konsequenz die schärfste Absage an jedes totalitäre System, die schärfste Auseinandersetzung mit der Ideologie des Kommunismus. Das bedeutet aber, liebe Genossen, die ihr hier so stark für die Überführung der Großindustrie in das Gemeineigentum gesprochen habt, in bezug auf die Wirtschaft weit mehr als diese Überführung der Großindustrie. Es bedeutet die gesamte *Demokratisierung des gesellschaftlichen Lebens und auch der Wirtschaft.* (Beifall.) Hier können wir es uns nicht so einfach machen anzunehmen, daß die Erfüllung dessen, was in verschiedenen Anträgen gefordert wird — ich verweise auf den Katalog von Schwerindustrien, die in Staatsbesitz oder Gemeineigentum übergeführt werden sollen —, die Demokratisierung dieses Staates garantieren würde. Dieses Programm schließt die Möglichkeit der Überführung nicht aus. Aber, Genossen, es muß jeweils die Zweckmäßigkeit einer solchen Maßnahme geprüft werden. Ich möchte euch davor warnen, einer Formulierung zuzustimmen, die hier wunderbar klingt, die radikal klingt...

Die Bedrohung kommt nicht von der totalitären Macht des Kommunismus. Sie kommt von der Macht schlechthin, von der Konzentration von Macht, die auch im Besitze des Staates und selbst dort, wo regulative Elemente eingeschaltet sind, ihren negativen Einfluß ausüben kann. Deshalb ist für uns das Wesen der Demokratie so entscheidend." [10]

Der Parteitag folgt mit überwältigender Mehrheit den Argumenten der Reformisten. Er beschließt, daß in der SPD eine „Pluralität" der Begründungen möglich sein soll:

„Der demokratische Sozialismus, der in Europa in christlicher Ethik, im Humanismus und in der klassischen Philosophie verwurzelt ist, will keine letzten Wahrheiten verkünden — nicht aus Verständnislosigkeit und nicht aus Gleichgültigkeit gegenüber den Weltanschauungen oder religiösen Wahrheiten, sondern aus der Achtung vor den Glaubensentscheidungen des Menschen, über deren Inhalt weder eine politische Partei noch der Staat zu bestimmen haben.

Die Sozialdemokratische Partei Deutschlands ist die Partei der Freiheit des Geistes. Sie ist eine Gemeinschaft von Menschen, die aus verschiedenen Glaubens- und Denkrichtungen kommen. Ihre Übereinstimmung beruht auf gemeinsamen sittlichen Grundwerten und gleichen politischen Zielen. Die Sozialdemokratische Partei erstrebt eine Lebensordnung im Geiste dieser Grundwerte. Der Sozialismus ist eine dauernde Aufgabe — Freiheit und Gerechtigkeit zu erkämpfen, sie zu bewahren und sich in ihnen zu bewähren.“ [11]

Gleichzeitig wird das Bekenntnis zum Mehrheitsprinzip im Programm verankert; aber nicht nur das blanke Mehrheitsprinzip, sondern auch ein inhaltlicher Demokratiebegriff — das Konzept der Grundwerte.

Die Sozialdemokratische Partei Deutschlands bekennt sich zur Demokratie, in der die Staatsgewalt vom Volke ausgeht und die Regierung jederzeit dem Parlament verantwortlich und sich bewußt ist, daß sie ständig seines Vertrauens bedarf. In der Demokratie müssen die Rechte der Minderheiten neben den Rechten der Mehrheit gewahrt werden. Regierung und Opposition haben verschiedene Aufgaben von gleichem Rang; beide tragen Verantwortung für den Staat.

Die Sozialdemokratische Partei Deutschlands will in gleichberechtigtem Wettstreit mit den anderen demokratischen Parteien die Mehrheit des Volkes gewinnen, um Staat und Gesellschaft nach den Grundforderungen des demokratischen Sozialismus zu formen.“ [12]

### *b. Die wirtschaftspolitische Debatte: Sozialisierung und Demokratisierung*

Die wichtigste Auseinandersetzung auf wirtschaftspolitischem Gebiet geht in Godesberg — und bis heute — um den Stellenwert der Sozialisierung. Ist die Sozialisierung der entscheidenden Produktionsmittel, gar die „Vollsozialisierung“, eine Grundbedingung der Politik des demokratischen Sozialismus? Ist sie der „entscheidende Hebel“, mit dem die gesellschaftlichen Verhältnisse verändert werden können? Die Delegierten des Godesberger Parteitages haben dieses Thema engagiert und ausführlich diskutiert.

In der Generaldebatte wird es zuerst von Willi Birkelbach aufgegriffen. Er setzt an bei dem Satz des Programmentwurfs des Parteivorstands, in dem es heißt: „Wo mit anderen Mitteln eine gesunde Ordnung der wirtschaftlichen Machtverhältnisse nicht gewährleistet werden kann, ist Gemeineigentum zweckmäßig und notwendig." Die Sozialisierung — das heißt also die Überführung von Produktionsmitteln in Gemeineigentum — ist hier als eines von verschiedenen Mitteln zur Kontrolle wirtschaftlicher Macht konzipiert. Birkelbach sagt dazu:

„Auf der einen Seite sagen wir, daß ... alle möglichen Instrumente vielfältig eingesetzt werden sollen. Ich bejahe das auch. Hilfsweise, wenn es nicht anders geht, bejahen wir auch die Überführung in Gemeineigentum. Ich selber glaube, daß eine schrittweise Annäherung an dieses Problem völlig undenkbar ist. Nach meiner Auffassung kann die Überführung der Großproduktionsmittel in Gemeineigentum nicht eine Randerscheinung, ein hilfsweises Eingreifen sein. Hier geht es um eine der zentralen Machtfragen in unserer Gesellschaft. (Beifall.)" [13]

Peter Blachstein sagt:

„Ich bitte den Parteitag, auch zu bedenken, daß die Behauptung, die Genosse Ollenhauer heute morgen aufgestellt hat mit der Feststellung: Verstaatlichung regelt nicht alle Probleme, doch kein Argument dafür ist, daß die Entmachtung der heutigen Konzerne keine wirtschaftliche und politische Notwendigkeit ist und daß zu Entmachtung durch Enteignung die Kontrolle treten muß. Was im Programm über Kontrolle steht, ist zum Teil ausgezeichnet. Aber es ersetzt nicht das, was vorausgehen muß, nämlich die Schaffung einer neuen wirtschaftlichen Grundlage durch die Beseitigung der privaten Großkonzerne in der Wirtschaft." [14]

Auf diese Diskussionsbeiträge antwortet zusammenfassend der Berichterstatter des Parteivorstandes, Heinrich Deist. Er setzt sich mit allen Anträgen zur Wirtschaftspolitik und auch mit den Diskussionsbeiträgen auseinander. Für den Leser des Godesberger Parteitags-Protokolls wird besonders erstaunlich, wie all die Themen, die dann in den sechziger Jahren bis hin zum Hannoverschen Parteitag 1973 immer wieder diskutiert worden sind, schon in Godesberg zur Debatte standen — und entschieden wurden. Manchen Streit über die Auslegung des Programms hätte die Partei sich sparen können. Sie hätte nur einmal das Protokoll von 1959 zur Hand nehmen müssen.

So ist beispielsweise die Wachstumsdebatte des Hannoverschen Parteitages in Godesberg schon vorweggenommen worden. Schon dem Godesberger Parteitag liegt ein Antrag vor, die Forderung nach „stetig wachsendem Wohlstand" zu streichen, weil sie nicht zu den grundsätzlichen Forderungen der Sozialdemokratie gehören. Deist sagt dazu:

„Genossinnen und Genossen, ich habe mich darüber sehr gewundert. Diese Forderung: Stetig wachsender Wohlstand mit Vollbeschäftigung und Steigerung der Produktion sowie Steigerung des Lebensstandards ist seit einigen zehn Jahren selbstverständlicher Bestandteil aller sozialdemokratischen Programme in den modernen Industriestaaten. Und er ist auch ein Bestandteil der Frankfurter Prinzipienerklärung unserer Internationale vom Jahre 1959. Ich meine, wir sollten uns den Anspruch, daß wir die ersten sind, die wir für steigenden Wohlstand eintreten, nicht nehmen lassen. Seit der großen Wirtschaftskrise der zwanziger Jahre wissen wir, daß wir uns mit krisenhaften Entwicklungen nicht abfinden dürfen, daß es eine Aufgabe der Wirtschaftspolitik ist, solche Entwicklungen zu verhindern. Die Geschichte der letzten Jahre, insbesondere die Preissteigerungen während der sogenannten Überhitzung der Konjunktur, und die Entwicklungen im Ruhrgebiet zeigen uns sehr deutlich, welche entscheidende Aufgabe für die Sozialdemokratie hier gegeben ist."

Und dann kommt auch ganz klar das später im Zusammenhang mit der sogenannten „Doppelstrategie" so heiß umstrittene Thema der „Krise". Deist:

„Man ist immer wieder bemüht, der Sozialdemokratie anzuhängen, daß sie in ihrer ganzen Politik auf die Wirtschaftskrise spekuliere, daß die Sozialdemokratie diejenige Partei sei, die das deutsche Volk in eine Wirtschaftskrise hineinführen werde. Wir müssen demgegenüber überzeugend klarmachen, wenn es in Deutschland irgendeine Partei gibt, die im Interesse der Millionen Menschen, die sich zu ihr bekennen, verpflichtet ist, auf einen stetigen Wirtschaftsaufschwung hinzuwirken, dann ist es die Deutsche Sozialdemokratie. (Beifall.) Die Sozialdemokratie ist keine Partei der wirtschaftlichen Krise, sondern sie ist die einzige Partei, die wirklich in der Lage ist, stetigen wirtschaftlichen Aufschwung zu sichern." [15]

Und dann greift Deist auch das Sozialisierungsproblem auf. Er betont die Notwendigkeit einer planmäßigen Steuerung des Wirtschaftsablaufs. Der Automatismus des Marktes, so Deist, sei nicht geeignet, eine gesunde Entwicklung der Wirtschaft zu sichern. Und er fügt dem hinzu:

„Nachdem wir deutlich gemacht haben, daß die Steuerung des Wirtschaftsablaufs eines der wichtigsten Elemente sozialdemokratischer Wirtschaftspolitik ist, müssen wir auch klarmachen, daß wir sehr wohl wissen, daß derjenige, der mit der Steuerung eine freie Gesellschafts- und Wirtschaftsordnung herbeiführen will, bei der Steuerung des Wirtschaftsablaufs, bei der Wahl der Mittel nicht frei ist. Er darf nur Mittel anwenden, durch die der Weg zu mehr Freiheit und zu mehr Gerechtigkeit in Wirtschaft und Gesellschaft nicht verbaut wird." [16]

Dies bedeutet: Sozialisierung ist *eines* der verschiedenen Mittel, um wirtschaftliche Macht zu kontrollieren und eine Steuerung des Wirtschaftsablaufs in der Gesellschaft herbeizuführen. Deist verteidigt dann den berühmten Satz des Programmentwurfs, in dem freie Konsumwahl, freie Arbeitsplatzwahl, freie Unternehmerinitiative und freier Wettbewerb gefordert werden:

„Genossinnen und Genossen, so wie die Dinge in der heutigen wirtschaftlichen und gesellschaftlichen Situation liegen, scheint es mir notwendig zu sein, das Bekenntnis zur Wahl freiheitlicher Mittel sehr deutlich auszusprechen und zu sagen: Wir wissen, daß es Grenzen für Eingriffe des Staates in die Wirtschaft gibt. Darum, einzig aus diesem Grunde, haben wir in jenem Absatz, der hier vielfach angefochten worden ist, sehr deutlich darauf hingewiesen, daß es — und wie viele — freiheitliche Mittel zur Wirtschaftssteuerung gibt. Darum freie Konsumwahl, darum freie Arbeitsplatzwahl, darum auch freie Unternehmerinitiative, darum auch freier Wettbewerb. Wir wissen, daß nicht nur der Raum für freien Wettbewerb in der Wirtschaft sehr eng begrenzt ist. Wir wünschten, er würde etwas weiter gehalten, als er zur Zeit ist. Wir wissen doch auch, daß der Raum für freie Konsumwahl und für freie Arbeitsplatzwahl in der modernen Wirtschaft sehr stark eingeengt ist. Keine dieser Forderungen ist eine absolute Forderung, sondern es sind Ziele, die wir anzustreben haben." [17]

Und genauso beschließt der Godesberger Parteitag schließlich. Die Anträge, die eine ganz andere wirtschaftspolitische Konzeption vorschlagen, werden gleich zu Beginn des Parteitages — als es nämlich um die Frage geht, welcher Antrag Grundlage der Beratung sein soll — abgelehnt. Der Versuch des Bezirks Hessen-Süd, die Begriffe „freie Unternehmerinitiative" und „freier Wettbewerb" aus dem Programm herauszuhalten (und durch die Begriffe „unternehmerische Initiative und Leistungswettbewerb" zu ersetzen) scheitert, der entsprechende Antrag 138 wird gegen 52 Stimmen abgelehnt. Und auch der Vorschlag, einen Sozialisierungskatalog (Kohle, Stahl, Eisen, Energiewirtschaft, Großchemie, Großbanken, Versicherungskonzerne, Verkehrsmittel) ins Programm aufzunehmen, findet nicht die Zustimmung der Mehrheit — nur 69 Delegierte befürworten ihn. Der Parteitag beschließt folgende Formulierungen:

„Die zweite industrielle Revolution schafft Voraussetzungen, den allgemeinen Lebensstandard stärker als bisher zu erhöhen und die Not und das Elend zu beseitigen, die noch immer viele Menschen bedrücken. Die Wirtschaftspolitik muß auf der Grundlage einer stabilen Währung die Vollbeschäftigung sichern, die volkswirtschaftliche Produktivität steigern und den allgemeinen Wohlstand erhöhen.“ [18]

Zu den „Mitteln“ der Wirtschaftspolitik heißt es:

„Freie Konsumwahl und freie Arbeitsplatzwahl sind entscheidende Grundlagen, freier Wettbewerb und freie Unternehmerinitiative sind wichtige Elemente sozialdemokratischer Wirtschaftspolitik.“ [19]

Zur Eigentumsordnung wird gesagt:

„Das private Eigentum an Produktionsmitteln hat Anspruch auf Schutz und Förderung, soweit es nicht den Aufbau einer gerechten Sozialordnung hindert.“

Genauso deutlich aber heißt es:

„Gemeineigentum ist eine legitime Form der öffentlichen Kontrolle, auf die kein moderner Staat verzichtet ... Wo mit anderen Mitteln eine gesunde Ordnung der wirtschaftlichen Machtverhältnisse nicht gewährleistet werden kann, ist Gemeineigentum zweckmäßig und notwendig.“ [20]

Insofern sind Interpretationskunststücke mit dem Godesberger Programm nicht anzustellen; der Wille der Delegierten ist aus dem Protokoll zu klar ersichtlich. Zwar hat der Parteitag unbestreitbar den Satz beschlossen: „Der Sozialismus erstrebt eine neue Wirtschafts- und Sozialordnung.“ Aber dieser Satz steht in einem Kontext von Analysen und Forderungen, die den Inhalt dieser „neuen“ Wirtschafts- und Sozialordnung hinreichend genau definieren: Ich wiederhole: Nach dem Godesberger Programm ist Sozialisierung ein wirtschaftliches Instrument unter anderen, dessen Zweckmäßigkeit in jedem Einzelfall erneut nachgewiesen werden muß. Der eine Satz des Programms kann an dieser Festlegung nichts ändern.

In einer anderen Formulierung allerdings ist der Keim für künftige Auseinandersetzungen gelegt: Es heißt nämlich im Godesberger Programm:

„Wirksame öffentliche Kontrolle muß Machtmißbrauch der Wirtschaft verhindern. Ihre wichtigsten Mittel sind Investitionskontrolle und Kontrolle marktbeherrschender Kräfte.“ [21]

Was das allerdings ist — Investitionskontrolle —, sagte das Godesberger Programm nicht. Darüber wird auf dem Hannoverschen Parteitag, 14 Jahre später, und in der „Kommission Orientierungsrahmen 85“ die Diskussion entbrennen.

## 4. DIE HERAUSFORDERUNG VON HANNOVER

Bei der Vorbereitung des Parteitags von Hannover 1973 waren in der ganzen Bundesrepublik gewaltige publizistische Strohfeuer angefacht worden. Zu einem Teil war die Aufregung verursacht vom konservativen politischen Gegner, in dessen Interesse es natürlich lag, den Sozialdemokraten die neuen Mittelschichten aus dem Dienstleistungsbereich, denen einschneidende ökonomische Veränderungen zur Zeit gar nicht oder kaum vermittelt werden könnten, abspenstig zu machen. Aber auch die liberale Öffentlichkeit — etwa die „Frankfurter Allgemeine Zeitung“ oder die „Süddeutsche Zeitung“ — befürchtete, daß die Vertreter der „humanistischen Linken“ in der SPD ein allzu großes Stück Macht für sich erringen könnten. Viele der in Gliederungen der SPD oder Arbeitsgemeinschaften verabschiedeten Anträge und viele der in der Zeit vor dem Parteitag gehaltenen Reden schienen ja auch eine scharfe Kurskorrektur der deutschen Sozialdemokratie anzudeuten.[23] So formulierte — um einen profilierten Vertreter der Jungsozialisten zu zitieren — der stellvertretende Bundesvorsitzende der Jungsozialisten, Johano Strasser, in seinem Beitrag zur Strategiediskussion auf dem Jungsozialistenkongreß im März:

> „Es wäre sicherlich müßig, sich in endlose Streitigkeiten darüber verwickeln zu lassen, wer den richtigeren Begriff von Sozialismus besitzt, solange wir in Westeuropa noch nicht einmal die unabdingbare Voraussetzung für den Aufbau des Sozialismus, nämlich die Aufhebung des Privateigentums an Produktionsmitteln, auch nur ansatzweise verwirklicht haben.“ [23]

Und Karsten D. Voigt sagte auf demselben Kongreß:

> „Der amerikanische Dollarimperialismus ist nicht nur ein Problem der Dritten Welt, er ist ebenso ein Problem Westeuropas. Wir Jungsozialisten wollen diesem Dollarimperialismus nicht einen konkurrierenden EG-Imperialismus zur Seite stellen. Deshalb müssen wir die Aufhebung der kapitalistischen Produktionsverhältnisse in der europäischen Gemeinschaft fordern.“ [24]

Der Hannoversche Parteitag hat viele solcher Forderungen abgelehnt, manche präzisiert, andere als Fragen akzeptiert. Er hat die Grundentscheidungen des Godesberger Programms von 1959 bestätigt. Er hat aber auch noch deutlich gemacht, daß all die Forderungen und Fragen, die in der SPD vor dem Parteitag gestellt worden waren, nicht aus Lust am Untergang oder purem Übermut aufgekommen waren, sondern daß sie der Erkenntnis oder (bei manchen auch) der Ahnung entstammten, daß die siebziger und achtziger Jahre mit den Antworten von 1959 allein nicht zu bestehen sein werden. Sicherlich hat sich manch einer, von diesem Problem geschreckt, in eine dogmatisch-marxistische Terminologie geflüchtet und hat statt Lösungsvorschlägen radikale Benennungen angeboten. Aber selbst dies — so wenig es weiterhilft — ist doch eine Reaktion auf das, was Jochen Steffen später in der Debatte des Parteitags den „Problemdruck" genannt hat, der schneller steige als die materiellen Mittel zu seiner Lösung und die technischen Lösungsmöglichkeiten.[25]

Worin bestehen diese Probleme? Ich sehe, wenn ich den Ablauf des Parteitags analysiere, wieder, wie in Godesberg, drei Fragenkomplexe, die für die Zukunft dieser Gesellschaft besonders wichtig sind und die — wenn auch mit unterschiedlicher Intensität und mit unterschiedlichem Problembewußtsein — auf dem Parteitag in Hannover aufgegriffen wurden. Es sind dies erstens die ökologische Krise, zweitens die Wachstumswidersprüche in unserer Wirtschaft, also das Ungleichgewicht zwischen Makroproduktionsstruktur und Makroeinkommensverteilung,[26] und drittens das Problem der Loyalitätssicherung durch Verteilung und Partizipationsangebote.[27] Bei der Lösung aller dieser drei Probleme stößt die Politik heute allerdings an die Grenzen des ökonomischen Systems der Bundesrepublik. Deshalb mußte es in die Diskussion geraten.

### *a. Die ökologische Krise*

Diese Problematik, in der Wissenschaft seit einigen Jahren diskutiert, ist erst in der letzten Zeit, in der Bundesrepublik erst seit 1972, in eine weitere Öffentlichkeit gedrungen. Robert L. Heilbronner formuliert sie so:

„Das Leben auf unserem Planeten ist eine zerbrechliche Angelegenheit, eine Art wunderbarer mikrobischer Aktivität, die auf der dünnen Haut aus Luft und Wasser und verfallendem Gestein gedeiht, die das unbewohnbare Erdinnere von der Leere des Weltraums trennt. Die meiste Zeit in der Geschichte der Menschheit hat man das Vorhandensein dieser Umwelt als selbstverständlich angesehen und die Anstrengungen des Menschen haben sich ihrer ‚Zähmung' gewidmet, das heißt der Veränderung dieser lebensnotwendigen dünnen Schale auf verschiedene Weise, um uns so ein leichteres Überleben zu sichern. Nun sind wir mit betäubender Plötzlichkeit zu der Erkenntnis gekommen, daß die Umwelt keineswegs als selbstverständlich hingenommen werden kann, daß wir uns vielleicht sogar am Rande eines nicht wiedergutzumachenden Verschleißes befinden. Denn wenn die Berechnungen einer Gruppe von Sozialwissenschaftlern und Physikern korrekt sind, braucht es nur weitere fünfzig Jahre des Bevölkerungswachstums und der wirtschaftlichen Expansion mit den augenblicklichen Zuwachsraten, um zu einem Zusammenbruch unserer lebenserhaltenden Umwelt zu führen, was eine Massenhungersnot in einigen Gebieten, den industriellen Zusammenbruch in anderen, eine drastische Verkürzung der Lebenserwartung beinahe überall mit sich bringen würde." [28]

Die von Heilbronner zitierten Berechnungen[29] sind bekanntlich in ihren Voraussetzungen und in ihren Ergebnissen umstritten. Unumstritten aber ist, daß mit dem Bewußtwerden der ökologischen Krise vordergründiger Wachstumsoptimismus ebenso in Frage gestellt wurde wie das Bruttosozialprodukt als Indikator für Lebensqualität. Die Analyse wird zeigen, daß der Parteitag sich den Thesen der Antiwachstumsschule keineswegs angeschlossen hat. Daß das Problem des ökologischen Gleichgewichts aber ökonomische und strategische Fragen gerade im Zusammenhang mit dem „Orientierungsrahmen 85" aufwerfen mußte, ist klar. Wie dringend die Probleme sind und wie notwendig es war, daß die deutschen Sozialdemokraten sie in ihren Meinungsbildungsprozeß aufnahmen, zeigt gerade der Aufsatz von Heilbronner, der sich im Unterschied zu den Vertretern der Antiwachstumsschule mit den Problemen der Durchsetzung beschäftigt hat. Er ist der Meinung, daß die notwendigen Reaktionen in unserem politischen System nur „über das entsetzliche Erscheinen der Anfangsstadien der ökologischen Katastrophe"[30] herbeizuführen sein werden.

„Eine Temperaturumkehr, durch die einige tausend Menschen in New York oder Tokio umkommen, kann veranlassen, daß Autos und Rauch aus diesen Städten verbannt werden; eine erschreckende Steigerung der Kindersterblichkeit, die auf Kunstdünger auf Nitratbasis zurückzuführen wäre, könnte Verbote für chemische Bodenzusätze bringen. Außer wenn wir durch solch furchtbare Dinge angespornt werden, glaube ich nicht, daß die Geschwindigkeit des industriellen Wachstums aus Gründen des Umweltschutzes entscheidend verlangsamt oder daß die Überbelastung der Umwelt entscheidend verringert wird.“ [31]

Der Hannoversche Parteitag der SPD ist der erste groß angelegte Versuch einer deutschen Partei, diese Probleme vielleicht doch ohne jene von Heilbronner prognostizierte Katastrophe zu lösen. Daß dabei dann die Frage der öffentlichen Kontrolle privater wirtschaftlicher Entscheidungen in den Mittelpunkt der Diskussion rücken muß, ist selbstverständlich. Selbst der gemäßigte Amerikaner Heilbronner prophezeit eine „Ausdehnung der öffentlichen Kontrolle ..., die alles, was man bis jetzt im sozialistischen oder kapitalistischen Westen kennt, weit übersteigen wird“.[32]

Der Parteitag war hier vorsichtiger; er hat zuerst Fragen formuliert und sie an die neue „Kommission Orientierungsrahmen“ weitergereicht. Jedenfalls hat er die Problematik in die deutsche Diskussion auf politischer Ebene mit Nachdruck eingeführt.

### *b. Wachstumswidersprüche*

Die wirtschaftliche Entwicklung im entwickelten und demokratischen Kapitalismus geriet aber nicht nur im Hinblick auf die Bewältigung des Umweltproblems, sondern auch in ihrer eigenen Dynamik, in ihren Bedingungen für Gleichgewicht oder Krisen in die Diskussion. Dabei wurde allerdings eines sehr deutlich: Das Problembewußtsein ist bei diesem Fragenkomplex weit weniger ausgeprägt als bei der ökologischen Krise. Aktuelle Anlässe, dieses Thema zu diskutieren, sind vor allem die Arbeitskräfteknappheit und damit zusammenhängend das Problem der ausländischen Arbeitnehmer sowie die in der ganzen westlichen Welt um sich greifende inflationäre Entwicklung. Es geht um die Frage, inwieweit und ob im Kapitalismus eine Harmonisierung von Makroproduktionsstruktur und Makroeinkommensverteilung durch indirekte Finanzinstrumente ohne Zerstörung des Marktes möglich ist. Die These liegt auf dem Tisch, daß unter den heutigen Bedingungen in den wachsenden Volkswirtschaften der westlichen Welt nicht mehr die klassische Überproduktionskrise, die noch Marx diagnostiziert hat, das eigentliche Problem ist, sondern die „Nachfrageinflation“.

Ich habe schon darauf hingewiesen, daß meinem Eindruck nach diese gesamte Problematik auf dem Parteitag sehr viel vager diskutiert wurde als die ökologische Krise. Das Inflationsproblem hat eigentlich nur Helmut Schmidt selbst aufgegriffen und — bisher noch ohne Resonanz — behandelt.[33] Die Diskussion setzte meist sehr allgemein bei dem berühmten „Grundwiderspruch“ zwischen gesellschaftlicher Produktion und privater Aneignung an und führte nur in einigen Beiträgen über die Fragestellungen des späten 19. und frühen 20. Jahrhunderts hinaus zu einer Analyse der im entwickelten Kapitalismus gegebenen Probleme. Die wichtigsten Beiträge lieferte hier die Debatte um eine Vollsozialisierung der Produktionsmittel. Es sind also noch keine Ergebnisse sichtbar, und selbst die Fragen wurden noch nicht mit ausreichender Präzision formuliert. Aber das Thema ist auf die Tagesordnung der deutschen Politik gesetzt und wird nach diesem Parteitag in der SPD auf einer höheren Stufe, also jenseits der plumpen Alternative „Anarchie kapitalistischer Produktion“ oder „zentrale Planungen bei Aufhebung des Privateigentums an Produktionsmitteln“, ansetzen.

### *c. Loyalitätssicherung*

Die demokratisch organisierten Industriegesellschaften stehen, wollen sie die demokratischen Grundfreiheiten nicht aufgeben, vor dem Problem, sich politische Massenloyalität zu sichern — und dies in einer Situation, in der diese Loyalität von weltweiten Krisen auf harte Proben gestellt wird. Einerseits entsteht angesichts der immer komplizierter und für den einzelnen immer ungreifbarer werdenden sozialen und politischen Zusammenhänge bei vielen Menschen ein „Verlust subjektiver sozialer und politischer Rationalität“;[34] der Anspruch der Regierung, legitime Vertretung der Interessen der Staatsbürger zu sein, wird eingeschränkt, es bilden sich Oppositionsgruppierungen mit ganz neuen Wertorientierungen, der Anarchismus lebt wieder auf etc. Andererseits wird der Weg der „distributiven Pazifierung“[35] immer ungangbarer; einmal wird es notwendig sein, das ständige Wachstum des privaten Konsums zu drosseln, um die Umweltgefährdung abzuschwächen und die Entwicklung der Gesellschaft einigermaßen in den Griff zu bekommen, zum anderen könnte es in der Tat sein, daß „die Überzeugungskraft einer Wohlstandsökonomie jenseits einer bestimmten Sättigungsschwelle“[36] versagt, das heißt, daß die materielle Ausstattung bestimmter sozialer Schichten so gut ist, daß eine weitere Besserung der materiellen Situation sie vor rigorosen Sinnfragen, vor rigorosem Protest gegen die technische Zivilisation nicht mehr zurückhält.

Gleichzeitig entsteht das Problem, daß die Demokratisierung der gesellschaftlichen Institutionen nicht im selben Maße vorangetrieben werden kann, wie die Legitimationsbasis bei bestimmten Gruppierungen schwindet. Die objektiven Schwierigkeiten einer Demokratisierung von Industriebetrieben, Hochschulen, Redaktionen etc. bei gleichzeitiger Erhaltung (oder jedenfalls: nur vorübergehender Verminderung) der Funktionsfähigkeit sind nicht von heute auf morgen zu überwinden. Im übrigen stößt die Verwirklichung von Partizipation auf den harten Widerstand betroffener Interessengruppen, auf den Widerstand wirtschaftlicher Macht. So kann es in der Tat zu einer Situation kommen, „in der wachsender Legitimationsbedarf und vermindertes Legitimationspotential immer weiter auseinanderklaffen“.[37]

Auf dem Parteitag wurde dieser Problemkomplex nicht nur bei der Diskussion (und Ablehnung) von Maßnahmen „negativer Disziplinierung“ lebendig — beim Thema „Radikale im öffentlichen Dienst“ —, sondern auch in der Auseinandersetzung um die Rolle des Staates und um die Strategie, das heißt also um das Problem Klassenkampf, Bürgerinitiativen, politische Beteiligung, Demokratisierung etc. Hier wurden am ehesten Themen angeschlagen, die schon auf den vergangenen Parteitagen im Mittelpunkt der Diskussion standen. Die Grundsätzlichkeit, mit der das Problem aufgegriffen wurde, zeigt aber, daß mit der theoretischen Diskussion, von der jetzt ein paar Jahre geredet wurde, nun ernst gemacht wird.

Um keine Zweifel aufkommen zu lassen: die Probleme, die hier gestellt sind, sind natürlich nicht etwa nur Probleme der sozialdemokratischen Partei; es sind Probleme der deutschen Gesellschaft. Die SPD hat sich diesen Problemen gestellt. Das heißt nicht, daß sie überall glaubhafte Lösungen anzubieten hätte. Aber sie hat die Diskussion um diese Themen aufgenommen, während die konservative Seite sich darauf beschränkte, schon diese Diskussion verfassungsfeindlich zu finden. Die Mobilisierung der Ängste des unteren Mittelstandes wird aber nicht ausreichen, um den „Problemdruck" zu bewältigen.

Im folgenden will ich versuchen, die programmatischen Ergebnisse dieses Parteitags am Beispiel der Debatte um den „Orientierungsrahmen 85" zu rekapitulieren. Dazu versuche ich zuerst eine Rekonstruktion der — verstreuten, immer wieder unterbrochenen, für den entfernten Beobachter schwer zusammenfügbaren — Diskussion der drei eben herausgearbeiteten Grundprobleme an fünf Beispielen: am Beispiel der Diskussion um die notwendige „gesellschaftspolitische Analyse", die der Neufassung des Orientierungsrahmens beigegeben werden müsse, am Problem Wachstum, am Problem Investitionskontrolle, am „außenpolitischen Bündnisproblem" und an der Strategiefrage: Konflikt, Bürgerinitiativen, Klassenkampf.

Methodisch sei vorausgeschickt: Hier analysiert kein Unbeteiligter den Parteitag der SPD. Ich war einer der Mitautoren des bayerischen Antrags zum Orientierungsrahmen, der noch in drei anderen Bezirken Diskussions- und Beschlußgrundlage war. Ich war Mitglied der Antragskommission „Orientierungsrahmen 85". Und ich war, als Delegierter der Bundestagsfraktion, an der Debatte des Parteitags selbst beteiligt. Meine Analyse ist also subjektiv, möglicherweise bestimmt von meinen Wünschen, sicher begrenzt von meinen Vorurteilen.

## 5. DIE ANTWORTEN VON HANNOVER

### *a. Langzeitprogramm*

In der Diskussion um den „Orientierungsrahmen 85" oder das „Langzeitprogramm" — schon die Verschiedenheit der Namen ist bezeichnend — bündelte sich im vergangenen Jahr die theoretische Auseinandersetzung innerhalb der SPD. Sie gab die Möglichkeit, die sozialphilosophischen und strategischen Grundfragen einmal auszudiskutieren — und nicht nur in die Diskussion konkreter Einzelkonzepte (zur Medienpolitik, zur Bodenpolitik, zur Vermögenspolitik) implizit einfließen zu lassen. Deshalb läßt sich an der Diskussion um den

Orientierungsrahmen die programmatische Entwicklung der SPD auch am ehesten darstellen.

Natürlich war das „Langzeitprogramm", als es auf dem Saarbrücker Parteitag der SPD 1970 in Auftrag gegeben wurde, ursprünglich als Disziplinierungsmittel konzipiert — als Mittel zur notwendigen Disziplinierung einer Partei, die in allen möglichen Sachbereichen ebenso sinnvolle wie teure Anträge stellte, die insgesamt das vorhandene Sozialprodukt zu übersteigen drohten oder überstiegen. Insofern markiert der Beschluß von Saarbrücken den endgültigen intellektuellen Übergang der SPD von der Opposition zur Regierungspartei — obwohl die Partei damals bereits vier Jahre an der Regierung beteiligt war. Besonders der Konflikt über Forderungen der Bildungspolitiker, einen bestimmten Anteil des Bruttosozialprodukts für das Bildungswesen zu reservieren, führte notwendig zu der Folgerung, gesellschaftliche Bedürfnisse insgesamt zu katalogisieren, zu bewerten und auch in eine finanziell ausdrückbare Relation zueinander zu bringen.

Genau hier setzte aber der Konflikt in der Partei ein, der sich später an der Oberfläche im Streit um den Namen — „Orientierungsrahmen" oder „Langzeitprogramm" — manifestierte. Im Grunde geht es um die erkenntnistheoretische Frage, wie und mit welchen Mitteln die Bewertung der menschlichen Bedürfnisse vor sich gehen soll. Hier setzte der Streit um die Analyse ein, der dann die Monate vor dem Parteitag beherrschte, die Analyse der Gesellschaft nämlich, die dem „technokratischen" Entwurf der Schmidt-Kommission fehle. Die scheinbar vordergründige Auseinandersetzung hat also ihre Wurzel im alten Widerspruch von rationalistischer und marxistischer Erkenntnistheorie.

Der Gedanke, man könne ein umfassendes Rechenwerk über die möglichen und notwendigen Staatsausgaben und die Gesamtentwicklung des Sozialproduktes vorlegen, ohne die programmatischen Grundentscheidungen des Godesberger Programms neu in die Diskussion zu ziehen, mußte scheitern. Einmal aus methodischen Gründen: Die Frage, warum man der Bildung Priorität geben will, verlangt Wertentscheidungen, die man zwar mit dem Grundwertkatalog von Godesberg begründen kann, bei denen man aber den hohen Allgemeinheitsgrad (und die geringe Präzision) dieses Grundwertekatalogs sehr schnell zu spüren bekommt. Und es gibt einen zweiten, einen psychologischen Grund, warum die Programmdiskussion nicht ausgeklammert bleiben konnte: weil natürlich jemand, der die Gesellschaft verändern will und dabei auch das ökonomische System in den Veränderungswillen mit einbezieht, eine Projektion auf das Jahr 1985 schwer aushält, wenn in ihr nicht auch Systemänderungen, die er anstrebt, angesprochen sind. So wurde die Diskussion um den Orientierungsrahmen eine programmatische Diskussion — manchmal, zugegebenermaßen, eine Diskussion um das Programm herum, in den guten Augenblicken der Auseinandersetzung aber durchaus eine echte Programmdiskussion.

Godesberg ist in seinen Grundentscheidungen bestätigt worden. Diese Feststellung konnte man und kann man bis zum Überdruß von allen hören; trotzdem ist sie richtig. Aber Godesberg ist mit Hannover, die Entscheidungen des Godesberger Parteitages 1959 sind mit den Entscheidungen des Hannoverschen Parteitages 1973 auch weiterentwickelt und präzisiert worden. Ich rekonstruiere und kommentiere die Debatte an den fünf meiner Meinung nach entscheidenden Problemkomplexen. Daß schon die Auswahl dieser Probleme subjektiv ist, muß nicht noch einmal besonders betont werden.

### *b. Die gesamtgesellschaftliche Analyse*

Das Thema „Analyse“ wurde, wie überhaupt die meisten theoretischen relevanten Fragestellungen, schon in der Einleitungsrede des Vorsitzenden angesprochen. Brandt ging, wie vor ihm schon Helmut Schmidt, aus von dem berühmten Schumacher-Zitat. Er sagte:

> „Ich adressiere dieses Zitat an einige, die heute wieder Theorie sagen und in Wirklichkeit Ideologie meinen, nämlich ein geschlossenes System der Welt- und Lebensbetrachtung als Ersatzreligion.“ [38]

Zwar schafft die in der SPD beliebte Bezugnahme auf dieses Zitat noch keine Klarheit; aus dem Zusammenhang der Schumacherschen Politik gerissen, läßt es sich auch als Eintrittsbillet für „wissenschaftliche Sozialisten“ in die SPD mißverstehen. Brandt argumentierte aber noch viel konkreter:

> „... einige Kritiker meinen, am ‚System‘ lasse sich nichts ändern, solange die Produktionsmittel nicht sozialisiert seien. Alle Politik, die den

‚Grundwiderspruch' nicht abschaffe, wirke letztlich nur ‚systemstabilisierend'; es sei so nicht möglich, qualitative Änderungen zu bewirken. ... Diese Sicht ist nicht neu. Sie ist jedoch nicht die des Godesberger Programms, das auf die, wie ich meine, Illusion verzichtet, mit einer generellen — und schematischen — Änderung der Eigentumsverhältnisse sei der sozialistische Durchbruch zu erzielen oder aus der Abschaffung von Privatbesitz an Produktionsmitteln ergäbe sich automatisch mehr Freiheit für die Menschen." [39]

Brandt räumte in seiner Rede selbst ein, daß eine Präzisierung der Grundwerte notwendig sein werde. Wichtig sei vor allem die Ablehnung der Vergesellschaftung als des „einzigen Hebels". Wolfgang Roth nahm diesen Fehdehandschuh als erster in der Debatte auf:

„Was für mich entscheidend ist und was von der überwältigenden Mehrheit der Jungsozialisten verstanden und akzeptiert wird, ist die Tatsache, daß das Godesberger Programm auch ein theoretischer Programmkompromiß ist. Das heißt aber, daß das Godesberger Programm die Entwicklung von politischen Konzeptionen auf der Basis marxistischer Analyse ausdrücklich zuläßt ... Ich will damit sagen: Die Jungsozialisten versuchen nicht, ihre Analyse — dazu gibt es schließlich auch noch unterschiedliche Auffassungen — zu verabsolutieren, sondern sie versuchen, sie auf der Basis des Godesberger Programms als Teildiskussion innerhalb dieser Partei zu verstehen." [40]

Dies ist sozusagen die Zustimmung zu den Folgerungen aus dem Schumacher-Zitat. Dann geht Roth auch auf das zweite von Brandt in diesem Zusammenhang angepackte Problem, den „Grundwiderspruch", ein:

„Es geht um die Frage der Legitimation der Herrschaft aus dem Privateigentum über hochkonzentrierte Produktionsmittel. Diese Legitimation bestreiten wir. Wir bestreiten sie nicht aus ideologischen und dogmatischen Gründen, sondern weil wir in dieser Phase unserer Entwicklung erkennen können, was aus mangelnder gesellschaftlicher Kontrolle hochkonzentrierter Produktionsmittel an Krisenerscheinungen in dieser Gesellschaft resultieren kann. Ich glaube, das ist kein dogmatischer Standpunkt, sondern hier wird versucht, aus den Problemen der Gesellschaft wieder eine traditionelle marxistische Analyse zu entwickeln." [41]

Roth akzeptiert also die Hypothese von den Widersprüchen, die das Privateigentum erzeuge; er nimmt diesen Grundsatz aber eben als Hypothese auf, und das bedeutet auch, daß diese Hypothese an der Wirklichkeit scheitern kann oder scheitern könnte. Noch deutlicher wird dies in der Debatte durch Hans-Ulrich Klose formuliert:

„Wolfgang Roth hat gesagt — gefragt —, in dieser Partei müsse doch wohl eine marxistische Gesamtanalyse als Grundlegung des politischen Programms zulässig sein ... Na sicher, kann die Antwort da nur lauten. Aber entscheidend ist doch die Frage, ob uns diese wissenschaftliche Gesamtanalyse weiterbringt. Und da habe ich Bedenken. Ich fürchte nämlich, daß uns diese Gesamtanalyse eher zurückführen könnte zu den Irrtümern eines angeblichen wissenschaftlichen Sozialismus. Man könnte auch von Sackgasse reden. Ich formuliere das im Konjunktiv, will nur meine Bedenken anmerken und darauf hinweisen, daß, wer eine gesamtgesellschaftliche Analyse fordert, immer auch sagen muß, welchen Inhalt sie haben soll und zu welchem Zweck sie erstellt wird ... Diese gesamtgesellschaftliche Analyse ist nicht Voraussetzung für Zielformulierungen. Die gesamtgesellschaftliche Analyse oder Einzelanalysen sind Hilfsmittel, also Instrument, um Realisierungschancen und — Wege politisch vorformulierter, politisch gewollter Ziele zu ermitteln und zu präzisieren. Anders formuliert: Die Analyse ist nicht die Grundlage der Theoriediskussion, kann die eigentliche Diskussion nicht ersetzen. Die Theoriediskussion muß sich beschäftigen mit den Zielen.“ [42]

Die Analyse wird eindeutig nicht verstanden als Deduktion aus letzten Wahrheiten, sondern als Konfrontation von Willenshaltungen — Werten — mit der empirischen Wirklichkeit. Jochen Steffen fügt dem noch den Hinweis auf den innermarxistischen Schulstreit hinzu:

„Die Furcht vor der strikt marxistischen Methode — wenn das noch gestattet ist, Genosse Vorsitzender — sollte eigentlich unter Gesellschaftswissenschaftlern nicht bestehen. Denn für Marxisten gilt Matthäus, Kap. 14 doch wohl nicht: Dort steht: ‚Der Streit in den Häusern zerstöret die Häuser‘. Für das Gedeihen des Hauses Marx ist der Streit in demselben, glaube ich, die Voraussetzung. Es gibt ja sehr viele miteinander im Streit liegende marxistische Richtungen. Und wenn man, je nach seinem Marx-Verständnis, ihn von vornherein als ständig revisionistisch begreift, d. h. sich selbst ständig in Frage stellend und verändernd, kann das gar nicht anders sein.“ [43]

Das Ergebnis dieser Debatte ist der Beschluß des Parteitages zum Orientierungsrahmen, der auf den Vorschlag der Antragskommission zurückgeht. In diesem — zum Schluß einstimmig akzeptierten — Antrag heißt es:

„Das Godesberger Programm ist das gültige Grundsatzprogramm ... Der Orientierungsrahmen hat nicht die Aufgabe, das Godesberger Programm zu ersetzen ...“ [44]

Und weiter:

„Der Parteitag geht davon aus, daß die Grundwerte des Godesberger Programms — Freiheit, Gerechtigkeit und Solidarität — im Hinblick auf die seit 1959 neu in Erscheinung getretenen Probleme, Konflikte, Herrschaftsverhältnisse, Verhaltensweisen und Werthaltungen zu präzisieren und konkretisieren sind. Für den Orientierungsrahmen kommt es darauf an, dies in den einzelnen Bereichen zu verdeutlichen. Es soll gezeigt werden, wie eine Vielzahl einzelner Maßnahmen Schritt für Schritt die Gesellschaftsordnung in Richtung auf mehr Freiheit, mehr Gerechtigkeit und mehr Solidarität verändert." [45]

Genauso deutlich aber wird eine Analyse — wenn auch keine „strikt marxistische" — verlangt:

„Ausgehend von den bestehenden Strukturen und den bereits eingetretenen Fehlentwicklungen soll die Kommission analysieren, welche gesellschaftlichen Entwicklungen zu erwarten sind, wenn die gegenwärtig wirksamen Trends fortgeschrieben, also nicht durch bewußte politische Entscheidungen in eine andere Richtung gelenkt werden. Auf der Grundlage dieser Analyse sind Alternativen zu erarbeiten, die — orientiert an den Zielsetzungen und Wertvorstellungen des demokratischen Sozialismus — auf eine Steigerung der Lebensqualität hinzielen. Davon ausgehend sind präzise Aufgaben in den einzelnen Bereichen zu formulieren." [46]

Als Ergebnis der Diskussion ist also folgendes festzuhalten: Einmal hat der Parteitag ohne Zweifel die von der Basis der Partei her erhobene Forderung bestätigt, daß die Diskussion um die Grundwerte des Godesberger Programms und die Diskussion um den Orientierungsrahmen nicht voneinander getrennt werden können. Auf der Basis der Godesberger Grundentscheidungen muß also die „Sozialtheorie", der die SPD folgen will, weiter ausgearbeitet werden. Theorieloses positivistisches Dahinwursteln (das allerdings mit kritischem Rationalismus nach dem Konzept Poppers gar nichts zu tun hat) hat der Parteitag eindeutig verworfen.

Ebenso deutlich sind aber die verschiedenen Motivationen bestätigt worden, aus denen heraus man Sozialdemokrat sein kann. Dies heißt, daß nach dem Willen des Parteitages von Hannover eine dogmatisch-marxistische Analyse — die allerdings auf dem Parteitag weder von Steffen noch von irgendeinem anderen wichtigen Vertreter des linken Parteiflügels gefordert worden ist — für die Partei keinesfalls verbindlich gemacht werden kann.

Man wird sogar, ohne die Debatte des Parteitages allzu sehr überzuinterpretieren, feststellen können, daß ein Sozialismus, der sich als „wissenschaftliche" Einsicht in den „objektiven" gesellschaftlichen Entwicklungsprozeß begreift, in der SPD heute keine Chance und Berechtigung hat. Das kann nicht heißen, daß es unter der Million Sozialdemokraten nicht manche gibt, die ein „emotional verwurzeltes Gewißheitsbedürfnis“[47] dazu treibt, bestimmte Hypothesen, etwa von Marx und Engels, kompromißlos zu dogmatisieren. Der Hannoversche Parteitag müßte ihnen aber klar gemacht haben, daß sie in der falschen Partei sind.

### *c. Wachstum*

Einen weiten Raum in der Auseinandersetzung um den Orientierungsrahmen vor dem Parteitag nahm die Frage des Wachstums ein; kurz nach Veröffentlichung des ersten Entwurfs der Schmidt-Kommission war durch das Buch von Denis Meadows die MIT-Studie in der Bundesrepublik bekannt geworden. Der Vorwurf des Wachstumsfetischismus war deshalb der Kommission mehrfach und unverblümt gemacht worden.

Am besten formuliert ist die — in der Parteidiskussion häufig allerdings viel trivialere — Wachstumskritik bei den Jungsozialisten.[48] Dort wird vor allem der Zusammenhang von ökonomisch-privaten Bedingungen und politisch-parlamentarischen Zielsetzungen problematisiert. Anders ausgedrückt: es wird darauf hingewiesen, daß der Wachstumsprozeß abhängig von der Investitionsbereitschaft der Unternehmer ist, und es wird die Befürchtung geäußert, daß eine Wachstumsrate, wie sie der Entwurf der Schmidt-Kommission vorsieht, notwendig grundlegende Veränderungen der Gesellschaftsstruktur ausschließe, weil der Staat die Investitionsbereitschaft der Unternehmer bei einer solchen Wachstumsrate nicht gefährden dürfe. So heißt es:

„Wenn, wie behauptet wird, die Wirtschaft nur im Wachstum funktioniert, es also keine Alternative gibt, so schafft der Wachstumsprozeß nicht mehr Freiheiten, sondern baut im Gegenteil Freiheit ab, da er zu einem Zwangsprozeß geworden ist.“ [49]

„Die Hoffnung, erhöhtes Wachstum führe zu einem sozialen Gleichgewicht, wird zur schönen Illusion.“ [50]

Und vor allem:

„Wachstum ist die Friedensformel im Verteilungskampf.“ [51]

Vor allem hier ist ein wesentliches Argument angesprochen: die Pazifizierungsfunktion des Wachstums. Begrüßt man diese „Funktion"? Lehnt man sie ab?

Die Diskussion auf dem Parteitag über dieses Thema war schon durch eine der Begrüßungsreden wesentlich bestimmt. Bekanntlich hatte ja der Deutsche Gewerkschaftsbund schon vor Veröffentlichung des Entwurfs für den Orientierungsrahmen eine Wachstumsprojektion publiziert, die noch von höheren angestrebten Wachstumsraten ausging als der Schmidt-Entwurf. Genau darauf ging der DGB-Vorsitzende, Heinz-Oskar Vetter, in seiner Begrüßungsrede ein:

„Ich möchte an dieser Stelle jedoch davor warnen, daß — gewollt oder ungewollt — die Qualität des Lebens gegen die Quantität des Lebensnotwendigen ausgespielt wird. Gegenüber allem Gerede von der Konsum-, Wohlstands- oder gar Überflußgesellschaft habe ich darauf hinzuweisen, daß nach wie vor große Teile der Arbeitnehmerschaft weniger als 1.000,— DM im Monat verdienen. Ich meine, mit einer Verzichtsethik, wie sie von manchen Stellen gepredigt wird, können wir nichts anfangen." [52]

Man kann überspitzt sagen: Dabei blieb es. Schon Jochen Steffen — als erster Diskussionsredner nach Willy Brandt — wirft das Thema auf; aber nicht im Sinne einer strikten Antiwachstumsschule, sondern differenziert, kritisch gegenüber einem bloß quantitativen Wachstumsprozeß, hinweisend auf die Notwendigkeit qualitativen Wachstums:

„Warum wollen und müssen wir ... die Machtfrage in dieser Gesellschaft stellen und die Frage auch nach der Qualität, nämlich nach der Demokratisierung? Weil wir, glaube ich, alle erlebt haben, daß wir mit dem quantitativen Wachstum eines technischen oder kapitalistischen Kapitalverwertungsprozesses zwar viele alte Probleme lösen konnten — das soll ja auch nicht verkleinert werden —, daß wir aber gleichzeitig neue und bedrückende Probleme für die Menschen und ihre Existenz als Menschen erzeugen. Und da haben wir nun einige dieser Probleme zu nennen: die fortwirkende Tendenz zu riesigen Ballungsgebieten mit Wohnlandschaften, die menschenunwürdig zu werden drohen auf der einen Seite, und auf der anderen Seite die Entstehung von zu dünn besiedelten oder gar verlassenen Gebieten. Gleichzeitig haben wir den drohenden Kollaps unseres jetzigen Verkehrssystems zu sehen. Wir haben zu sehen die existentielle Bedrohung der Menschen durch die Vergiftung von Wasser, Boden und Luft. Wir haben das Problem der Gastarbeiter mit der Tendenz, daß sich daraus ein neues Unterproletariat entwickelt, wie wir es in der fortschrittlichsten Industrienation beobachten können. Auch darauf ist hier hingewiesen worden. Und wir haben die Erschöpfung der natürlichen Ressourcen und der Rohstoffe zu sehen." [53]

Die Antworten kamen vor allem vom Arbeitnehmerflügel; sie hielten sich auf der gleichen Linie: differenziertes Wachstum. So Herbert Ehrenberg, früher der Theoretiker der Industriegewerkschaft Bau, Steine, Erden, heute Bundestagsabgeordneter:

„Trotzdem muß gerade hier auf diesem Parteitag davor gewarnt werden, nach der überzogenen Wachstumseuphorie der fünfziger Jahre jetzt in eine Art Antiwachstumsfetischismus, ja, fast so eine Art Zurück-zur-Natur-Bewegung zu verfallen ... die beispiellose Rekordbilanz der Verbesserung der sozialen Sicherung in diesem Lande ... wird sich nur dann halten lassen, wenn wir die Vollbeschäftigung aufrechterhalten. Die Vollbeschäftigung wird sich aber nur bei kräftigem wirtschaftlichem Wachstum aufrechterhalten lassen. Das kann nicht heißen: Wirtschaftswachstum um jeden Preis. Es muß sogar heißen: ein differenziertes, immer mehr auf öffentliche Bedürfnisse abgestelltes wirtschaftliches Wachstum. Aber mit dieser Differenzierung müssen wir diese Diskussion führen, und es muß deutlicher, als es in der Wachstumsdiskussion oft zum Ausdruck kommt, gesagt werden, daß öffentliche Investitionen mindestens genauso wachstumswirksam sind wie viele private Investitionen, ja daß sie häufig sogar noch wachstumswirksamer sind. Auch der Bau von Kläranlagen und Luftfiltern, von Laboratorien zur Erforschung neuer Elektromotoren sowie die Forschung für einen besseren Nahverkehr sind notwendige Bestandteile des wirtschaftlichen Wachstums. Daher kann es in unserer Wirtschaftspolitik nicht darum gehen, das Wachstum zu begrenzen, sondern wir müssen Jahr für Jahr neu versuchen, die Wachstumsmöglichkeiten voll auszuschöpfen ... : weg von den privaten Investitionen, hin zu einer Vergrößerung des Anteils der öffentlichen Investitionen.“ [54]

Und Helmut Rohde, Vorsitzender der Arbeitsgemeinschaft der Arbeitnehmer in der SPD:

„In die Überlegung über das Wachstum ist auch unsere handfeste Erfahrung einzubeziehen, die wir gemacht haben, daß nämlich mit Wachstumsprozessen von uns auch ständig Prozesse sozialer Reformen verbunden werden konnten. Bei Nullwachstum oder gar bei Minuswachstum hat stets die Gefahr der sozialen Demontage bestanden. Eindrucksvoll war dafür das Beispiel der Rezession, in der Vollbeschäftigung und soziale Sicherungen demontiert worden sind.“ [55]

Das Fazit des Parteitages, beschlossen auf Grund des Vorschlags der Antragskommission, lautete:

„Wachstum ist kein Selbstzweck, Wachstum ist ein Mittel zur Durchsetzung unserer Politik ... Ein schlüssiges Programm sozialer Reformen kann auf wirtschaftliches Wachstum nicht verzichten; ohne wirtschaftliches Wachstum wäre unser Programm zum Scheitern verurteilt. Die Produktion von Gütern und Leistungen muß im Interesse der sozial und ökonomisch schwächeren Schichten unseres Volkes gesteigert werden. Der Wunsch der arbeitenden Menschen nach vermehrter Freizeit ist berechtigt. Die bisherige wirtschaftliche und gesellschaftliche Entwicklung hat jedoch immer schärfere Grenzen und Gefahren, z. B. Luftverpestung, Verkehrsinfarkt der Städte, Vergiftung der Gewässer, in den Vordergrund gerückt, die eine ausschließliche Orientierung an einem bloß quantitativen Wachstum mit sich bringen würde. Die natürlichen Rohstoffe und Hilfsquellen sind begrenzt. Produktion und Konsum müssen unter bestimmten Umständen zugunsten z. B. der Erhaltung der natürlichen Lebensgrundlagen und der Durchsetzung einer humaneren Arbeitswelt zurücktreten. Die Kommission soll deshalb prüfen, welche Formen wirtschaftlichen Wachstums, insbesondere welche Steigerungen der Produktivität der höheren Lebensqualität dienen." [56]

Mit der Ablehnung der Thesen der Antiwachstumsschule war aber das Problem der neu zu schaffenden Instrumente zur Beeinflussung des Wachstums mit um so größerer Dringlichkeit gestellt. Auf dem Parteitag wurde es unter dem Stichwort Investitionskontrolle diskutiert.

### *d. Investitionskontrolle*

Brandt selbst griff das Thema auf:

„‚Godesberg' nennt die Investitionskontrolle als Mittel der Kontrolle des Machtmißbrauchs der Wirtschaft. Dieses Thema, über dessen Schwierigkeit wir uns nicht täuschen sollten, ist immer wichtiger geworden." [57]

Brandt verweist dann auf den Vorschlag der Antragskommission, der später auch verabschiedet wurde, und fährt fort:

„Dabei denkt die Kommission — und das ist sehr bedeutsam — nicht an eine Detailplanung der privaten Investitionen, sondern daran — ich zitiere wieder —, ‚den Investitionen steuernde Rahmenbedingungen vorzugeben'. Investitionslenkung — wir beginnen ja nicht auf der grünen Wiese — praktizieren wir heute in der Regional- und Strukturpoltik, beim Umweltschutz und beim Wohnungsbau, bei der Forschung, beim Bergbau, in der Landwirtschaft. Es geht also längst nicht mehr um ein grundsätzliches Ja oder Nein zur Frage der Investitionssteuerung; es handelt sich nicht mehr um das Ob, sondern um das Wie." [58]

Am Begriff „Investitionskontrolle" entlädt sich die zentrale Meinungsverschiedenheit, die auch nach dem Parteitag von Hannover zwischen der Mehrheit und einer Minderheit weiter bestehen wird.

Die Minderheit versteht unter „Investitionskontrolle“ eine weitgehende Aufhebung der privaten Verfügungsgewalt über Produktionsmittel und weitgehende Möglichkeiten zu zentraler Detailplanung.[59]

Bei der Parteitagsmehrheit gibt es solche, die die Auffassung vertreten, daß die Möglichkeiten zur Setzung von Rahmenbedingungen für die privaten Investitionen schon durch die Regionalpolitik, durch Baugenehmigungen etc. weitgehend ausgeschöpft sind; andere hoffen, daß weitere Instrumente entwickelt werden können.

Aber man muß sich klar sein, daß der Godesberger Formelkompromiß zur Investitionskontrolle in Hannover nur erneuert und in einen Auftrag an die neue Kommission gekleidet worden ist; eine Klärung konnte nicht stattfinden. Was allerdings unbestreitbar stattgefunden hat, ist dies: Der Parteitag hat das Thema, das in der „Ära Schiller“ ein Jahrzehnt lang heruntergespielt worden war, energisch wieder in den Vordergrund gerückt. Obwohl also keine neuen Entscheidungen über Godesberg hinaus fielen, hat die Diskussion des Orientierungsrahmens in Hannover doch erreicht, daß dieses Thema wieder auf die Tagesordnung des demokratischen Sozialismus in der Bundesrepublik gesetzt worden ist.

Allerdings: die eben konstatierte Meinungsverschiedenheit existiert nicht etwa zwischen dem, was man im allgemeinen — und oberflächlich — „linker Flügel“, „Mitte“ und „rechter Flügel“ nennt. Das Interessante ist gerade, daß — ohne daß irgend jemand Lösungen anbieten könnte — sowohl von Oertzen und Eppler als auch Vogel und Klaus-Dieter Arndt, die eine oberflächliche Tagespublizistik gern zu gänzlich verschiedenen Gruppierungen in der SPD zählt, in dieser Frage ähnliche Positionen vertraten. Diese Positionen lassen sich kurz zusammenfassen: Die Entwicklung weiterer Instrumente zur Steuerung privater Investitionen ist notwendig, die Entscheidungen über Investitionen müssen aber weiterhin dezentral fallen; Sozialisierungen mögen im Einzelfall sinnvoll sein, sind aber keine Patentlösung; eine bürokratische zentrale Planung für Investitionen wird abgelehnt; der öffentliche Korridor der Staatsausgaben — und damit der öffentliche Einfluß auf Investitionen — muß entscheidend erweitert werden.

So Horst Ehmke in der Diagnose:

„Eine Gesellschaftsordnung, in der jeder Privatmann, möglichst noch mit Eurodollars, beliebige Investitionen machen kann, Verschleißproduktion, umweltfeindliche Produktion usw., und dann, wenn die Konjunktur überschäumt, werden die öffentlichen Mittel für Kindergärten, Schulen und Krankenhäuser gestrichen — eine solche Gesellschaftsordnung ist weder gerecht noch vernünftig.“ [60]

Jochen Vogel zur Vollsozialisierung:

„Es ist doch nicht wahr, daß Gesellschaftsordnungen mit voller Vergesellschaftung der Produktion, in welcher Form auch immer, auf die Herausforderungen unserer Zeit bessere Antworten zu geben vermögen, als es andere Ordnungen tun. Ist bei ihnen etwa die Umweltgefährdung und die Neigung, der Produktion zuliebe die natürlichen Reserven zu zerstören, geringer? Ist das Verstädterungsproblem dort weniger drückend? Sind die Fixierung auf das Wachstum und der daraus folgende Leistungszwang dort weniger stark als in anderen Ordnungen? Nichts von alledem! Die Industrie verschmutzt auch dort die Seen. Man baut die überflüssigen Überschallflugzeuge weiter, die andere Länder eingestellt haben ...“ [61]

Und ganz ähnlich Peter von Oertzen:

„Laßt mich in diesem Zusammenhang noch einmal die Gefahr, daß Gegensätze in unserer Partei nicht ernst genommen werden, an einem Beispiel verdeutlichen, und zwar an dem Beispiel der programmatischen Äußerungen, die auf dem letzten Bundeskongreß der Arbeitsgemeinschaft der Jungsozialisten gemacht worden sind. Dort hat der Genosse Johano Strasser in seinem Strategiereferat in einer Auseinandersetzung mit nichtdemokratischen Tendenzen erklärt, die Aufhebung — ich sage *die* Aufhebung — des Privateigentums an Produktionsmitteln sei für ihn *die* unabdingbare Voraussetzung für den Aufbau des Sozialismus. Genossinnen und Genossen, vom Standpunkt eines konsequent marxistisch verstandenen Sozialismus ist das eine völlig klare und folgerichtige Aussage ... Es ist aller Ehren wert, ihn so klar zu vertreten, und es muß, wenn er in der Form einer demokratischen Gesellschaftsordnung vertreten wird, erlaubt sein, diese Auffassung von Sozialismus in unserer Partei frei und ohne Scheu zu diskutieren und zu vertreten. Zugleich aber müssen wir uns darüber im klaren sein, daß dieser Begriff des Sozialismus, nämlich der umfassenden Vergesellschaftung *aller* Produktionsmittel, nicht der Sozialismusbegriff unseres gegenwärtigen Grundsatzprogramms ist.“ [62]

Die Gegenposition ist auf dem Parteitag — angesichts der in diesem Zusammenhang klaren Mehrheitsverhältnisse — nicht immer so klar geworden wie in manchen Debatten vor dem Parteitag. Trotzdem wurde sie nicht etwa aus taktischen Gründen einfach verschwiegen. So sagte Adalbert Wiemers:

„Der kapitalistische Produktionsprozeß beruht auf der freien Investitionsentscheidung der Kapitaleigner, die damit die größtmögliche Rendite erzielen wollen. Diese chaotische, da nicht koordinierte, nicht an den Gesamtinteressen orientierte Methode der Kapitaleigner erzeugt neue und nur von der Gesellschaft zu lösende Probleme; Beispiel: Umweltschutz, Wohnungsbau, Verkehrspolitik. Eine vernünftige Steuerung gesellschaftlicher Entwicklungsprozesse ist in diesem kapitalistischen System auf die Dauer unmöglich. Unsere Aufgabe als Sozialdemokraten ist es, die privaten Investitionen am volkswirtschaftlichen Nutzen zu messen." [63]

Die Entscheidung des Parteitages war eindeutig. Die (einstimmig beschlossene!) Ziffer 18 des Antrags der Antragskommission zitiert zuerst nochmals den berühmten Kompromiß des Godesberger Programms, in dem Investitionskontrollen, Wettbewerb durch öffentliche Unternehmen, Gemeineigentum, aber auch freie Konsumwahl, freier Wettbewerb und freie Unternehmerinitiative nebeneinander stehen. Dieses Zitat, also die Wiederaufnahme der Godesberger Formulierung in den Beschluß des Hannoverschen Parteitags, stammt aus dem bayerischen Antrag. Der Versuch, der noch auf dem bayerischen Landesparteitag gemacht worden war, dieses Zitat — eben wegen der Nennung der freien Unternehmerinitiative, des freien Wettbewerbs und der freien Konsumwahl — zu streichen, wurde in Hannover schon gar nicht mehr wiederholt. Es kam — wie übrigens auf dem Godesberger Parteitag mit dem damaligen Antrag 138[64] — ein Antrag von Hessen-Süd, den Rudi Arndt begründete. Dieser Antrag verlangte diesmal aber keine Streichung, sondern lediglich eine Präzisierung.[65] Im übrigen verlangt der Beschluß eine genaue Prüfung, wie Investitionskontrollen institutionalisierbar seien.

Der Beschluß des Parteitages lautet in seinem Punkt 18:

„Das Godesberger Grundsatzprogramm hat Investitionskontrollen, Wettbewerb durch öffentliche Unternehmen und — wo notwendig — Gemeineigentum im Bereich der Großwirtschaft als Mittel zur Bändigung wirtschaftlicher Macht und vereinbar mit freier Konsumwahl, freiem Wettbewerb und freier Unternehmerinitiative gekennzeichnet. Die Kommission wird daher beauftragt, zu untersuchen,

— wie das Instrumentarium der Planung und Koordinierung aller wichtigen privaten Investitionsentscheidungen unter sektoralen und regionalen Gesichtspunkten ausgebaut werden kann, um den Allgemeininteressen Vorrang vor einzelnen Interessen zu sichern. Dazu müssen den privaten Investitionen steuernde Rahmenbedingungen vorgegeben werden. Es kommt darauf an, gesellschaftlich unerwünschte Ergebnisse des marktwirtschaftlichen Selbststeuerungsprozesses zu verhindern, ohne seine Vorteile — Flexibilität und Vielfalt, Initiative und Dynamik — zu gefährden;

— wo das Privateigentum an Produktionsmitteln durch den überwiegenden Übergang der Verfügungsgewalt an Manager, die ihrerseits anonymen Mächten dienen, seine Verfügungsgewalt verloren hat und eine Überführung der Produktionsmittel in Gemeineigentum zweckmäßig ist;

— wie durch Normen für Qualität, Sicherheit und für den Schutz der Umwelt privatwirtschaftliche Investitionen gesteuert werden können. Im übrigen kommen für die Beeinflussung privatwirtschaftlicher Investitionsentscheidungen unter anderem folgende Instrumente in Betracht: Steuervariationen, Abschreibungsregelungen, sonstige Investitionserleichterungen, gezielte Arbeitsmarkt- und Wirtschaftsstrukturpolitik. Darüber hinaus sollen die Einschränkungen steuerlicher Absetzbarkeit der Werbung und, für eine Reihe von Produktionszweigen (z. B. Arzneimittel, Zigaretten), ein generelles Werbeverbot geprüft werden;

— in welcher Form die Menschen über Ziele und Zwecke wirtschaftlicher Entscheidungen demokratisch bestimmen können.“ [66]

## e. *Das außenpolitische Bündnisproblem*

Gesellschaftspolitische Veränderungen können nicht sinnvoll diskutiert werden ohne eine Beachtung der außenpolitischen Bündnisfrage; diese viele Jahre vernachlässigte Tatsache[67] rückt in allernächster Zeit stärker in den Blick. Deswegen ist es notwendig — wenn man sozialdemokratische Programmatik auf gesellschaftspolitischem Feld richtig beurteilen will —, zur Diskussion um den Orientierungsrahmen auch Elemente der außenpolitischen Diskussion hinzuzuziehen, also die gesellschaftspolitischen Diskussionen um den Orientierungsrahmen nicht isoliert zu analysieren.

Auch hier setzte in seiner Einführungsrede Willy Brandt selbst die Akzente. Er wies den pauschalen Antiamerikanismusverdacht der Opposition, der gegen die SPD und vor allem gegen die Jungsozialisten gerichtet worden war, zurück und erinnerte an die vielen Bürger der Vereinigten Staaten selbst, die gegen die Vietnam-Politik ihrer Regierung protestierten. Ein Aufnehmen dieses Protestes in Europa könne nicht als Antiamerikanismus gekennzeichnet werden.[68]

Dann aber sagt er klar:

„Das atlantische Bündnis ist — mit der Europäischen Gemeinschaft — die feste Basis unserer Politik nach außen, und sie bleibt es ... Ohne Präsenz Amerikas könnte über europäische Sicherheit nicht realistisch verhandelt werden. Wer die Bundesrepublik Deutschland aus dem Bündnis des Westens zu lösen versuchte, brächte in Wahrheit das Werk unserer Entspannungspolitik nach Osten und damit der aktiven Friedenspolitik zum Einsturz ... Das Ja für unsere Außenpolitik heißt auch, daß die Bundeswehr für die Organisation des Friedens und für die Verhandlungen um Sicherheit in ganz Europa notwendig ist.“ [69]

Genau dies wurde später — um es vorwegzunehmen — vom Parteitag auch beschlossen. Ausgeklammert blieb — leider — eine Diskussion über die notwendige Strategie im europäischen Raum, die die Jungsozialisten an Hand eines Referats von Karsten Voigt auf ihrem Bundeskongreß geführt hatten. Der Parteitag beauftragte aber eine Kommission mit der Erarbeitung von Thesen zu diesem Fragenkomplex. Sie wird in der programmatischen Diskussion der nächsten Jahre eine wichtige Rolle zu spielen haben. Wo die innerparteiliche Kritik und der innerparteiliche Dissens hinsichtlich des außenpolitischen Bündnisproblems ansetzt, machte auf dem Parteitag zuerst Jörg Jordan deutlich. Er setzte bei der Diskussion um die NATO an und präsentierte dem Parteitag folgende Analyse:

Man muß auch über die Frage der Rolle der NATO neu nachdenken, und man muß wohl auch akzeptieren, daß die Jungsozialisten darüber neu nachdenken, daß sie das, was da bisher ist, in Frage stellen ... Wir sind in unserer Einschätzung der Politik und der Rolle der NATO nun einmal zu neuem Nachdenken veranlaßt worden, nachdem wir gesehen haben, was die USA als Führungsmacht dieser NATO zum Beispiel in Santo Domingo, also beim Sturz des gewählten Präsidenten Bosch, oder zum Beispiel in der Schweinebucht oder zum Beispiel in Griechenland oder zum Beispiel in Brasilien und schließlich und endlich natürlich auch in Vietnam geleistet haben. Das ist doch unser Problem, daß die amerikanische Bündnis- und Militärpolitik vielfach nicht der Sicherheit der Bevölkerung, sondern ganz handfesten kapitalistischen Interessen dient und daß sie vielfach nicht zur Stärkung, sondern zur Verhinderung von Demokratie und Sozialismus eingesetzt wird. Weil wir auch sehen, daß die NATO zum Beispiel eine der großen Stützen der portugiesischen oder griechischen Diktaturen ist, empfinden viele von uns dieses Bündnis nicht als Schutz, sondern als latente Bedrohung einer von uns erstrebten sozialistischen Demokratie.“ [70]

Diesem Problemaufriß Jordans wird man in vielen Punkten nicht widersprechen können. Tatsächlich ist es so, daß in der amerikanischen Außenpolitik private Kapitalinteressen stark durchschlugen und auch heute noch immer wieder durchschlagen. Ohne Zweifel sind aber sozialistische Transformationsstrategien — ganz abgesehen von ihrer immanenten, gesellschaftspolitischen Überzeugungskraft — meist deshalb naiv, weil sie außenpolitisch nicht überlegt sind, weil sie nicht deutlich genug zeigen, daß die gesinnungsethisch motivierte Abwendung vom eigenen Bündnispartner eine mittlere Macht wie die Bundesrepublik dem Einfluß einer anderen Macht unterwirft oder unterwerfen kann, deren Außenpolitik man mit gleicher oder größerer Berechtigung ablehnen muß.

Das Interessante ist nun, daß eine solche Einschätzung auf dem Parteitag auch von den Protagonisten des „Frankfurter Kreises" formuliert wurde. Voigt beispielsweise, der die politische Präsenz der Vereinigten Staaten „auf lange Sicht auch als gefährlich"[71] betrachtet, verlangt nicht etwa eine Aufkündigung dieses Bündnisses. Er regte an, die Bundesrepublik und die DDR in die Zone der Entspannung einzubeziehen, aus der alle fremden Nruppen, insbesondere die Truppen der USA, aber auch die der UdSSR, abzuziehen wären. Einer „leichtfertigen, einseitigen Abrüstung"[72] redete er aber nicht das Wort. Wie seine Position aussieht, hatte er — in einer ganz anderen taktischen Situation — auch auf dem Bundeskongreß der Jungsozialisten deutlich gemacht:

„In diesem Zusammenhang muß nach den bisherigen Erfahrungen mit den USA die Anwesenheit amerikanischer Truppen in Westeuropa als ständige Bedrohung für sozialistische Transformationsstrategien angesehen werden. Die Jungsozialisten wollen allerdings auch keine sozialistische Transformation in Westeuropa unter der Anwesenheit oder dem militärischen Druck sowjetischer Truppen durchführen, da ein auf diese Weise installierter Sozialismus nicht ihren Zielvorstellungen entsprechen könnte. Eine Anwesenheit amerikanischer Truppen ist in Westeuropa aber auch für die Mehrheit der Bevölkerung offensichtlich dann überflüssig, wenn von der UdSSR und den Warschauer-Pakt-Staaten insgesamt weder eine militärische Intervention noch ein militärisch-politischer Druck droht. Daß die Warschauer-Pakt-Staaten auch nach Abzug der US-Truppen aus Westeuropa keine militärische Intervention oder einen militärisch-politischen Druck planen, müssen sie allerdings nicht nur in Worten, sondern durch ihre eigene gegenwärtige Militär- und Rüstungspolitik und durch ihre Haltung bei den Abrüstungsgesprächen durch Taten der Mehrheit der Bevölkerung beweisen." [73]

Selbstverständlich gibt es gar keinen Zweifel darüber, daß in der Beurteilung der Vereinigten Staaten zwischen Voigt und der Mehrheit des Parteitags ein Meinungsunterschied besteht. Andererseits muß man aber auch feststellen, daß die in der Sozialdemokratie immer existierende pazifistische Unterströmung früherer Prägung zur Zeit kaum relevante Befürworter besitzt. Die Erkenntnis, daß eine demokratische Entwicklung der Bundesrepublik unter einem möglichen militärischen Druck des Warschauer Pakts nicht garantiert werden kann, hat jedenfalls eine breite Mehrheit in der SPD. Damit ist nicht gesagt, daß sich überall in der Partei eine realistische Außenpolitik durchgesetzt hat. Aber das Nachdenken über die Entwicklung von möglichen kollektiven Sicherheitssystemen, in denen eine Präsenz der Vereinigten Staaten in Europa überflüssig werden könnte, muß ja wohl gestattet sein; und dies nicht nur, weil entsprechende Überlegungen auch in den Vereinigten Staaten immer mehr an Boden gewinnen, sondern auch aus der schlichten Erkenntnis heraus, daß eine eigenständige Rolle Europas in der Welt nicht möglich sein wird, solange eine militärische Abhängigkeit Europas von den Vereinigten Staaten gegeben ist. Daß derartige Überlegungen dann allerdings auch Konsequenzen verlangen, wenn es um die Verteidigungsfähigkeit und die Verteidigungsbereitschaft dieses Europa geht, sei hier nur angedeutet.

Ich konstatiere also auch in außenpolitischen Fragen Ansätze zu einem über die bisherigen „Flügel" hinausreichenden Konsens. Dieser Konsens ist allerdings keineswegs unangefochten. Dies zeigt sich beispielsweise in den Diskussionsbeiträgen von Heinz Kopp, Manfred Coppik und einigen anderen. Ich zitiere als Beleg lediglich aus dem Diskussionsbeitrag von Kopp:

„Für Sozialisten kann Frieden nicht einzig und allein der Zustand ohne Krieg sein, sondern für Sozialisten bedeutet es auch, den ökonomischen Zustand zu beseitigen, in dem Krieg, Unterdrückung und Unfreiheit letzten Endes überhaupt möglich sind. Von daher glaube ich, daß alle unterstützende Politik für die heute herrschende amerikanische Politik letzten Endes Antiamerikanismus ist und nicht die Politik, die sich genau an den Interessen der amerikanischen Bevölkerung orientiert. Denn die Situation in Amerika ist doch, daß es einmal Millionen von Arbeitslosen gibt, daß zum zweiten die Städte verrotten, daß die Probleme der Jugendbildung nicht mehr bewältigt werden können und daß gleichzeitig der organisierte Widerstand in der amerikanischen Gesellschaft wächst und sich von daher der Druck von oben immer stärker vollzieht, d. h., diese Gewaltpolitik führt letzten Endes auch dazu, daß die jüngsten Meinungsforscher aus Amerika berichten könnten, daß über zwei Drittel der amerikanischen Bevölkerung in den letzten Wochen des Krieges in Amerika die Flächenbombardements Nixons akzeptiert oder ihnen sogar zugestimmt haben. Man muß sich einmal fragen, welche Manipulationspolitik, welcher Druck hier notwendig war, um diesen Zustand zu schaffen... Wir glauben, daß sozialdemokratische Politik letzten Endes immer Solidarität mit den Unterdrückten in allen Ländern sein muß." [74]

Dies ist nun in der Tat ein schlagendes Beispiel für das Denken ohne Alternativen, für den Versuch, die Moralpredigt an die Stelle der Außenpolitik zu setzen. Selbst wenn man die notwendige Kritik der oberflächlichen Manipulationstheorien, die hier dargeboten wird, ganz beiseite läßt und wenn man die holzschnittartig versimpelte Analyse der Vereinigten Staaten undiskutiert läßt — das vollständige Fehlen einer auch nur angedeuteten Analyse der weltpolitischen Konstellationen und der Gefahren, die von den anderen, nicht westlichen Großmächten dieser Welt drohen, frappiert doch.

Während Voigt bei seiner außenpolitischen Beurteilung Santa Domingo und Prag, Kuba und Ungarn gegeneinander abwägt — und dann nach einem zwar neuen, aber eben doch einem „kollektiven Sicherheitssystem" fragt, bleibt bei Kopp die pure Gesinnungsethik: die sozialdemokratische Politik müsse „immer" Solidarität mit den Unterdrückten in allen Ländern sein. Wie diese Solidarität aber wirksam gemacht werden soll, wenn sie nicht eine Solidarität der gemeinsamen Unterdrückten werden soll, wird nicht einmal zur Debatte gestellt.

Die Beschlüsse des Parteitages — sowohl bei den allgemeinen Anträgen als auch bei den Anträgen zum Orientierungsrahmen — waren eindeutig: „Eine ausgewogene, beiderseitige Truppenverminderung und Rüstungsbegrenzung in Ost und West steht auch dank der deutschen Politik auf der Tagesordnung der nächsten vier Jahre."

### *f. Konflikt, Klassenkampf, Bürgerinitiativen*

Ein wichtiger Einwand gegen den Entwurf der Schmidt-Kommission war, daß dieser Entwurf keinerlei „Durchsetzungsstrategie" enthalte; es sei mit keinem Wort gesagt, wie man — ohne gewaltsame Umwälzung — auf den vorgeschlagenen Staatsanteil von rund 34 Prozent am Bruttosozialprodukt kommen wolle"; überhaupt sei nicht diskutiert, welche Konflikte in der Gesellschaft die SPD von sich aus aufzeigen und auslösen will, wie sie zur Basismobilisierung und Bürgerinitiative stehe etc.

Ich selbst habe in der Debatte des Parteitages versucht, dieses Thema anzuschneiden, und zwar ausgehend von einer Formulierung des Vorsitzenden der Langzeitkommission beim

Bundesvorstand der Jungsozialisten, Schepsmeier, der in seiner Rede auf dem Bundeskongreß wörtlich gesagt hat:

„Ein Programm, das den Klassenkampf von oben und seine notwendige Entgegnung, den bewußten Klassenkampf von unten, ausklammert, kann kein sozialistisches Programm sein.“ [75]

Ich habe nun versucht, am Beispiel der Klassenauseinandersetzung in Chile den politischen Spielraum einer reformistischen Politik darzustellen. Meine Grundthese: unkalkuliert scharfe Eingriffe in den Produktions- und Verteilungsapparat im Sinne von Staatskontrolle führen zu Gegenreaktionen der herrschenden Oberschichten, die die — unabdingbar notwendige — Aufrechterhaltung der liberalen Grundrechte unmöglich machen würde.[76]

Meine Argumente:

„Die Veränderungsgeschwindigkeit der Gesellschaft muß so gewählt werden, daß uns eine breite Mehrheit der Menschen in diesem Lande folgen kann. Wer die Loyalität ganzer Gruppen, und zwar mächtiger Gruppen, für diesen Staat, den wir verändern wollen, zerstört, gerät vor die fatale Alternative, entweder davongejagt zu werden oder aber in der Krise Gewalt anwenden zu müssen und die parlamentarische Demokratie dispensieren zu müssen. Da dies letztere für Sozialdemokraten nicht in Frage kommen kann und da wir uns nach Machtlosigkeit und Opposition nicht zurücksehnen, bleibt, glaube ich, nur eine Konsequenz, daß wir uns zu dieser 110jährigen Praxis der Reform oder des Reformismus bekennen und daß wir auch in den theoretischen Debatten darüber nicht hinwegreden ... Eines scheint mir jedenfalls wichtig: wir dürfen nicht zulassen — das zeigt mir Chile und das zeigt mir auch Frankreich —, daß die Mittelschichten durch revolutionäre Rhetorik zu einem Resonanzboden der Konservativen gemacht werden ...

Zweitens ... die Jungsozialisten haben die Partei mit Recht darauf gestoßen, daß neben der parlamentarischen Durchsetzung von Interessen Bürgerinitiativen und Basismobilisierung notwendig und sinnvoll sind. Es ist richtig, daß im Alltag den Menschen die gesellschaftlichen Widersprüche deutlich gemacht werden müssen. Aber eines können wir, glaube ich, nicht: wir können nicht einerseits für Konfliktlösungsmechanismen, wie die Tarifautonomie oder die Mitbestimmung, kämpfen und sie befürworten, andererseits den Konflikt schüren und anheizen, auch wenn politische Lösungen nicht in Sicht sind. Begrenzter Konflikt: ja. Aber unbeschränkte Eskalation der Konflikte vielleicht bis zu einem heimlich ersehnten Siedepunkt: nein.“ [77]

Die Diskussion erweist: Auch bei der Frage nach der „Doppelstrategie“ zeichnet sich eine klare Übereinstimmung zwischen sozialdemokratischen Politikern ab, die gemeinhin zu verschiedenen Flügeln gerechnet werden. Nichts zeigt dies deutlicher als der präzise Diskussionsbeitrag von Thomas von der Vring bei einer „strategischen" Formulierung der Vorlage der Antragskommission zum Orientierungsrahmen, in der es heißt:

„Es soll gezeigt werden, wie eine Vielzahl einzelner Maßnahmen Schritt für Schritt die Gesellschaftsordnung in Richtung auf mehr Freiheit, mehr Gerechtigkeit und mehr Solidarität verändert."

Von der Vring sagte:

„Um die Krisen von morgen, die noch nicht sichtbar sind, mit einschneidenden Maßnahmen zu bewältigen, brauchen wir gegen den Widerstand der dann Betroffenen die Mehrheit der Bevölkerung. Deswegen genügt es nicht, Instrumente zu haben und irgendeinem Minister zu sagen, was er zu tun hat, sondern es ist notwendig, diese Probleme, die auf uns zukommen, rechtzeitig so im Bewußtsein der Bevölkerung zu verankern, daß die Maßnahmen auch ergriffen werden können, wenn man die Mehrheit hat; denn die Mehrheit allein ohne eine solche Unterstützung hilft nichts. Insofern wird es notwendig sein, die künftigen Konflikte, die Krisensituationen und die Notstände — ich meine das nicht in einem politisch-radikalen Sinne, sondern in dem Sinne, daß hier Leid entsteht — vorab rechtzeitig ins Bewußtsein der Öffentlichkeit zu tragen und gleichzeitig die Lösungsmittel anzubieten, so daß das eine zusammen mit dem anderen diskutiert werden kann. So vermittelt man zukünftige Reformen und nicht aus abstrakten theoretischen Überlegungen ...

Insofern zielt die Langzeitkommission nicht nur auf die Partei, sondern auf die Öffentlichkeit, um das Problembewußtsein zu schaffen und dafür zu sorgen, daß man auch Dinge, die noch nicht kochen, wo es noch keinen Skandal gibt, mit radikalen Maßnahmen anpackt, damit es morgen keine hohen Kosten gibt, kein Leid gibt und vor allem keine Krisen gibt. Denn die Krisen sind immer antisozialdemokratisch. Die Krisen gehen immer auf Kosten unserer politischen Glaubwürdigkeit, unserer Positionen. Sie bringen zuerst den Radikalismus von links und nachher, wie in der großen Rezession geschehen, den Radikalismus von rechts, der dann in unsere Wählerschaft einbricht. Solche Krisen, die in Zukunft in kleinen Bereichen immer wieder auftauchen werden, haben wir zu vermeiden. Deswegen die Vorausschau. In einer solchen Situation fragt man auch nicht mehr, ob wir Theorie brauchen oder nicht. Wir brauchen Erkenntnis der Probleme von morgen, und wir brauchen ihre Lösungen. Wer sich so unbefangen an die Sache heranmacht, wird ein Theoretiker." [78]

Die Ablehnung von Krise und Bürgerkrieg als bewußtem, möglicherweise sogar herbeigezaubertem Mittel der Politik ist ebenso eindeutig wie die positive Bewertung des Anstoßens von Bewußtseinsprozessen draußen an der Basis der Gesellschaft. Der Parteitag beschließt einstimmig nicht nur die bereits zitierte Formulierung, die den reformerischen Weg „Schritt für Schritt“ postuliert, sondern auch dies:

„Vielmehr ist die Beteiligung von möglichst vielen Bürgern am politischen Prozeß eines unserer Ziele. Die SPD bekennt sich zum Parlamentarismus und zur repräsentativen Demokratie. Sie bejaht demokratische Initiativen, die in rechtsstaatlicher Weise auf konkrete Verbesserungen gerichtet sind.“ [79]

Noch klarer wird dies dann in der zweiten Fassung des Orientierungsrahmens — unter dem neuen Begriff der Vertrauensarbeit — gefaßt werden. Aber schon in Hannover wurde die unfruchtbare Diskussion über systemverändernde, systemüberwindende oder systemsprengende Reformen ad acta gelegt. Die Partei hat sich — erneut und expressis verbis — zum reformistischen Weg bekannt, den sie immer gegangen ist — wenn auch keineswegs immer mit Erfolg, keineswegs ohne beschwerliche Umwege. Die Kluft zwischen reformistischer Praxis und revolutionärer Theorie ist in Hannover nicht erneut aufgerissen worden.

## 6. HANNOVER UND GODESBERG — EIN VERGLEICH

Eine sehr bezeichnende Interpretation des politischen Ergebnisses, das der Hannoversche Parteitag 1973 der SPD gebracht hat, lieferte ein Theoretiker der Union, Kurt H. Biedenkopf. Er schrieb vorgeblich aufgrund einer Analyse des Protokolls:

„Die SPD ist im Begriff, diese programmatische Substanz aufzulösen, um ihre organisatorische Fülle zu erhalten. Sie versucht damit, der Gefahr der Linksabspaltung zu begegnen, unter der sie in ihrer Geschichte immer wieder gelitten hat. Der Versuch ist zum Scheitern verurteilt. Willy Brandt wird ihn, wenn er ihn fortsetzt, mit der Zerstörung der sozialdemokratischen Substanz bezahlen müssen.“ [80]

Biedenkopfs These:

„Unter dem Namen Sozialdemokratische Partei Deutschlands agieren in der Bundesrepublik Deutschland heute zwei in Programm und Prinzip verschiedene politische Gruppen: eine sozialistische und eine marxistische.“ [81]

Genau das Gegenteil ist richtig. Die Analyse des Parteitags zeigt, daß die Neubesinnung eine breite Programmübereinstimmung in der SPD gebracht hat, der nur von schwachen Gruppierungen am linken und rechten Rand nicht mitgetragen wird. Schlagwortartig zusammenfassend könnte man sagen: Es besteht Einigkeit in der SPD, daß die Partei eben nicht von einer aus axiomatischen und letzten Wahrheiten ausgehenden, verbindlich gemachten Analyse ausgehen kann; daß der Problemdruck, in dem wir uns befinden, einen stärkeren Einfluß des demokratischen Staates auf wirtschaftliche Entscheidungen verlangt, daß aber der Markt durch eine bürokratische Zentralplanung nicht ersetzt werden darf; daß eine undifferenzierte Wachstumseuphorie ersetzt werden muß durch das kalkulierte Streben nach qualifiziertem Wachstum; daß die Suche nach einem neuen System kollektiver Sicherheit in und außerhalb Europas das Machtgleichgewicht zwischen den Blöcken nicht gefährden darf; daß die kalkulierte Klassenauseinandersetzung in der Bundesrepublik nicht durch eine existentialistische Konfliktstrategie ersetzt werden darf, die mit Krise, Bürgerkrieg und Zusammenbruch spekuliert.

Dies kann natürlich keineswegs heißen, daß in der SPD künftig Harmonie herrschen wird. Erstens ermöglicht — und erzwingt — auch der Konsens in einigen Grundfragen die Fortdauer von handfesten Konflikten und Flügelkämpfen. Zweitens besagt eine Analyse der Programmatik noch gar nichts über den psychologischen Zustand, in dem die Partei sich befindet; Organisationen können sich auch bei weitgehender inhaltlicher Einigkeit zerstören. Und drittens sollte man sich keine Illusionen darüber machen, daß es in der SPD Gruppierungen und Kräfte gibt, die auf dem Parteitag gar nicht oder kaum zu Wort kamen.

Trotzdem: Für Biedenkopfs Diagnose gibt der Ablauf des Parteitages keinerlei Anhaltspunkte. Es sei denn, man wolle unterstellen, daß der — wie Biedenkopf meint — marxistische Flügel eine offene Propagierung seiner weiterreichenden Kampfziele vermieden und sich auf sogenannte Übergangsforderungen beschränkt habe.[82] Ich will nicht ausschließen, daß es in der SPD einige hundert organisationsunerfahrene, begeisterungsfähige junge Leute gibt, die zur Zeit noch von der Illusion leben, auf diese Art und Weise eine große Organisation wie die SPD „unterwandern“ zu können; selbst sie befinden sich aber auf einem geordneten Rückzug. Wer allerdings Männern wie Steffen, von Oertzen oder Eppler ähnliche Motive unterstellt, verfällt in Denkschablonen der Verschwörertheorie.[83]

Wer die Entwicklung des Programms der deutschen Sozialdemokratie kennt, wird im übrigen bei einem Vergleich der Parteitage von Godesberg 1959 und von Hannover 1973 eine kaum glaubliche Konstanz der politischen Generalthemen feststellen.

Ein Beispiel ist die Einschätzung der Vollsozialisierung der Produktionsmittel.

Heinrich Deist — den Biedenkopf übrigens zu einer Art weißen Raben sozialdemokratischer Wirtschaftspolitik ernennt — sagte, Hilferding zitierend, in Godesberg:

„Wenn der Staat die Autonomie der wirtschaftlichen Gesellschaftssphäre aufhebt, dann hebt er auch die persönlichen Rechte auf. Hilferding wollte damit sagen — insoweit möchte ich das aufnehmen —, daß enge Beziehungen bestehen ... zwischen dem Freiheitsraum in der Wirtschaft und der freien Ordnung in der übrigen Gesellschaft. Wie sollte das anders sein, nachdem wir wissen, welche große Bedeutung die Wirtschaft als doch wohl wichtigster gesellschaftlicher Bereich hat. Das ist eine Erkenntnis, die wir, glaube ich, beachten sollten. Die Beispiele faschistischer und kommunstischer Prägung sollten uns wenigstens das zu Gemüte führen, daß hier Beziehungen bestehen und daß es Grenzen der Einwirkung und der Beteiligung und der Dirigierung der Wirtschaft durch den Staat gibt, jenseits deren die Grundlagen für eine demokratische Lebensordnung gefährdet erscheinen.“ [84]

In Hannover sagte Horst Ehmke wörtlich:

„Ich glaube, wir dürfen uns nicht vormachen, es sei ein historischer Zufall, daß totale Planungssysteme bisher nur in Einparteiendiktaturen versucht und praktiziert worden sind, sondern wir müssen uns überlegen, wie man mehr Lenkung insgesamt mit mehr Mitbestimmung an der Basis vereinbaren kann. Darauf ist die Antwort noch nicht gefunden ...“ [85]

Ich konstatiere also eine Konstanz der politischen Generalthemen und auch eine Bestätigung der Grundentscheidung von Godesberg.

Allerdings: In Hannover hat sich auch Neues ereignet. Der Parteitag in Hannover markiert den Zeitpunkt, an dem das Zerbrechen des alten, neoliberalen Konsenses der fünfziger und sechziger Jahre offenkundig wurde.

Wie stark dieser Konsens 1959 in Godesberg gewirkt hat, kann man beispielsweise an der letzten Wortmeldung Peter von Oertzens — damals ein Gegner des Godesberger Programms — erkennen. Als er sagt, über den Ausgang der Schlußabstimmung brauche man sich keinerlei Illusion mehr zu machen, verzeichnet das Protokoll: „Heiterkeit". Als er versichert, daß „unsere Treue und unsere Bindung gegenüber der Partei" durch die Verhandlung des Parteitags nicht in einem negativen Sinne beeinflußt würden, verzeichnet das Protokoll „Zurufe". Er kann darauf nur noch sagen: „Es ist klar, das ist eine Selbstverständlichkeit, Genossinnen und Genossen. Aber es ist vielleicht doch gut, sie noch einmal auszusprechen ..."[86]

Die politische Stimmungslage in Hannover ist anders. Der Problemdruck hat die Partei bis 1973 ein Stück nach links gerückt. Die Elemente des alten, neoliberalen Konsenses waren „made in USA": der Glaube an die Lösung der sozialen Frage durch wirtschaftliches Wachstum, die Demokratietheorie von Lipset, die liberalen Konflikttheorien der fünfziger Jahre und der Antikommunismus der Koreakrise. Die Welt hat sich verändert; die SPD hat in Hannover darauf reagiert. Sie ist weder einem Neo-Anarchismus noch einem Neo-Dogmatismus verfallen. Aber sie hat begonnen, einige der alten Rezepte in Zweifel zu ziehen. Wird sie in einer Pendelbewegung, nach Rückschlägen 1974, wieder auf die Godesberger Grundstimmung zurückfallen? Die Antworten auf die drei großen Herausforderungen der gesellschaftlichen Entwicklung sind weder endgültig noch perfekt. Aber eine neue Strategie wird doch in Bruchstücken sichtbar.

Marx sah es für ein „notwendiges Entwicklungsgesetz" an, daß der Kapitalismus durch den Sozialismus überwunden werden müsse, weil der innere Entwicklungswiderspruch des Kapitalismus zu einem immer größeren Hindernis für die weitere, unaufhaltsame, notwendige Entwicklung der Produktivkräfte werde. Wir erkennen heute, daß Marx vor allem zwei wichtige „Entwicklungsänderungen" der kapitalistischen Entwicklung nicht erkannte oder nicht erkennen konnte. Ota Šik charakterisiert sie folgendermaßen:

„a) Der Prozeß einer wachsenden Arbeitslosigkeit und der mit ihr zusammenhängenden Lohnentwicklung, bei dem die ausschlaggebende Nachfrage nach Konsumgütern immer wieder so weit hinter der Produktion zurückbleibt, daß dies zur Hauptursache sich wiederholender, immer stärkerer Überproduktionen und Krisen wird, ändert sich auf einer hohen Entwicklungsstufe des Kapitalismus wesentlich.

b) Der Prozeß der Wiederaufteilung des Mehrwerts und der Abschöpfung eines wesentlichen und wachsenden Teils durch staatliche Steuern, mit denen ein wachsender Konsum in der Sphäre des tertiären Sektors und der hier tätigen Menschen erreicht wird, hat von einer hohen Entwicklungsstufe des Kapitalismus an eine wichtige Wirkung im Sinne einer Mäßigung der Widersprüche innerhalb der Reproduktion." [87]

Aber klar ist auch dies: Auf einer höheren Ebene plagen uns die Widersprüche des Systems weiterhin. Nur sind eben heutzutage nicht mehr der ungenügende Konsum und die ungenügende Schöpfung von Produktionsressourcen typischer Ausdruck der kapitalistischen Interessengegensätze, sondern „die viel häufigere übertriebene Konsumentwicklung, die Überforderung der Produktionsmöglichkeiten und die damit verbundene Inflationsentwicklung".[88]

Und hier sind wir bei den Stichwörtern, die auch die Diskussion in Hannover bestimmt haben: Ökologische Krise, Wachstumswidersprüche, Loyalitätssicherung. Die unterschiedliche Einkommensentwicklung im System unserer Wirtschaft führt zu Störungen des Makrogleichgewichts; wir haben keine optimale Verteilung auf Löhne und Mehrwert im Kapitalismus. Kein Wirtschaftspolitiker der Welt und kein wirtschaftspolitisches System wird eine solche „optimale Verteilung" herbeizaubern können. Wenn es aber richtig ist, daß die Inflationsentwicklung der gesamten westlichen Welt im Kern eben keine Geldinflation, sondern doch eine Nachfrageinflation ist, wenn die Nachfrage langfristig die Produktion übersteigt, weil die Produktion wegen langfristiger Knappheit an Arbeitskräften, an Boden etc. nicht gesteigert werden kann, dann ergibt sich eben die — in Hannover aufgegriffene — Frage, wie ohne dirigistische bürokratische Planung, ohne Zerstörung des unternehmerischen Interesses, ohne Zerstörung des Marktes diese Entwicklung beeinflußt werden kann.

Am langsamsten wird die Nachfrageinflation vor allem in den Ländern mit Vollbeschäftigung sein, in denen die Produktivität am schnellsten steigt.

Der Hannoversche Parteitag hat deshalb die im „Orientierungsrahmen 85" angezielte Produktionssteigerung bestätigt. Er hat auch klar entschieden, daß die ökonomische Krise nicht durch ein Nullwachstum oder gar ein Minuswachstum gemeistert werden kann; Experimente mit dem „neuen" konsumfeindlichen Menschen sind eben entgegen den Orakeln konservativer Kritiker nicht in Sicht. Und die Loyalität der Bevölkerung soll durch stetige Partizipationsangebote in allen gesellschaftlichen Bereichen gesichert werden — und nicht durch eine Beschwörung des autoritären Staates. Nur: Man muß sich darüber im klaren sein, daß derjenige, der planende Vorausschau unterläßt und in die Privilegien nicht einzugreifen wagt, schnell gezwungen werden könnte, seine liberalen Ideale oder seinen scheinliberalen Gestus abzulegen, weil er sonst von der Herrschaft verjagt wird. Viele Konservative haben dies leider nicht erkannt.

Dies ist, kurz zusammengefaßt, die Diagnose, die in Hannover erarbeitet wurde. Sie wird durch die zweite, unter der Federführung von Peter von Oertzen erweiterte Fassung des Orientierungsrahmens 85 und die dann zu führende Diskussion auf dem Mannheimer Parteitag 1975 zu ergänzen sein. Eine Therapie ist noch nicht entwickelt. Aber wer seine Krankheiten erkannt hat, hat eher eine Chance, sie zu heilen, als derjenige, der sich starrköpfig für total gesund erklärt und keine seiner liebgewordenen Gewohnheiten aufgeben möchte. Dies aber ist die Praxis der deutschen Konservativen in den siebziger Jahren.

Kapitel VI

# Die Zukunft der SPD als Organisation

## 1. WIE GEHT ES WEITER MIT DER SPD?

Diese Frage ist Gegenstand von unzähligen, sehr oft inkompetenten Spekulationen. Die Aufteilung der Sozialdemokraten in einen linken, einen mittleren und einen rechten Flügel wird mit inbrünstiger Unkenntnis exerziert. Die konservative Publizistik benutzt die Profilierungssucht linker und rechter Sozialdemokraten zielsicher und wirkungsvoll, hetzt sie gegeneinander und verunsichert dadurch einen Teil der sozialdemokratischen Klientel. Wieder einmal — wie schon öfter in der Geschichte der SPD — ist zuweilen sogar von Parteispaltung die Rede.

Sicherlich ist die Massenpartei SPD kein einheitlicher Block; es gibt Ansätze zu Gruppenorganisationen. Der „Frankfurter Kreis", unterstützt von den größten Teilen der Arbeitsgemeinschaft der Jungsozialisten, intellektuell bestimmt von Männern wie Jochen Steffen, Karsten Voigt, Günter Wichert und Peter von Oertzen, ist ein Kristallisationskern des linken Flügels. Er ist lose verbunden mit einer Gruppe von Abgeordneten der Bundestagsfraktion, die nach ihrem ersten Tagungsort als „Leverkusener Gruppe" bezeichnet werden und in der Baden-Württembergische Abgeordnete aus dem sogenannten „Tübinger Kreis" eine wichtige Rolle spielen. Es gibt weiters die ältere, auf der Basis persönlicher Verbundenheit weiterhin intakte, in der Bundestagsfraktion wichtige, aber auch in die Bezirke noch hineinreichende Gruppierung der „Kanalarbeiter" um Egon Franke und Karl Herold. Und es gibt Ansätze zu weiteren Freundeskreisen; so um den Bundestagsabgeordneten Günther Metzger, um den bayerischen Landesvorsitzenden Hans-Jochen Vogel, aber auch um verschiedene, festen Gruppierungen nicht zuzuordnende Bezirksvorsitzende.

Meine These lautet nun, daß diese „Struktur", die sich seit einigen Jahren gebildet hat, verfällt und einem neuen inneren Kräftevergleich innerhalb der SPD weichen wird. Verstehen kann man diese Entwicklung aber nur, wenn man hinter die vordergründigen Rechts-Links-Schablonen zurückgeht und die psychologischen Fronten analysiert, die quer durch die große Massenpartei SPD laufen.

Zur Soziologie der Partei hat Willy Brandt auf dem Hannoverschen Parteitag interessante Angaben gemacht:

> „Die Partei wächst; sie verändert sich; sie hat Wachstumsprobleme. Hierzu ein paar Hinweise: Von knapp 650.000 Mitgliedern, die wir zählten, als ich vor gut neun Jahren Parteivorsitzender wurde, sind mehr als 350.000 nicht mehr unter uns. Der Tod hat also kaum vorstellbare Lücken gerissen. Heute zählt die Partei fast 1 Million Mitglieder. Das bedeutet: 300.000 Mitglieder gehörten der Partei schon vor 10 Jahren an; rund 670.000 der heutigen Mitglieder sind seit damals beigetreten. Allein im letzten Jahr traten der Partei 160.000 Mitglieder bei. Die meisten, nämlich zwei Drittel, waren — wie es im Grunde natürlich ist — Jüngere, nämlich unter 35 Jahre alt. Auch die soziale Schichtung unserer Partei hat sich verändert. 1962 wurden noch fast 55 Prozent aller neuen Mitglieder als Arbeiter registriert; im Jahre 1972 waren es knapp 28 Prozent. Die Zusammensetzung unserer Partei hat sich also in einer knappen Zeit stark gewandelt. Von einer ‚Klassenpartei' im strengen Sinne — die SPD war es übrigens nie — kann schon aufgrund der Statistik nicht die Rede sein. Mancher freilich ist immer noch Arbeiter, auch wenn er nicht mehr so genannt wird oder werden will. Die Mitgliedschaft von Studenten und Oberschülern hat sprunghaft zugenommen; aber darin drückt sich eben auch aus — und dies sollten wir ja nicht beklagen — daß unsere Kinder in größerer Zahl auf höhere Schulen gehen. Vielleicht hat aber mit diesen Wandlungen auch die Beobachtung zu tun, die uns zu denken geben sollte: Nicht überall war die Partei am 19. November wirklich erfolgreich. In mehreren großen Städten hat sie Stimmen verloren. Deshalb mußte sie wo anders um so mehr gewinnen. Diese Ergebnisse müssen noch genauer, als es bisher geschehen konnte, untersucht werden. Tatsache bleibt — und diese ist wichtig —, daß wir in erster Linie eine Partei der Arbeitnehmer sind und daran auch nichts ändern lassen wollen." [1]

Aus dem, was Brandt „Wachstumsprobleme" nennt — und was mit Konflikten zwischen Gruppierungen zu tun hat, die lebensgeschichtlich und sozial völlig verschieden strukturiert sind —, ergeben sich wichtige Folgerungen für die Bildung von Gruppen und Flügeln in einer Partei wie der SPD. Man muß nämlich nicht nur konstatieren, welche Gruppen es in einer solchen Partei gibt und welche politischen Meinungen sie (oft vordergründig) verkünden, sondern man muß sich —

und dies ist wichtiger — fragen, warum sich diese Gruppen bilden und warum sich gerade diese und jene Generationen, Schichten und Freundeskreise zu Gruppen zusammenschließen. Dabei räume ich ein, daß die folgende Analyse der SPD in den großen Dienstleistungszentren, den Universitätsstädten, aber auch in der „Provinz" stärker trifft als in den Hochburgen der Industriearbeiterschaft, insbesondere des Ruhrreviers. Aber der innerparteiliche „Kulturkampf" hat auf so viele Organisationsteile übergegriffen, daß er ein Problem der *gesamten* Partei ist.

## 2. PSYCHOLOGISCHE PROFILE

Wer unter dieser Fragestellung die SPD analysiert, wird auf drei verschiedene psychologische „Profile" treffen, die in der innerparteilichen Diskussion heute sichtbar werden. Die Begriffe, die ich verwende, sind mit Sicherheit noch zu wenig präzise und zu vieldeutig. Trotzdem beschreiben sie — wenn auch nur in groben Umrissen — die innerparteilichen Fronten. Ich kennzeichne die drei „Profile" mit den unzulänglichen Schlagworten „untere Mittelschicht", „linksliberales Establishment" und „Gegenkultur".

„Untere Mittelschicht" sind in dieser Terminologie die Vertreter der alten, weit homogeneren Sozialdemokratie, oft Menschen, die in den harten Aufbaujahren nach dem Zweiten Weltkrieg geprägt worden sind, die in diesen Jahren einen gewissen Aufstieg erlebt haben, deren kulturelle Ideale eher zum Konservativen tendieren und die deshalb von Intellektuellen leicht als „Kleinbürger" abgetan werden; Menschen, die gegenüber abweichendem sozialen Verhalten nur ein begrenztes Verständnis aufbringen und deren Wertsystem in religiösen, sexuellen, sozialen und weltanschaulichen Fragen eher traditionell gefärbt ist. Natürlich gibt es dieses Profil sowohl in der jüngeren als auch in der älteren Generation; die älteren Jahrgänge sind sicherlich überrepräsentiert. Auch der Grad der formalen Bildung ist unterschiedlich; es gibt durchaus „Akademiker", für die dieses Profil charakteristisch ist. Trotzdem dürften Menschen mit unterem und mittlerem Schulabschluß häufiger vertreten sein. Dieses „Profil" hat bis in den Anfang der sechziger Jahre hinein die SPD bestimmt. Inzwischen hat es erfolgreiche Konkurrenz bekommen.

Den Begriff „linksliberales Establishment“ darf man, will man ihn richtig verwenden, nicht zu eng fassen. „Establishment“ meint hier nicht die schmale herrschende Oberschicht, sondern muß auf die obere Mittelschicht verbreitet werden. Meist sind es in den höheren Schulen und Universitäten ausgebildete, eher sensible, empfindliche, für das Motiv der sozialen Gerechtigkeit aufgeschlossene Menschen, die bereit sind, für sozial Schwächere einzutreten. Heute finden wir dieses „Profil“ häufig in einer besonderen Ausprägung: Männer und Frauen, deren zentrales Erlebnis der große zweite Krieg war, die unter hohem Leistungsdruck in einer scharfen Konkurrenzgesellschaft erzogen worden sind, die im Krieg noch einmal davonkamen und ein anderes Leben als ihre Eltern führen möchten. Leute, die ein eher pessimistisches Bild vom Menschen haben und weder an den „neuen Menschen“ noch an allzu große Lösungen und das Funktionieren freiwilliger Kooperation glauben, die aus Abscheu gegen autoritäre Tendenzen — die sie selbst erlebt haben — moralisch, sexuell, religiös eher liberal denken, im Habitus antiautoritär, und die, gut verdienend, nun immer häufiger auf eine Verfeinerung des Lebensstils aus sind.

Ganz anders die Vertreter, die ich hier — mit einem auch überpointierten Begriff — Vertreter der „Gegenkultur“ nenne. Damit meine ich keine Sekte, keine „Spinner“, sondern (vor allem) junge Leute, für die der Lebensstil der älteren Generation unerträglich geworden ist. Willy Brandt hat auf den immer größer werdenden Anteil von Oberschülern und Studenten in der SPD hingewiesen. Gemeint sind Menschen, die plötzlich auf neue, vitale Weise die Sinn-Frage in die Politik hineintragen, die gegen die technische Zivilisation und die Massenkultur protestieren, blinden Konsum und blindes Wirtschaftswachstum angreifen, die eine moralische Umkehr der Gesellschaft wollen und die mittelständischen Wertstrukturen, in denen sie sozialisiert wurden, ablehnen oder ihnen jedenfalls skeptisch gegenüberstehen. Natürlich gibt es sehr verschiedene Ausprägungen dieser „Gegenkultur“; man verwendet in diesem Zusammenhang auch den Betriff der „humanistischen Linken“.[2] In der SPD geht es selbstverständlich nicht um die kleineren radikalen Gruppen, deren Kampf gegen die Wertwelt unserer Gesellschaft sie in Isolierung und Außenseitertum getrieben hat. Aber auch die gemäßigtere Variante dieser Lebenseinstellung führt diese Gruppe zu einem grundlegenden Wertkonflikt mit den meisten Managern, Beamten, Ingenieuren, Technikern, Geschäftsleuten aus dem bürgerlichen Mittelstand — und den Arbeitern aus der Produktion.

Dabei weise ich ausdrücklich darauf hin, daß man das Profil, das ich hier „Gegenkultur" nenne, nicht mit den Jungsozialisten identifizieren darf; sie waren (und sind, wo sie im Sinne des Aufbruchs von 1969 noch existieren) nur *eine* — wenn auch wohl die innerparteilich wirksamste — von mehreren Gruppen in der SPD, die die *expansionistische Politik* (Horst Eberhard Richter)[3] ablehnten und statt dessen eine Wendung zur Selbsterforschung und Selbsterkenntnis, auch zur Selbstbeschränkung verlangten. Die gesamte neuere Frauenbewegung, einschließlich der feministischen Variante, gehört ebenfalls dazu. Und gerade aus ihrem eben nicht nur sachpolitisch, sondern sozialphilosophisch-psychologisch motivierten Ansatz heraus ist auch die zuweilen geradezu irrationale Abneigung zu erklären, der die Gegenkultur in der SPD begegnete. Hier kamen nicht Parteimitglieder, die eine andere Technik der Wertabschöpfung bei Grundstücksverkäufen, eine neue Steuer oder ein neues ökonomisches Intrument forderten; mit solchen Forderungen konnte man fertig werden, solchen Diskussionen war man gewachsen. Hier kamen Jugendliche oder Frauen oder Intellektuelle (manchmal gar: junge intellektuelle Frauen) und stellten das expansionistische Männlichkeitsideal — das natürlich die SPD genauso wie die CDU beherrschte — in Frage. Hinter den Forderungen nach mitbestimmten Hochschulen, kostenlosen Massenverkehrsmitteln, Anti-Baby-Pillen auf Krankenschein witterten die verdrängungsroutinierten, arbeitsüberlasteten, auf Welteroberung, Weltbewältigung gedrillten Politiker (samt ihren Anhängern) ganz zu Recht eine grundlegende Gefährdung ihrer Art zu leben und Politik zu machen. Daher die neue Qualität der innerparteilichen Auseinandersetzungen, daher das zuweilen in Haß ausufernde Engagement.

Diese drei „Profile" — es sind natürlich keine Gruppen im Sinne der soziologischen Theorie — stoßen im Prozeß der innerparteilichen Meinungsbildung aufeinander; hier entsteht also ein grundlegender Wertekonflikt, der die Auseinandersetzung von verschiedenen politischen Problemlösungen oft überlagert. Der „Marxist" beispielsweise, der das analytische

Instrumentarium von Marx an die soziale Wirklichkeit von heute anlegt (ein Unternehmen, über das man sich auch streiten kann) ist sehr verschieden von jenem Vertreter der „Gegenkultur“, der auf der leidenschaftlichen Suche nach „Sinn“ und Welterklärung den Marxismus als Instrument zur Beschaffung von Gewißheiten ergriffen hat und sich auf das Wenn und Aber der beschwerlichen Empirie gar nicht einlassen will. Für manche ist — um bei diesem Beispiel zu bleiben — Marxismus ein Instrument zur Abgrenzung, das sie in gehöriger Distanz vom verhaßten Konsens der Mehrheit hält. Ich wiederhole: Manche der spektakulären Parteikonflikte der letzten Jahre sind viel stärker solche grundlegenden Wertekonflikte als Konflikte um den Nahverkehr, die Hochschulreform oder die Strafrechtsreform, als die sie von den Beteiligten mißverstanden wurden.

Die SPD hat seit den späten sechziger Jahren einen wichtigen Teil der protestierenden jungen Generation aus den oberen Mittelschichten aufgenommen; dafür wird sie von den Konservativen getadelt — obwohl es ja allzu oft Söhne und Töchter der Adenauer-Wähler der fünfziger Jahre sind, die in der SPD gegen die Normen ihrer Elternhäuser protestieren. Daß dieser plötzliche Schub zu Spannungen und Reibungen führen mußte, ist selbstverständlich.

Wie sehen diese Spannungen aus? Ich exemplifiziere sie an einigen Beispielen aus meinem unmittelbaren Erfahrungsbereich.

## BEISPIEL 1: DAS GRENDENBACH-SYNDROM

Grendenbach ist eine eigenständige Stadtrandgemeinde vor München; sie entstand 1952 aus ausgegliederten Teilen anderer Gemeinden und hat heute über 10.000 Einwohner. Die Sozialstruktur hat sich sehr rasch verändert; durch die Ausweisung von neuem Baugrund und die Erstellung von weitgestreuten Eigenheimsiedlungen zog es immer mehr Arbeitnehmer aus der Großstadt in diesen Ort. Dies wirkte sich auch entsprechend auf die SPD in Grendenbach aus; der wichtigste Mann in ihr war früher ein alter sozialdemokratischer Lehrer, der dann auch der erste Bürgermeister der Gemeinde wurde. Um ihn herum gab es die klassische SPD: Arbeiter, kleine Beamte, untere Mittelschicht, dazu ein paar (technokratische) Intellektuelle.

Anfang der siebziger Jahre änderte sich das schlagartig. Zuerst war es ein vereinsamter, vermutlich oft gedeckelter Pädagogikstudent, der nach und nach ein paar junge Leute, darunter auch Söhne und Töchter sozialdemokratischer Mitglieder, um sich scharte. Dann, bei Auseinandersetzungen um ein Jugendzentrum und um ähnliche Projekte, traten 17- bis 25jährige in größerer Zahl ein. Sie „übernahmen" den Ortsverein — und verwandelten ihn in kurzer Zeit völlig.

Die Diskussionsthemen im Ortsverein verschoben sich; bald redete man nicht mehr über die Grendenbacher Kommunalpolitik oder lud hin und wieder einmal einen Abgeordneten zum Bericht über Landes- oder Bundespolitik ein, sondern beschäftigte sich vornehmlich mit Grundsatzthemen. Von sozialistischer Strategie über das Langzeitprogramm bis zu den Verhältnissen in Griechenland, Chile etc. reichte das Spektrum.

So erlangte ein „Flugblatt" eine gewisse Berühmtheit, das nach dem Putsch in Chile in Grendenbach verteilt wurde; vier eng beschriebene DIN-A-4-Seiten unter der Überschrift „Demokratie und Sozialismus", Verfasser: Ein 22jähriger technischer Angestellter aus der Kerngruppe der Grendenbacher Jusos. Er hatte es persönlich gezeichnet und persönlich vor einem großen Kettenladen verteilt — rund 200 Stück. Textprobe: „Preissteigerungen, Lohnraub, Konzentration der Medien usw. sind nur seriösere Formen der Unterdrückung. Der Rechtsstaat ist nur eine solidere Form des autoritären Regimes. Der Rechtsstaat ist der Ausdruck der stillgelegten Klassenkämpfe, die Militärdiktatur die Reaktion auf die ausgebrochenen Klassenkonflikte. Wir stehen vor traurigen Alternativen."

Die Diskussionen wurden heiß und dauerten bis tief in die Nacht. Spät am Abend kamen dann Schlag auf Schlag die Resolutionen — der Effekt war, daß nach zwei Jahren in einer normalen Ortsvereinsversammlung zwanzig junge Leute, eine nur mehr kleine Mittelgruppe und zwei verschüchterte ältere Sozialdemokraten erschienen; darunter der letzte „alte" Gemeinderat, der den Ort noch von seinen Anfängen her kannte. Die anderen waren zumeist nicht etwa ausgetreten oder wegegezogen; sie kamen einfach nicht mehr zu den Versammlungen.

In Zeitungsberichten der Lokalpresse spiegelte sich der Konflikt. Richtiges wurde berichtet; sicher wurde auch viel vergröbert. Zuweilen ging es hoch her; so bei Kandidaturen zum Landtag, wo dann durch Mobilisierung der Mitglieder doch noch einmal alle Gruppierungen des Ortsvereins zu Sitzungen zusammenkamen; diese Sitzungen endeten zumeist chaotisch. Man änderte die Satzung; Delegierte wurden nicht mehr für längere Perioden gewählt, sondern nur noch für einzelne Parteitage. Der Ort bekam in der SPD-Organisation einen bestimmten Ruf. Der politische Gegner begann daraus Kapital zu schlagen. Parallel zu dieser Entwicklung ging ein Rückzug aus der lokalen Gesellschaft vor sich; während die alte Grendenbacher SPD in allen Vereinen, vom „Interessenverein“ bis zum Sportverein stark vertreten war oder sie gar in der Hand hatte, hatten die jungen Mitglieder an derart „unpolitischer Geselligkeit“ kein Interesse. Es blieb der Gartenbauverein, in dem jener alte sozialdemokratische Gemeinderat noch seine Rolle spielt; in den anderen Vereinen gewannen andere Einfluß.

Die Grendenbacher SPD verlor den Bürgermeister-Wahlkampf, sie verlor auch bei den Landtags- und Bundestagswahlen.

Die alte Grendenbacher SPD war in der Tat oft unpolitisch gewesen; viele Forderungen der jungen Mitglieder waren vollständig berechtigt. Die Situation von 1955 oder 1960 ist nie wieder herzustellen. Aber die heutige Situation darf auch nicht anhalten; ginge es so weiter, bedeutete dies eine endgültige Stabilisierung konservativer Mehrheit in diesem Ort. Wie wird es weitergehen?

### BEISPIEL 2: DER ABFALL DES BÜRGERMEISTERS

Heinrich Gugler war der unangefochtene Bürgermeister einer anderen Stadtrandgemeinde vor München. Er war bei einer Freien Wählergemeinschaft gewesen; die SPD hatte ihn aufgenommen, als er längst jemand war. Von Beruf war er Rechtsanwalt; aber in Wirklichkeit war und blieb er ein Bauer aus dem Nachbardorf, das jetzt bald kein Dorf mehr sein wird. Er war gradaus, sehr bayerisch und machte im übrigen eine planvolle, durchaus sozialdemokratischen Prinzipien entsprechende Kommunalpolitik.

Auch der Ortsverein seiner Gemeinde geriet in den Strukturwandel. Dieser war jahrzehntelang beherrscht gewesen von einem alten Freund Guglers, einem pfiffigen, aber herrschsüchtigen Sozialdemokraten, der lange Zeit hauptamtlicher Funktionär der Partei war und alle Tricks kannte. Gegen ihn und seine Truppe aus der „alten“ SPD rannte — nach vielen Versuchen der gütlichen Einigung — der neue Mittelstand Anfang der siebziger Jahre an. Es ging um die Nachfolge Guglers, der sich entschlossen hatte, zum Landrat zu kandidieren. Wer war der Richtige? Nachdem einer der Bewerber, der sich sehr um einen Kindergarten verdient gemacht hatte, auf einmal eine ganze Gruppe junger Eltern als neue Mitglieder brachte, wollte die Führungsgruppe des Ortsvereins diese Neuaufnahmen blockieren. Es begann ein Kampf mit Hauen und Stechen.

Auch der Bürgermeister Gugler mischte mit; er war zwischen Vernunft und Treue hin und her gerissen — und er war nicht immer diplomatisch. Die Aufstellung der Gemeinderatsliste war komplizierter als eine Regierungsbildung in Bonn. Die Drohung Guglers, alles hinzuschmeißen, hing über der Szene; er verlangte die Wiederwahl einiger seiner alten Freude. Der Ortsverein aber wollte neue, junge Gemeinderäte. Das Ganze ging über Wochen hin und her — von einer dramatischen Ortsvereinssitzung zur anderen. Die örtliche Presse hatte gute Tage.

Ich habe in diesen Tagen immer wieder mit Gugler gesprochen. Als Melder und Vermittler fuhr ich zwischen den Gruppen hin und her, die in verschiedenen Wirtshäusern oder Privatwohnungen tagten und die nächsten Attacken berieten. Es ging — das war klar — um die Frage: behält der Ort einen sozialdemokratischen Bürgermeister? Kann es eine sozialdemokratische Mehrheit geben?

Der Ortsverein einigte sich unter Qualen; es gab eine „gemischte Liste“. Sechs alte Gemeinderäte — unter Führung des Vorsitzenden — und rund 20 Mitglieder verließen die SPD. Wegen der „radikalen Jungsozialisten“, wie sie sagten. Natürlich gab es auch zwei, drei Flugblätter oder Äußerungen, über deren politische Weisheit man heftig streiten konnte.

Aber Gugler blieb. Er wollte weiter Bürgermeister bleiben. Ich war zufrieden und fuhr nach Bonn. An diesem Tag wurde Gugler auf einer Kreiskonferenz — der nächsthöheren Organisationsebene — von ein paar jungen Leuten heftig attackiert. Er kandidierte — wie schon seit langem — auf dem siebten Platz der Kreistagsliste. Man präsentierte ihm einen Gegenkandidaten. Da warf er sein Parteibuch auf den Tisch und verließ das Lokal. Er hatte das „Geschwätz“ satt, gab die Landratskandidatur ab und bewarb sich auf der Liste einer freien Wählergemeinschaft wieder um den Bürgermeisterposten. Die SPD verlor beide Wahlen — die um den Landrat, die um den Bürgermeister. Gugler wurde als Parteiloser erneut Bürgermeister.

Ich nahm für den Ortsverein Partei; Gugler hatte uns — und dazu kurz vor der Bundestagswahl 1972 — im Stich gelassen. Der Strukturwandel des Ortsvereins, die Verjüngung der Gemeinderatsfraktion waren notwendig gewesen. Heute herrscht dort eine vernünftige, entspannte Atmosphäre. Gugler hat sein Umschwenken bald bereut. Der Ortsverein ist alles andere als „radikal", er betreibt vernünftige Reformpolitik.

Aber heute — Gugler ist inzwischen tot, er hat die Gemeinde bis in die allerletzten Tage seines Lebens geführt, und er hat keine CSU-Politik gemacht — weiß ich natürlich: Der Mann hat diese SPD im Umbruch einfach nicht ausgehalten — psychisch. Heftige Diskussionen bis spät in die Nacht, Geschäftsordnungsdebatten, Anträge kurz vor Mitternacht, wechselnde Mehrheiten, unsereiner ist daran gewöhnt und betrachtet es als normale Begleiterscheinung des Berufs: Piloten sind selten an einem Ort, Kellner müssen viel laufen, und Politiker erleben eben so etwas. Aber Leute wie Gugler — und mit ihm zigtausende Sozialdemokraten — hören sich das vier-, fünfmal an, streiten ein wenig mit, kommen mal zu einer Wahl — und bleiben dann daheim. „Ich bin ein unabhängiger Mann", sagte Gugler immer. „Warum soll ich mir das antun?"

So geht das im ganzen Land. In einem kleinen Ortsverein von 20, 30 Mitgliedern kommt ein junger Lehrer, von den Alten begeistert begrüßt und in irgendeine Funktion gewählt. Der nimmt ein paar junge Leute auf, und drei Monate später bekommt die nächste Zentrale die wildesten Anträge auf den Tisch. „Das war doch bisher ein so vernünftiger Ortsverein", sagt der Bezirksvorsitzende. Bald bekommt er besorgniserregende Zeitungsausschnitte zugesandt — und immer mehr Anträge. Alte Mitglieder treten aus, neue ein. Der politische Gegner spricht von Radikalismus. In 95 von 100 Fällen ist nach drei Jahren der Ortsverein und der Lehrer mit seiner Organisation voll versöhnt. Aber die drei Jahre müssen durchgestanden werden. Und eine Partei, die eine solche Entwicklung nicht genau beobachtet und die davon überrascht wird — an allen Ecken und Enden —, kann ernsthaften Schaden nehmen.

## 3. INTEGRATION DER PARTEI

Was zeigen die Beispiele? Eine durch ideologische Auseinandersetzungen zerrissene Partei, die zwischen „konsequentem Sozialismus“ und Reformismus unentschieden hin und her schwankt? Diese Diagnose ist nur halb richtig. Wer genauer hinsieht, bekommt ein sehr viel differenzierteres Bild: nämlich das Bild einer Partei, die sich so vielen sozialen Schichten geöffnet hat, daß kaum zu bewältigende Kommunikationsschwierigkeiten entstanden sind. Die einen wollen einfach menschenwürdig leben und es Jahr für Jahr ein wenig besser haben; andere suchen Gemeinschaft und Solidarität, um ihre Vereinzelung zu überwinden; manche wollen schlicht Oberamtsrat oder Ministerialrat werden; und viele suchen in der Politik nach dem Sinn ihres Lebens, nach der Erlösung von der Mühsal einer Existenz, deren Plagen sie einer Krankheit mit dem Namen „Kapitalismus“ zu verdanken glauben. Diese Menschen reden ganz verschiedene Sprachen; ihre Verständigungsversuche sind oft ein groteskes Ballett. Die SPD in babylonischer Sprachverwirrung?

Unbestreitbar jedenfalls ist, daß die Kommunikationsschwierigkeiten in der SPD die Attraktivität der Partei gegenüber dem Wähler gemindert haben. Die Frage ist: Was kann die Sozialdemokratie in dieser Situation tun, um nicht abzutreiben in die geschichtliche Bedeutungslosigkeit?

### *a. Kein Defätismus in der Krise*

Die größte Gefahr für die SPD liegt im programmatischen Defätismus. Denn ein drohender Machtverlust der sozialdemokratisch geführten Regierung der Bundesrepublik, vor allem aber der sich anbahnende, in manchen Regionen schon zu verzeichnende Rückschlag in der Kommunalpolitik ruft natürlich auch diejenigen auf den Plan, die das große Konzept der Demokratisierung der Gesellschaft schon immer mit Skepsis betrachtet haben.

Niemand soll verkennen, daß in die Sozialdemokratie viele Menschen gehören, die diese Partei — berechtigterweise — als Solidargemeinschaft für die Förderung des sozialen Aufstiegs der kleinen Leute betrachten, denen aber das Motiv zum Kampf gegen die erniedrigende Bevormundung durch

Oligarchien aller Art weitgehend fehlt, weil ihnen die Selbstverständlichkeit von Über- und Unterordnung anerzogen worden ist.

Das Godesberger Programm hat, wie ich im Kapitel V gezeigt habe, die Grundlage gelegt für den Jahrhundertgedanken, nun — nach der Demokratisierung des Staates — die Demokratisierung der gesellschaftlichen Institutionen zu betreiben. Godesberg sprengte die Verengung des marxistischen Ansatzes, der ausschließlich auf die wirtschaftliche Macht fixiert war, und machte deutlich, daß oligarchische Verhältnisse nicht nur auf Kapitalmacht gründen müssen.

„An die Stelle der offenbar aussichtslosen und dogmatischen Ein-Front-Strategie Arbeit kontra Kapital tritt die Viel-Fronten-Strategie der Demokratisierung in allen gesellschaftlichen Subsystemen. Diese Wendung von der unifrontalen zur multifrontalen Transformationspraxis wird sich als eine — im doppelten Wortsinn — revolutionäre gesellschaftspolitische Wende im letzten Drittel des 20. Jahrhunderts erweisen.“ [4]

Gegen dieses Ergebnis von Godesberg trat in der Sozialdemokratie kaum jemand auf, solange sie im Aufwind war. Aber die sozialdemokratischen Hochschulprofessoren, die gegen die Hochschulreform waren, die Funktionäre, die das Gerede über innerparteiliche Demokratie überflüssigen Schnickschnack fanden, und die sozialdemokratischen Handwerksmeister, die in den Reformkonzepten zur Berufsausbildung eine übertriebene Rücksicht auf die Lehrlinge entdeckten, waren natürlich nicht verschwunden, sie waren nur zurückgedrängt worden und hatten sich — zumeist — ruhig verhalten. In einer Situation des wahlpolitischen Rückschlags werden sie sich wieder melden und darauf hinweisen, daß sie immer schon gegen „überspitzte“, dem Menschen unangemessene Demokratisierungstendenzen aufgetreten seien. Jetzt bekomme man die Quittung des Volkes und müsse daraus die Konsequenzen ziehen. (Dann folgt die Metaphorik von der Kirche, die im Dorfe, und den Tassen, die im Schrank bleiben müßten.)

Genau hier liegt eine der Gefahren: daß die Demokratisierungsbewegung unter Berufung auf ein (anders genanntes) „gesundes Volksempfinden“ abgestoppt wird. Denn nicht alle unsere Versuche sind gelungen; in manchen Bereichen — Beispiel Hochschule — haben wir eine Überforderung der zur Mitbestimmung bereiten Minderheiten zugelassen; da und dort kam es zu kollapsähnlichen Erscheinungen. Wenn sich aber der Widerwille gegen die Demokratisierung — vor allem im Erziehungs- und Bildungswesen: Schulen, Hochschulen, Zeitungen etc., ausweitet, wird er die intellektuelle Überzeugungskraft der Sozialdemokratie lähmen. Denn diese leitet sich in einer Phase relativ hohen Konsums aus dem Anspruch ab, illegitime Herrschaft abzubauen, wo immer sie auftritt. Es geht eben nicht mehr nur um die Bekämpfung des Zustandes, in dem es Mühselige und Beladene gibt, sondern auch um Bekämpfung des Zustandes, der Erniedrigte und Beleidigte erzeugt.

Wenn die Sozialdemokratie hier, nach einem ersten Jahrzehnt Kampf bei unbestreitbaren Anzeichen von Schwierigkeiten, zurückweicht, wenn sie also den Kampf um neue Bildungsinhalte (Stichwort: Rahmenrichtlinien), neue Organisationsformen (Stichwort: Paritäten), neue Formen der Mitbestimmung (Stichwort: Produktionsinhalte), nur noch halbherzig führt oder gar aufgibt, gibt sie den Raum frei für den Vormarsch der konservativen Theorie und Praxis. Sie würde dann nicht nur eine Schlappe erlitten, sondern eine Schlacht verloren haben.

### *b. Zwischenbilanz*

Was aber notwendig wäre, ist eine Zwischenbilanz. Haben wir überall zwischen der Mitbestimmung der Betroffenen (beispielsweise in Betrieben der Arbeitnehmer und Arbeitgeber) und der Mitbestimmung der Gesellschaft — die indirekt genauso betroffen ist — unterschieden? Haben wir die partizipationsfähigen Minderheiten überfordert? Haben wir die Entscheidungskompetenzen falsch aufgeteilt? Darüber muß die Sozialdemokratie heute — eben unter der Überschrift „Zwischenbilanz der Demokratisierung" — einen großen gesellschaftlichen Dialog führen, in den auch der politische Gegner einzubeziehen ist.

Es liegen viele unausgewertete wissenschaftliche Erkenntnisse aus den letzten zehn Jahren vor. Von Friedrich Naschold bis Fritz Vilmar, von Claus Offe und Jürgen Habermas bis zu Ralf Dahrendorf und Richard Löwenthal gibt es viel intellektuelle Kapazität, deren selbstkritische Analyse Schelsky, Biedenkopf und Hans Maier in die Defensive zurückdrängen würde. Und es gibt viele unausgewertete praktische Erfahrungen aus den Bürgerinitiativen und ähnlichen Aktivitäten. Hier müßte die Aufarbeitung beginnen — gerade in der Krise.

Eine Krise der SPD bei den Wählern kann noch eine andere verhängnisvolle Konsequenz nach sich ziehen, die sich mit dem (leider gar nicht selten zu hörenden) Satz umschreiben ließe: „Mit der ewigen Theoretisiererei muß nun Schluß sein, wir müssen uns wieder dem Machterwerb oder dem Machterhalt widmen."

Der zweite Teil dieses Satzes ist natürlich berechtigt; eine Partei, die gesellschaftliche Verhältnisse verändern will, muß eine gesunde Beziehung zur Macht haben — und es kann gar kein Zweifel sein, daß in der SPD vor 1959 und in der SPD nach 1968 Gruppierungen mit einem gebrochenen Verhältnis zur Macht allzuviel Einfluß ausübten oder ausüben. Nur: Wer in der Politik die „Theorie" achtlos beiseite schiebt, gerät in die Gefahr, daß er vielleicht die Macht bekommt, dann aber nichts mit ihr anzufangen weiß. Dies hat dann so schmerzhafte objektive Folgen für die Menschen, daß sie ihn davonjagen werden. Dies bedeutet: Theoriediskussion und Machterwerb oder Machterhalt sind nicht gegensätzliche, sich behindernde Aktivitäten, sondern bedingen einander; wem die Theorie fehlt, der kann die Macht vielleicht erwerben, aber er kann sie mit Sicherheit nicht erhalten.

Ein Teil der Schwierigkeiten, in denen die SPD heute steckt, ist deshalb gerade eine Folge der Vernachlässigung der Theoriediskussion in den sechziger Jahren. Der Rückfall vieler jüngerer Parteimitglieder auf monokausale Erklärungsmodelle für unsere gesellschaftliche Entwicklung, die ungefilterte Übernahme einer groben materialistischen Erkenntnistheorie und der Glaube an einen „einzigen Hebel" (Willy Brandt) der Veränderung sind ja keine Produkte der Böswilligkeit oder Verstocktheit einer Generation; sie sind Kennzeichen der Ratlosigkeit, in der die Partei ihre Mitglieder gelassen hat. Denn diese Partei hat sich zwar für das Programm der „Volkspartei" entschieden; und dies hieß, daß man eben nicht nur die untere Mittelschicht organisieren wollte, die sozusagen ein vorgegebenes soziales Ziel hatte — nämlich aufzusteigen —, sondern daß man auch wählbar wurde für materiell mehr oder weniger saturierte Menschen. Die SPD wurde für diese Menschen wählbar — und sie wurde von ihnen gewählt; sie wird nur heute mit ihnen nicht (oder: nur schwer) fertig. Denn diese Leute haben Sinnfragen in die klassische Arbeiterbewegung getragen, die diese zwar schon oft diskutiert, inzwischen aber — zumindest für die Jahre zwischen 1959 und 1968 — verdrängt hatte.

Verdrängen hilft aber nicht. Zwar wäre es theoretisch möglich, unter dem Eindruck massiver Wahlniederlagen, diese Sinnfragen zu unterdrücken. Doch sie würden, wenn sie nicht befriedigend beantwortet werden, immer wieder hochkommen; es sei denn, man trennte sich wieder von dem Konzept der Volkspartei und verkürzte das Spektrum der SPD auf die soziale Schichtung der Partei von 1960. Eine solche Entscheidung würde jedoch der Sozialdemokratie die Mehrheit kosten, die sie inzwischen gewonnen hat. Der Weg zur Regierungsmacht der Sozialdemokratie ist also eine Folge der Erweiterung des Spektrums der Partei; die Erweiterung des Spektrums der Partei aber ist die Ursache für viele aktuelle Schwierigkeiten, die die Regierungsmacht wiederum bedrohen. Diesen Zusammenhang muß man begreifen, wenn man die Gefahren bannen will.

Deswegen darf sich die Sozialdemokratie in ihrer Theoriediskussion nicht auf „Abgrenzungsbeschlüsse" beschränken, mit denen sie „zielwidrige Weggenossen" diszipliniert. *Hier* hat Jochen Steffen recht: „Die ‚Abgrenzung' von zielwidrigen Weggenossen ist ein Nebenprodukt des Gewinnens eigener Bewußtheit."[5] Die Sehnsucht nach einfachen Formeln kann man nicht dadurch überwinden, daß man die aktiven Minderheiten, die diese Sehnsucht verspüren, aus dem Tempel wirft. Wer so verführe, würde die aktiven Minderheiten bald bitter entbehren. Man muß versuchen, diese Sehnsucht zu überwinden — durch den unverdrossenen Verweis auf die Widerstände der Realität.

1974 war es 15 Jahre her, seit das Godesberger Programm beschlossen wurde. Damals war dieses Programm, die Ergebnisse der Wissenschaft auf ihrem für Deutschland kommensurablen Stand zusammenfassend, ein wirksamer Impuls für hunderttausende Menschen, sich mit der gesellschaftlichen Realität auseinanderzusetzen. Seitdem hat sich der Problemdruck verschärft; neue Fragen sind aufgetaucht. Godesberg muß — wie Bruno Friedrich zu Recht gefordert hat — erneuert werden. Es darf nicht zum heiligen Buch verkommen, auf das man sich in Aburteilungen beruft; es muß wieder zu einem Text werden, der zu emanzipatorischer Praxis motiviert.

Es gibt zwei Grundgefährdungen sozialdemokratischer Politik; einen besinnungslosen Praktizismus, der alle strukturellen Reformen nach dem Motto „Das geht *doch* nicht" ablehnt und sich den Stimmungen der jeweiligen Mehrheit anpaßt; und einen wohlfeilen Verbalradikalismus, der sich auf die Wirklichkeit gar nicht erst einläßt, weil eben vor aller Reform der „Grundwiderspruch" überwunden werden müsse. Beide Haltungen lassen sich übrigens mühelos miteinander verbinden, wie die Geschichte der SPD in Weimar, aber auch noch im ersten Jahrzehnt der Bundesrepublik zeigt. Die Machtchance der SPD wird unter anderem davon abhängen, ob sie sich durch Wahlverluste wieder abschrecken läßt von theoretischer Anstrengung — oder ob sie die Kraft aufbringt, jene *beiden* Gefährdungen in einem reflektierten und kreativen Reformismus zu überwinden.

### *c. Das soziale Spektrum der Partei*

Im Hinblick auf die soziale Zusammensetzung der Volkspartei SPD muß das heißen: Die Partei muß „integriert" werden. Wenn die Sozialdemokratie den Anspruch der Regierungsfähigkeit in einer differenzierten Gesellschaft aufrechterhalten will, muß sie sowohl die Gewerkschaften als auch die kleinen sozialistischen grass-root-movements repräsentieren; muß sie akzeptabel sein sowohl für das liberale, laizistische Bürgertum (das übrigens oft gewerkschaftskritisch eingestellt ist) als auch für neu aufkommende geistige Strömungen, die zuerst einmal in Bürgerinitiativen, akademischen Zirkeln oder vorpolitischen Interessenverbänden ihren organisatorischen Halt suchen.

Natürlich stecken in diesem Konzept Gefahren. Ein ganzer Flügel der SPD wittert heute hinter dem Wort „Integration" eine Tendenz zur kraftlosen Beschwichtigung auseinanderstrebender Kräfte. Deswegen interpretiere ich die Forderung nach „Integration" durch drei Aussagen.

Erstens: „Integration" kann nicht heißen, daß man die SPD zu einem programmlosen Allerweltsverband über zerfallenen, zuweilen marodierenden Gruppen oder Haufen machen soll, einer Wahlmaschine nach amerikanischem Muster. Das Spektrum der Partei muß breit, es kann aber nicht unbegrenzt sein.

Eindeutige Abgrenzungen nach links *und* rechts sind notwendig.

Zweitens: Integration ist ein immer wieder neu zustandezubringender, schwieriger Balanceakt. Unduldsame Rechthaber mit dem Drang zur reinen Lehre (die es auf dem rechten wie dem linken Flügel der SPD gibt) müssen in einer Integrations- oder Volkspartei klein gehalten werden. Denn wenn die SPD *die* Organisationsform der demokratischen Linken in der Bundesrepublik bleiben will, muß sie sowohl mehrheitsfähig als auch kreativ, vorwärtstreibend sein. Sie muß also einerseits die große Masse der Arbeiterstimmen und des abhängig beschäftigten Mittelstandes binden und andererseits durchlässig sein für neue Denkanstöße, kritische Fragestellungen. Neue, kritische Impulse kommen aber zuerst einmal aus den Außenseiterpositionen und werden leidenschaftlich angefeindet. Die SPD muß die Organisation sein, die Außenseiterpositionen (wenn auch keineswegs alle) mehrheitsfähig macht und die Gesellschaft dadurch vor dem Tod durch Erstarrung bewahrt. Die Volkspartei darf nicht zur Partei des gesunden Volksempfindens werden — aber auch nicht zum realitätsvergessenen Diskutierklub.

Und drittens: Integration ist nur durch Führung erreichbar. Die SPD-Führung der sechziger Jahre hat das „Theoriedefizit" zu groß werden lassen; deswegen war die Gegenbewegung ab 1967/68 so machtvoll. Eine Führung, die eine so vielfältige Organisation wie die SPD integrieren will, muß die verschiedenen Strömungen sehr genau beobachten und *vorausschauend* kanalisieren; dazu gehört auch, daß man relevante Minderheiten rechtzeitig an der Führung beteiligt — und sie dadurch bindet. Wer zuerst Gruppenprozesse laufen läßt, um hinterher die Kollisionen durch Maßhalteappelle zu mildern, muß scheitern. Daß die Vorstandsmehrheit der SPD ihren Vorsitzenden in diese Lage brachte und ihm heute gelegentlich mangelnde Durchsetzungsfähigkeit vorwirft, ist ungerecht. Es zeigt aber auch gewisse Schwächen der engeren Führungsgruppe in den sechziger Jahren gegenüber der Parteimehrheit.

Zum Thema Führungstechnik in einer Volkspartei: Wer A sagt, muß auch B sagen. Wer Volkspartei sagt, muß auch mehr oder weniger deutlich voneinander abgegrenzte Gruppierungen innerhalb der Volkspartei akzeptieren. Es ist gut und richtig, zu verhindern, daß solche Gruppierungen zu Parteien in der Partei werden. Aber es ist auch ganz unsinnig, wenn die Repräsentanten der verschiedenen Gruppen sich gegenseitig zu zerstören versuchen, indem sie sich die Glaubwürdigkeit bei ihrer jeweiligen Klientel nehmen. Denn Integration ist nur möglich über das emotionsfreie — auf das Wohl der Gesamtorganisation bezogene — Gespräch von Repräsentanten oder Führern, die in ihren jeweiligen Gruppen Prestige genießen. Dieses Gespräch muß systematisch geführt werden. Wer es als Kollaboration verdächtigt, hat den Mechanismus des Funktionierens von Volksparteien nicht begriffen.

Widerstände gegen die Integration der SPD gibt es sowohl beim politischen Gegner wie in der Partei selbst. Der Widerstand des Gegners ist dabei sozusagen verständlich — er braucht eine geschwächte, in sich zerstrittene, dem Wähler als unzuverlässig darzustellende Sozialdemokratie, um selbst wieder an die Macht zu kommen. Auch die SPD versucht schließlich, Sozialausschüsse und Industrieflügel der CDU auseinanderzubringen. Mit Hilfe der Konservativen, zunehmend auch der liberalen Publizistik (die des linken Vokabulars überdrüssig ist) wird versucht, die SPD zu entzweien. Insbesondere die „Verfassungsstrategie" ist dabei nicht ohne Erfolg. Sie geht darauf aus, alle möglichen Reformvorschläge, die über Systemreparaturen hinausgehen, als verfassungswidrig zu brandmarken und dabei die Sozialdemokratie Stück für Stück zu „Distanzierungen" (von Sachforderungen oder Personengruppen) zu zwingen. Eine Organisation nach der anderen wird so — durch eine langfristig angelegte Politik der publizistischen Nadelstiche, die vor Wahlauseinandersetzungen intensiviert wird — in eine Grauzone der „Verfassungsfeindlichkeit" gedrückt. Erklärtes Ziel dieser Strategie ist es, auf Dauer auch die Sozialdemokratie selbst in den Augen breiter Wählerschichten in diese Grauzone zu rücken und nur einige wenige „gute" Sozialdemokraten (jenseits der Pensionsgrenze, unterhalb der Popularitätsschwelle) übrig zu lassen. Eine Trennung der Sozialdemokratie vom akademischen Milieu (und damit wichtigen Teilen der Intelligenz der achtziger Jahre) ist durch diese Strategie bereits erreicht; eine Trennung vom künstlerischen Milieu bahnt sich an.

Diese Strategie des Konservatismus ist natürlich nur deshalb so erfolgreich, weil die Partei selbst — durch ihren problematischen inneren Zustand — den Erfolg des Gegners begünstigt. In der Sozialdemokratie ist Anfang der siebziger Jahre ein *publizistischer Mechanismus der Selbstlähmung* wirksam geworden, der — wenn er nicht ausgeschaltet wird — die Partei in die Opposition zurückdrücken müßte.

### *d. Mechanismus der Selbstlähmung*

Was meine ich, wenn ich von diesem „Mechanismus" spreche? Vor allem die argwöhnische gegenseitige Beobachtung, die zwischen den Flügeln üblich geworden ist; die Anfertigung von Dossiers; und die publizistische Auswertung von allem und jedem, was dem innerparteilichen Gegner schadet — gleichgültig, welchen Schaden dabei die Partei insgesamt nimmt. Die Entwicklung der modernen Massenmedien bringt es mit sich, daß personalisierte Konflikte viel besser „ankommen" als Sachkonflikte. Der politische Gegner ist natürlich daran interessiert, *jeden* Konflikt wahlwirksam auszuschlachten. Der Mechanismus der Selbstlähmung funktioniert so:

Zuerst tritt eine kleine wohlorganisierte Gruppe von parteioppositionellen, meist jungen Mitgliedern zum Kampf gegen eine verfestigte Struktur in irgendeiner Stadt, in irgendeinem Ortsverein an. Durch Strukturveränderungen in der Mitgliedschaft und durch systematische Arbeit gewinnen sie eine Mehrheit oder nahezu eine Mehrheit.

In diesem Stadium wird oft genug der sonst verketzerte „bürgerliche" Apparat der Publizistik *von links* gegen die eigenen Genossen benutzt; in den letzten Jahren — seit 1969 — hat es sich im übrigen eingebürgert, daß derartige Ablösungsprozesse in gelegentlich grotesken Ausmaßen von sozialistischer Maulhurerei begleitet waren. Die Disziplin der Arbeiterbewegung war eine Disziplin der unterdrückten Unterschichten; sie schwand in dem Maße, in dem die SPD auch Angehörige der Mittel- und Oberschichten aufnahm. Oft genug muß man es deshalb beobachten, wie zwei redegewandte Zweiundzwanzigjährige ganze Scharen von stockbürgerlichen Ingenieuren, Amtmännern, Gewerkschaftsfunktionären oder Lehrern zu verbalen Pflichtübungen in „Systemüberwindung" bringen, die bei vielen politisch nicht organisierten Bürgern ernste Besorgnisse auslösen müssen.

In derartigen Ablösungsprozessen — die sich gelegentlich als innerparteiliche Kultur- und Klassenkämpfe darstellen — werden alte, verdiente Sozialdemokraten aus den Funktionen und Mandaten gedrängt. Wenn solche Ablösungen nicht durch ausgleichende Führungsfiguren oder eine lebensfähige Gruppierung der Mitte ausbalanciert werden, entstehen Ressentiments, im schlimmsten Fall: Haß.

Und dann machen die abgelösten Genossen, die Repräsentanten der vorherrschenden sozialen Schichtung der Partei von 1960 oder 1955, den Versuch, die neue Gruppierung durch den Appell an die Öffentlichkeit aus der Macht zu verdrängen. So entstehen dann publizistische Feldzüge von Sozialdemokraten gegen Sozialdemokraten, in denen das Erheben von pauschalen Vorwürfen zur Regel wird. Auch wenn diesen Vorwürfen die Dementis dann sofort nachgeschickt werden — nach ein oder zwei Jahren setzt sich in den Köpfen der Wähler der Mittelschichten die Einsicht fest, daß diese Partei nicht mehr wählbar sei. Dann folgen Wahlniederlagen, denen nicht etwa Erkenntnisprozesse im Sinne einer Katharsis, sondern neue gegenseitige Beschuldigungen folgen. Dies ist der gegenwärtige Zustand in einem Teil der Ortsvereine und Unterbezirke der SPD.

Problematisch ist dieser Zustand vor allem auch deshalb, weil er auf Dauer die innerparteiliche Meinungsfreiheit gefährden muß. Eine Partei wird schließlich von einem haupt- und nebenamtlichen Apparat getragen, der in seinen Sozial- und Berufschancen von der Außenwirkung der Partei abhängt. Je mehr Leute nicht mehr Gemeinderäte, Stadträte, Abgeordnete, Bürgermeister werden, weil die Form der innerparteilichen Meinungsbildung die Machtchance gefährdet, desto lauter wird der an vielen Stellen schon vernehmbare Ruf nach „Ruhe und Ordnung“ in der Partei werden. Wer also begreift, daß die SPD ein Organ repressionsfreier politischer Diskussion bleiben muß (weil sonst Lernprozesse blockiert werden), muß jenen „Mechanismus“ der Selbstlähmung auszuschalten versuchen.

Welche Folgerungen soll die Sozialdemokratie aus all dem ziehen? Ich meine, daß sie in der Tat — will sie als „Volkspartei“ weiter existieren — das soziale und politische Spektrum der Mitgliedschaft verkleinern muß. Die heute gegebene Spannweite ist zu groß; die Randgruppen paralysieren in ihrem erbarmungslosen Kampf die Gesamtpartei.

Dabei wird es allerdings notwendig sein, das Spektrum an beiden Rändern zu kappen. Dazu sind verschiedene Instrumente notwendig: „administrative“ (also Ordnungsverfahren, Ausschlüsse) ebenso wie politische. Vor allem aber muß die

Partei den Kern ihrer Anhängerschaft, die breiten Schichten der Arbeitnehmer, insbesondere der Industriearbeiterschaft, in ihrem Engagement stabilisieren. Die Arbeiter müssen davon abgehalten werden, sich irritiert und verunsichert durch den Argumentations- und Lebensstil der Mittelschichten, ins Privatistische zurückzuziehen. Die neugegründete Arbeitsgemeinschaft für Arbeitnehmerfragen nimmt sich dieser Aufgabe mit wachsendem Erfolg an. Sie ist ihrer Funktion nach nicht etwa eine „rechte" Pressure-group, sondern ein Kommunikationsraum für die Arbeitnehmer, ein „Sprechsaal für Arbeiter". Alle Argumente gegen diese Arbeitsgemeinschaft — die darauf hinausliefen, daß in einer Arbeitnehmerpartei eine Arbeitnehmergemeinschaft unnötig sei — gingen deshalb in die falsche Richtung. Wachsende soziale Differenzierung der Mitgliedschaft verlangt eine wachsende Differenzierung der Kommunikationsstränge. Die Gründung der Arbeitsgemeinschaft für Arbeitnehmerfragen war *eine* der notwendigen Antworten auf die „Wachstumsprobleme" der Partei; allerdings nicht die einzige.

### e. *„Administrative Maßnahmen"*

Meine These ist, daß *hinter* den ideologischen, mit dem Hinweis auf Marx, das Godesberger Programm, das Grundgesetz geführten Debatten sozialpsychologische Prozesse ablaufen, die bisher weithin unbegriffen geblieben sind. Deshalb warne ich die SPD vor dem Irrglauben, sie müsse nur ein paar Dutzend Rädelsführer aus der Partei werfen und könne sich dann — sozusagen nach einigen Schauprozessen zur Bruhigung der verunsicherten Mittelklassen — zurücklehnen und weitermachen wie bisher. Auf diese Weise ist das Problem der Integration verschiedener sozialer Schichten nicht zu lösen.

Andererseits kann man natürlich auch nicht alle ideologischen Kontroversen sozialpsychologisch wegerklären. Dort, wo es wirklich um *ideologische* Kontroversen geht — und wo SPD-Mitglieder unter Mißachtung der Beschlüsse der legitimierten Gremien Thesen vertreten, die der Partei Schaden zufügen — ist auch das Parteiordnungsverfahren sinnvoll.

Dies kann natürlich nicht heißen, daß Programme oder Beschlüsse ein für allemal sakrosankt sind. Das Godesberger Programm von 1959 „verstößt" in manchen Forderungen gegen das Heidelberger Programm von 1925 und das Erfurter Programm von 1891. Die „Neuerer“ in der SPD, die Verfechter des Godesberger Kurses haben also mit Sicherheit — auch schon vor 1959 — durch öffentliche Äußerungen gegen geltende Programme verstoßen. Und was den einen recht ist, ist den anderen billig; es mag auch Sozialdemokraten geben, die den Weg von Godesberg zurück nach Heidelberg für sinnvoll halten. (In der CDU könnte man beispielsweise durchaus auf den Gedanken kommen, daß ein Weg zurück zum Ahlener Programm sinnvoll sei.) Die offene programmatische Diskussion innerhalb der Partei muß also gewährleistet sein.

Nur kann dies nicht heißen, daß eine Partei Mitglieder, ja gar Fraktionen dulden muß, die permanent und öffentlich den mehrheitlich beschlossenen Kurs in Grundfragen anzweifeln. Es ist notwendig und sinnvoll, daß ein bestimmtes Problem — Sozialisierung der Banken, politische Investitionskontrolle, Extremisten im öffentlichen Dienst — eine Zeitlang innerhalb der Partei, und damit teilweise auch öffentlich, diskutiert wird; dies gilt auch für den Fall, daß ein früheres Programm, ein alter Beschluß die Frage bereits „gelöst“ hatte; vielleicht ist eine neue „Lösung“ aufgrund neuer gesellschaftlicher Entwicklungen nötig. Wenn dann aber ein Parteitag als nächste Instanz die (vielleicht) alte Frage erneut entschieden hat, muß auch die überstimmte Minderheit dies anerkennen. Wer dann noch öffentlich gegen den Mehrheitsbeschluß agitiert, muß auf dem innerparteilichen Rechtsweg (der in der SPD streng nach dem Prinzip unabhängiger Gerichte organisiert ist) zur Ordnung gerufen werden.

Parteiausschlüsse sind dabei sinnvoll gegenüber denjenigen Gruppen, die die Sozialdemokratie als eine Art „Wirts-Tier“ benützen wollen, weil sie nur über sie — und die Gewerkschaften — an die Arbeiterschaft herankommen. Eingefleischte „wissenschaftliche Sozialisten“, für die Sozialismus identisch ist mit der Überwindung des Privateigentums an Produktionsmitteln und die lediglich aus strategischen Gründen in einer heute angeblich „prokapitalistischen“ SPD mitarbeiten, muß klargemacht werden, daß sie in der SPD fehl am Platze sind. Solchen Leuten Handlungsspielraum zu gewähren, wäre nicht „liberal“, sondern dumm.[6]

Dann aber gibt es Zehntausende von politisierten jungen Leuten, die sich verbal zuweilen ebenso radikal geben wie die „strategischen“ Sozialdemokraten, die aber sozialdemokratisch

„sozialisierbar“ sind. Dem Wunsch auf Antworten nach Sinn-Fragen ist die Sozialdemokratie jahrzehntelang nur mit Broschüren über kleine Schritte, Achselzucken und dem Hinweis auf gebaute Hallenbäder begegnet. Den Rückzug vieler jungen Mitglieder in eine „konsequent sozialistische“ Struktur hat die Partei schweigend und erleichtert geduldet. Wie viele der entscheidenden Funktionäre haben sich regelmäßig und verständigungsbereit mit den jungen Mitgliedern in deren Juso-Arbeitsgemeinschaften auseinandergesetzt? Haben nicht die meisten von uns das Rezept bevorzugt, die Jungsozialisten im eigenen Saft kochen zu lassen, damit sie sich durch ihren Richtungsstreit selbst erledigen? Wenn wir jetzt plötzlich und übergangslos jedes Resolutionswort auf die Goldwaage legen und undifferenziert administrativ beantworten, behindern wir die offene, über den Tag hinausweisende Diskussion, erzeugen falsche Solidarisierungen und drängen per Saldo eine ganze soziale Komponente aus der Partei. Die Folge wäre eine Verkleinerung des sozialen Spektrums der SPD auf den Stand der frühen sechziger Jahre — und damit eine Verkleinerung der intellektuellen und organisatorischen Kapazität der Partei — und der Basis in der Bevölkerung. Die SPD von 1960 würde Mitte der siebziger Jahre eine ziemlich hilflose Organisation sein; Objekt der Geschichte.

Was nach links gilt, gilt ebenso nach rechts. Wer im „Bund Freiheit der Wissenschaft“ die Bildungspolitik der Union vertritt, hat dazu ein verfassungsmäßig garantiertes Recht: aber er sollte nicht auch noch behaupten dürfen, er handle als Sozialdemokrat. Die politische Stoßrichtung dieses Bundes richtet sich nicht etwa gegen unverbindliche Meinungen des linken SPD-Flügels; sie richtet sich gegen die klar definierte Politik der sozialdemokratischen Landesregierungen, der Bundesregierung und der sozialdemokratischen Fraktionen in Bund und Ländern.[7] Ähnliches gilt für den „Hessischen Elternverein“ oder den „Bund Freies Deutschland“ in Berlin. Soweit es nicht um berufs*ständische* Organisationen geht — kein sozialdemokratischer Drogist kann dafür verantwortlich gemacht werden, wenn der Drogistenverband gegen die SPD agitieren sollte —, muß ein Parteimitglied prüfen, ob ein Engagement in einem Single-purpose-Movement, einem Verein, einer Bürgerinitiative mit seiner Zugehörigkeit zur SPD vereinbar ist.

Hier setzt im übrigen normalerweise die Kritik der Parteilinken ein; sie wendet sich gegen die einseitige Praxis der innerparteilichen Anklageerhebung, die nur nach links, nicht aber nach rechts blicke. — Für die Vergangenheit ist diese Kritik nicht unrichtig; jedoch sind in den letzten Jahren „administrative Maßnahmen“ generell — nach rechts *und* links — selten angewandt worden. Und seit der „linke“ SPD-Bezirk Hessen-Süd gegen Mitglieder des Hessischen Elternvereins vorgeht, bahnt sich eine neue Situation an. Ich halte diese neue Tendenz — Klarheit nach links *und* rechts, gegenüber „wissenschaftlichen Sozialisten“ *und* Gegnern der Demokratisierung der Gesellschaft — für richtiger und vernünftiger als eine verwaschene, als Toleranz kostümierte Unentschiedenheit. Sie verwirrt den Wähler und nützt dem politischen Gegner.

### *f. Politische Abgrenzungstechniken*

Neben administrativen muß eine Partei aber auch *politische* Abgrenzungstechniken entwickeln; man kann Leute nicht nur hinauswerfen, man kann sie, wie in Frankfurt gegenüber einer DKP-nahen Gruppe um den Lehrer Eckert geschehen — auch hinausdiskutieren. Und man kann die Ermutigung zum Beitritt in die SPD oder zum Verbleib in der SPD durchaus verschieden dosieren; manche Leute wird man am besten erst gar nicht ermutigen.

Es mag banal sein, aber:

Eine Partei — auch eine Mitgliederpartei — ist etwas anderes als die „Aktion Sorgenkind“ oder der Bertelsmann-Lesering; das vergessen fleißige Parteiwerber und fleißige Parteiobleute zuweilen. Weder absolute Zahl noch Organisationstreue sind Werte an sich.

Beispielsweise ziehen die Parteien immer wieder einmal „Außenseiter“ an, Menschen mit hohem psychologischem Überdruck, die mit ihrem Leben und vor allem mit ihren Mitmenschen nicht fertig werden und sich deshalb häufig in endlose Konflikte verwickeln. Solche psychischen Schwächen können sich oft mit hoher Sensibilität und hoher Intelligenz verbinden; seit eine Welle der „Politisierung“ durch die deutsche Gesellschaft ging, gerieten solche „Außenseiter“ mehr als sonst in die SPD; die Parteien wurden ja zum Ersatz für die Kirchen, die Jugendbewegung, teilweise sogar für die Universitäten — sie übernahmen von anderen, verfallenden, sich umorientierenden Institutionen die Funktion der Weltorientierung für die junge Generation. Die — ich nenne sie einmal herzlos so — „Außenseiter“, die Übersensiblen, können ganze Ortsvereine und Kreisverbände der Partei paralysieren; ihre privat nicht bewältigten — oft: wegen überdurchschnittlicher Sensibilität nicht bewältigten — Konflikte, ihre Aggressionen führen zu ständigen „Krisen“ in ihren Heimatorganisationen; sie vertreiben im Extremfall zig Mitglieder, deren praktisches Engagement wichtig wäre, sie vertreiben of gerade Arbeiter, deren Toleranzschwelle bei derartigen Konflikten, ihrer Erziehung gemäß, im allgemeinen niedrig ist.

Ich wäre der letzte, der den Rat geben würde: Werft solche Leute aus der Partei. Das geht übrigens gar nicht; man kann niemanden wegen seiner komplizierten Seele ausschließen, man braucht dazu satzungsgemäße Tatbestände. Auch können solche Temperamente überaus nützlich sein; sie reagieren seismographisch auf Ungerechtigkeiten, sie signalisieren Veränderungen in der Zeitströmung. Aber zuweilen demolieren sie auch ganze Parteigliederungen. Und dann muß die Partei die Kraft haben, zu sagen: Lieber frustrieren wir einen als fünfzig andere. Der fragwürdige Satz, die SPD sei kein Oberseminar zur Sozialisierung problematischer Naturen, gewinnt dann an Berechtigung. Wir dürfen nicht riskieren, den Konservativen zur Macht — und sei es: zur Macht im lokalen regionalen Bereich — zu verhelfen, um einen, der sich verstiegen hat, zu befriedigen.

Solche „Außenseiter“ schlagen sich normalerweise — keineswegs immer — auf die „linke“ Seite. Aber auch „rechts“ hat die SPD ihre „problematischen Naturen“. So nahm sie manchen Bürgermeister oder Landrat auf — oder machte so manchen wohlangesehenen Bürger zum Bürgermeister oder Landrat, der das Godesberger Programm nie in der Hand gehabt hatte und — schlimmer — auch absolut keine Lust verspürte, für Investitionskontrolle, für eine strikte Sozialbindung des Eigentums oder emanzipatorische Tendenzen im Bildungswesen einzutreten. Manchmal waren wir besonders bauernschlau; wie ließen Leute kandidieren, die zwar — formal — Sozialdemokraten waren, die das aber nicht einmal auf ihre Plakate schrieben — um die Wähler nicht zu verschrecken. Das Ergebnis solcher Personalpolitik ist allzu oft, daß diese Volkstribunen bei der ersten Krise innerhalb ihrer Organisation, bei der ersten unbequemen, Privilegien antastenden Forderung aus einem Industriebetrieb, beim ersten (oder zweiten) Konflikt in der örtlichen Volkshochschule, dem Jugendzentrum, der Berufsschule oder dem Krankenhaus Parteitagsbeschlüsse der SPD Parteitagsbeschlüsse sein lassen und nach dem — lokalen — Parallelogramm der Kräfte entscheiden. Um jenen Satz von dem Oberseminar zu paraphrasieren: Die SPD ist auch kein Proseminar zur Sozialisierung von Konservativen.

Ich will sagen: Wir müssen aufhören, populäre Vereinsvorsitzende, Professoren und Filmschauspieler zur Sozialdemokratie übertölpeln zu wollen — nur um von ihrem Prestige profitieren zu können. Das momentane Engagement solch eines Mannes bei einer Wahl kann den Schaden nicht aufwiegen, den sein publikumswirksamer Rückzug bei den ersten Schwierigkeiten verursacht. Karl Steinbuch hat uns da eine bittere, hoffentlich wirksame, Lektion erteilt.

Und noch etwas wird man sagen müssen: Auch lange, jahrzehntelange Mitgliedschaft in der SPD entbindet nicht vom Mitdenken. Ich trete mit allem Nachdruck dafür ein, daß das vieltausendfache, risikoreiche, unpathetische Einstehen für die Sache der SPD in schweren Zeiten anerkannt wird; und nichts ist dümmer als die oberflächliche, elitäre Arroganz, mit der zuweilen junge Sozialdemokraten denen begegnen, die schon seit Jahrzehnten in den Sielen sind und die vielleicht die letzte modische Variante der Theoriediskussion nicht mitvollzogen haben. Aber dann gibt es auch Parteimitglieder, die die Lernprozesse der sich weiterentwickelnden Sozialdemokratie ignoriert haben und auf der Partei bestehen, in die sie vor zwanzig, vor dreißig oder mehr Jahren eingetreten sind. Diesen Menschen muß die SPD Respekt und Dank bezeugen; aber sie muß sie, wenn es anders nicht geht, ziehen lassen.

Integration der Partei: das verlangt eine Führungstechnik, die auf allen Ebenen — der zentralen, der regionalen, der lokalen — die unterschiedlichsten Instrumente einsetzt. Sicher ist es am besten, wenn man dabei soweit als möglich ohne formelle Ordnungsverfahren auskommen kann; aber der dogmatische Standpunkt, administrative Maßnahmen seien „grundsätzlich“ abzulehnen, ist falsch. Die SPD wird z. B. auch darüber nachdenken müssen, ob sie Beitrittsanträge künftig nicht wieder gründlicher prüfen sollte; dabei könnte sie sich der Satzungsbestimmung bedienen, die einen Widerruf der Mitgliedschaft nach einem Jahr ermöglicht, wenn das Verhalten des neuen Mitglieds Zweifel an dessen Eingliederungsbereitschaft in das Spektrum der Partei aufkommen läßt.

Wichtiger aber als die Handhabung solcher „Instrumente" ist die Erkenntnis, daß in der Partei ständig hochkomplizierte Gruppenprozesse ablaufen, deren *sozial-psychologische* Dimension von den Funktionären begriffen werden muß. Je vielfältiger die Volkspartei wird, desto komplizierter ihre Sozialpsychologie. Für die verantwortlichen Funktionäre — die ja Moderatoren zwischen den sozialen Schichten sein müssen — werden daher Grundkenntnisse der Gruppendynamik mindestens so wichtig sein wie ideologische Sattelfestigkeit.[8] Die deutsche Sozialdemokratie wird sich als demokratische linke Massenpartei, als „Volkspartei", nur behaupten, wenn sie die Gruppenkämpfe innerhalb der „Lohnabhängigen" (welche Beschwörungsformel!) wenigstens in den eigenen Reihen stillegt oder jedenfalls zur sozial-konstruktiven Sublimierung führt. Dies kann sie nur erreichen, wenn sie nicht zur Allerweltspartei degeneriert — weder programmatisch, noch in ihrer sozialen Zusammensetzung. Auch sozial (und in der psychischen Disposition) gilt: Das Spektrum der SPD muß breit, es kann aber nicht unbegrenzt sein. Wer miteinander handeln will, muß zuerst einmal miteinander reden können.

### g. *Doppelstrategie*

Wichtig für die Handlungsfähigkeit der Sozialdemokratie ist überdies eine Diskussion *der Praxis* der sogenannten „Doppelstrategie". Sie hat — vor allem im Bereich der Kommunalpolitik — zu einer Fülle von innerparteilichen Konflikten geführt, die heute das vielzitierte „Erscheinungsbild" der Partei in der Öffentlichkeit prägen: die SPD — ein zerstrittener, innerlich zerrütteter Haufen. Die Situation der Münchner SPD ist dafür charakteristisch; gerade dort hat die Praxis der Doppelstrategie eine wichtige Rolle bei der Auslösung des Konflikts gespielt.

Für mich kann gar kein Zweifel daran bestehen, daß „Doppelstrategie" als eine zweipolige Orientierung — sowohl Arbeit in den Institutionen als auch Mobilisierung der Bevölkerung — ein erfolgversprechendes und sinnvolles Konzept des Reformismus sein kann. Wir wollen, daß die Menschen Mißstände nicht fatalistisch hinnehmen, sondern sich zur Wahrnehmung ihrer Interessen organisieren. Wir dürfen nicht zulassen, daß die Unzufriedenheit über steigende Mieten, fehlende Kindergartenplätze, überfüllte Schulklassen Wasser auf die Mühlen von revolutionären oder populistischen Gruppierungen wird. Wir müssen zugeben, daß auch sozialdemokratisch regierte Stadtverwaltungen, auch sozialdemokratische Mandatsträger oder Beamte ungerecht handeln können. Also muß die Partei mit den Bürgern kooperieren, deren Probleme diskutieren und mit ihnen handeln, um im Interesse der Bevölkerung etwas zu erreichen. Die antiparlamentarische Linke fürchtet gerade die Basismobilisierung durch Sozialdemokraten, Jungsozialisten. „Mit Hilfe der Bürgerinitiativen" — so eine intelligente und deshalb gefährliche Analyse der „Roten Hilfe" — „hoffen die Reformisten, sich quasi eine Massenbasis zu erschleichen."[9] Die Sozialdemokratie würde der antireformistischen Linken (und poujadistisch-populistischen Strömungen auf der Rechten) geradezu in die Hände arbeiten, wenn sie die „Doppelstrategie" einfach opfern wollte, bloß weil sie Konflikte bringt. Ich stimme Peter von Oertzen voll und ganz zu, der sagt:

> „Die SPD und die mit ihr verbündeten Organisationen und Gruppen der sozialistischen Bewegung müssen die Notwendigkeit der sogenannten ‚Doppelstrategie' anerkennen; nur wenn Sozialisten innerhalb und außerhalb von Partei und Parlament, von Regierung und Verwaltung arbeiten, wenn sie die Reformen nicht nur von oben durch gesetzliche Veränderung, sondern auch von unten — an der Basis — durch Mobilisierung der Bevölkerung verankern, kann die Gesellschaft wirkungsvoll und dauerhaft demokratisiert werden." [10]

Nur: Gruppen der SPD, vor allem die Jungsozialisten, haben die „Basismobilisierung" in den letzten Jahren mit Hoffnungen befrachtet, die ganz und gar illusionär waren. Man kann — und soll — die Bevölkerung für berechtigte, erreichbare Forderungen mobilisieren. Allerdings ist nicht jede wirkungsvolle Initiative — in sozialdemokratischem Sinn — berechtigt, nur weil sie von der Basis kommt; man denke an die erfolgreichen „Basismobilisierungen" gegen sozialdemokratische Bildungspolitik in vergangenen Landtagswahlkämpfen. Und vor allem: Man muß, will man mehr als Ekel an der Politik, Enttäuschung, Emigration ins Privatistische erreichen, die Betroffenen zu Erfolgen, jedenfalls Teilerfolgen führen. Oder man muß wenigstens, beispielsweise am Exempel einer Altstadtsanierung, klar werden lassen, wie gering der Spielraum der Politik gegenüber bestimmten Kapitalgruppen ist, wie notwendig also die Überwindung des konservativen Widerstands gegen eine Reform des Bodenrechts. Aber es ist eine Illusion — und eine schlechte obendrein —, wenn man hofft oder versucht, diese Menschen, die in ihren Wohnungen bleiben oder mindestens vergleichbar erschwingliche Wohnungen zugewiesen bekommen möchten, allgemein und pauschal zu antikapitalistischen Aktivisten umzumodeln.

Kann man ihnen eine Perspektive geben, mit der sie leben können? Ist die „Alternative“ beschreibbar, auf die man sie hinorientiert? Die Idee — ich habe es im vierten Kapitel dieses Buches analysiert — man könne sozusagen durch eine Akkumulation von ungerichteter Unzufriedenheit einen „Basisdruck“ entfalten, den die Sozialdemokraten in den Institutionen (mit ihrem begrenzten Spielraum) umformen könnten zur „Systemveränderung“, ist schlechte Utopie. Solche Energie — wäre sie entfaltbar, erhaltbar — ließe sich in den traditionellen Institutionen wahrscheinlich nicht umformen — da haben die Antireformisten recht. Was dann? Auf die „Spontaneität“ der Massen vertrauen, ihre geheimnisvolle Weisheit? Oder zu „zentraler Leitung“ greifen nach bekannten Vorbildern? Beides würde Humanität mindern, nicht mehren.

Ein gutes Beispiel für die Illusionen über die Möglichkeiten der Doppelstrategie ist das Thema Hochschulkrise. Fritz Vilmar hat dazu — in seinem ansonsten vorzüglichen Buch „Demokratisierung“ — ein „Krisenszenario„ entworfen, das alle Schlagschatten solcher Illusionen trägt.

„KRISENSZENARIO 1 (ZU: HOCHSCHULKRISE)

Immer größer werdende Abiturientenmassen und begrenzte Aufnahmefähigkeit eines veralteten universitären Lernsystems erzeugen ein akademisches Proletariat hoher Aktionsfähigkeit. Vor den Toren deutscher Hochschulen stauen sich Zehntausende Arbeitsloser, von Lernprozessen Ausgesperrter. Zugleich verhindern restriktive Hochschulgesetze eine reale Mitbestimmung der Studenten, damit eine ihren Bedürfnissen entsprechende Berufs-, Lehr- und Prüfungspolitik. Es kommt zu einer weit um sich greifenden Streik- und Institutsbesetzungsbewegung. Relegierung einzelner ‚Rädelsführer‘ führt zur Eskalation des Konflikts, zu weiteren Institutsbesetzungen, zu Gewaltakten von Polizei und Studenten. Strafmaßnahmen erweisen sich als sinnlos, da die große Mehrheit der Studenten die Kooperation in einem ungerechten, finanziell chronisch unterversorgten, scheindemokratischen Bildungssystem aufkündigt. Es bricht ein langfristiger Massenstreik (Semesterstreik) aus. Um Milliardenschäden und empfindliche Defizite an qualifizierten Arbeitnehmern zu verhindern, müssen die Kultusminister und Landesparlamente, da die Studentenschaft den Streik durchhält, endlich reale Mitbestimmungsrechte gesetzlich verankern und durch Fernstudienreform sowie sozialstaatliche Finanzierungszusagen *die Abschaffung* des Numerus clausus ermöglichen.“ 11

In Wirklichkeit würde diese „Mobilisierung“ wohl folgendermaßen ablaufen: Die Streikbewegung der Studenten wäre beherrscht, jedenfalls durchsetzt von revolutionären pseudoradikalen Parolen; die in der Bundesrepublik immer deutlicher werdende Trennung von akademischer und politischer Linker würde dazu führen, daß die Studenten von den Massen isoliert wären. Die von Vilmar an die Wand gemalte (1967/68 längst versuchte) „Institutsbesetzungsbewegung“ würde zuallererst eine Auseinandersetzung innerhalb der Linken heraufbeschwören; die erdrückende Mehrheit der Sozialdemokratie würde sich gegen Rechtsverletzungen wenden; Innenminister, Polizeipräsidenten, Gewerkschaftsführer würden die (tatsächlich vorkommenden) Ausschreitungen der Studenten geißeln, verurteilen, bekämpfen; die Versuche von DKP, KPD und anderen politischen Sekten, eine derartige Bewegung für sich auszunutzen, würden in Presse und Fernsehen breit ausgemalt. Die Konservativen würden Sympathisanten der Streikbewegung mit großer öffentlicher Wirkung angreifen; es begänne ein Hin und Her von Erklärungen, Distanzierungen, Dementis innerhalb der Linken. Die meisten Studenten (vor allem: die Inhaber von Studienplätzen) würden auf scharfe Maßnahmen der Polizei keineswegs „solidarisch“, sondern — dem Ratschlag ihrer bürgerlichen Familien folgend — durch Rückzug reagieren. Übrig blieben einige mit Parolen beschmierte Universitätsmauern, Verletzte oder gar Tote, ein paar Prozesse, neuerliche „Strategiediskussionen“ innerhalb der Linken — und eine vage Angst bei den Mittelschichten, auf die die Konservativen ihre Agitation aufbauten. In wessen Sinn wäre eine solche „Hochschulkrise“?

Und vor allem: Sind Vilmars Prämissen eigentlich richtig? Würden „reale Mitbestimmungsgesetze“ (also wohl solche, die das Urteil des Verfassungsgerichts mißachteten?) mehr Studienplätze schaffen? Wie würden denn die „sozialstaatlichen Finanzierungszusagen“ eingelöst werden: durch die immer wieder beschworenen Einsparungen beim „Rüstungshaushalt“

— mit dem Ergebnis der einseitigen Aufkündigung des Bündnisses? Oder doch eher durch Einsparungen bei der beruflichen Bildung? Wie würde auf solche Entwicklungen jene Hälfte der Bürger reagieren, die heute konservativ wählt? Wie unsere Verbündeten? Und würde durch die Aufhebung des Numerus clausus das akademische Proletariat nicht noch vergrößert?

Die Antwort auf all diese Fragen verlangt einen Verzicht auf derartige intellektuelle Planspiele.

Die Sozialdemokratie kann bei der „Basismobilisierung" keine anderen Ziele vertreten als in den Institutionen. „Doppelstrategie" muß — wenn man schon diese militärischen Termini verwendet — Strategie bleiben; also etwas, das abgesprochen, geplant ist. Es ist keine Strategie, wenn ein Teil der eigenen Truppen gegen den anderen marschiert. „Doppelstrategie" darf nicht bedeuten, daß ein Teil der SPD die Bevölkerung gegen den anderen Teil der SPD mobilisiert; dies führt nicht zu politischen Erfolgen, sondern zu einem Zerfall der Linken — und damit zu einem Erfolg für den gemeinsamen Gegner.

Mit anderen Worten: Die Mobilisierung an der Basis darf nicht für Ziele erfolgen, für die Sozialdemokraten sich in ihren Parteitagen eben gerade *nicht* entscheiden. Kritik der Partei oder einer sozialdemokratischen Verwaltung im Sinne der mehrheitlich gefaßten Beschlüsse muß freilich weiterhin möglich sein. Insofern werden auch künftig Konflikte zwischen sozialdemokratischen Amtsträgern und sozialdemokratischer Parteibasis fortbestehen. Solche Konflikte dürfen nicht wegdiszipliniert werden.

Wer aber glaubt, außerhalb der SPD das vertreten zu können, was er innerhalb der SPD nicht durchsetzen kann; wer sich anschickt, den „Druck der Arbeiterklasse" auf SPD und Gewerkschaften zu organisieren, muß in die Schranken gewiesen werden. Inhalt und Funktion der Sozialdemokratie bestimmt die Sozialdemokratie selbst. Auf Mitglieder, die uns von außen — und möglicherweise im Bündnis mit allen möglichen kommunistischen Gruppen und Sekten — auf den rechten (linken) Weg prügeln möchten, kann die SPD verzichten. Die Arbeitsteilung im Rahmen der Doppelstrategie darf nicht so aussehen, daß ein Teil der Partei für die Folgen seines Tuns einstehen muß und ein anderer sich den Luxus des grenzenlosen, gesinnungsethischen Räsonnements gönnen darf. Wieder hat Oertzen recht, wenn er sagt:

„Nichtsdestoweniger können rechtswidrige Aktionen nicht legitimer Inhalt der Politik der SPD, ihrer Gliederungen oder einer ihrer Arbeitsgemeinschaften sein. Es kann und darf auch nicht von sozialdemokratischen Amtsträgern verlangt werden, daß sie geltendes Recht mißachten oder verletzen.“ [12]

Die bisherige Praxis der Doppelstrategie nach dem Konzept der Jungsozialisten ist gescheitert. Meiner Auffassung nach hat das drei Gründe:

Erstens: Es gelingt nicht — oder nur ganz selten — bei der „Mobilisierung“ der Bevölkerung über single-purpose-movements hinauszukommen. Die Menschen empören sich zwar über fehlende Kinderspielplätze, verödende Wohnviertel und überfüllte Klassen; aber nur den wenigsten konnte klargemacht werden, daß der Grund für alle diese Mängel im „Grundwiderspruch“ zwischen gesellschaftlicher Produktion und privater Aneignung läge. Bei den meisten verhallt im übrigen die Aktivität, wenn der aktuelle Anlaß der Mobilisierung vorbei ist.

Zweitens: Zwar ist es möglich, bei den Menschen Unzufriedenheit und Krisenbewußtsein zu erzeugen; wenn aber eine attraktive Alternative fehlt, fallen sie aus dieser Unzufriedenheit eher in konservative Denkschemata zurück. Die Krise in Frankreich im Mai 1968 ist dafür ebenso ein Beispiel wie die Erfahrungen der letzten Jahre in den USA; in der Bundesrepublik beginnt sich die gleiche Entwicklung abzuzeichnen. Die fehlende Alternative ist exakt das Problem der Jungsozialisten. Der „konsequente Sozialismus“ kann auf eine funktionierende Einheit von Sozialismus und Demokratie nicht verweisen und wird desavouiert durch die Realität in den selbsternannten sozialistischen Staaten.

Drittens: Wer wirklich die Beseitigung der privaten Verfügungsgewalt über alle Produktionsmittel als ein Mittel zur Lösung der Probleme unserer Gesellschaft betrachtet, sollte sich nicht über die Tatsache hinwegtäuschen, daß er den Bürgerkrieg riskieren muß. Ich verweise wieder auf Kapitel V dieses Buches. Die herrschenden Oberschichten lassen sich die ökonomische Macht nicht abschwätzen; die „konsequenten Sozialisten“ müssen die chilenische Lektion noch lernen. Für den Bürgerkrieg kann man aber keine Mitgliederpartei vom Typ der Sozialdemokratie, sondern nur eine Kaderpartei nach leninistischem Muster brauchen. Eine solche Partei soll und wird die SPD nie werden.

Was bisher unter dem Begriff „Doppelstrategie" stattgefunden hat, mobilisierte die Bürger nicht *für* die Politik der Sozialdemokratie; eher war es schon so, wie die Rote Hilfe meint, daß nämlich „die Jusos" (ich würde hinzufügen: ohne Absicht) „Puffer gegenüber Polizei oder Raumbeschaffer oder Informationslieferanten für die Linken und die Bevölkerung"[13] waren. Wobei die Rote Hilfe mit „Linken" mit Sicherheit *nicht* die SPD meint. Aber auch das halte ich nicht für typisch. Am häufigsten haben Aktionen der „Massenmobilisierung" bisher — eben weil sie von der Sozialdemokratie nicht solidarisch durchgestanden wurden, sondern auf innerparteiliche Terraineroberung durch Jusos angelegt waren und also innerpolitische Gegenaktionen hervorriefen — den Konservativen genützt; die Themen „Radikale im öffentlichen Dienst" und „berufliche Bildung" sind dafür plastische Beispiele.

Die SPD wird also den Jungsozialisten klarmachen müssen, daß sie in Zukunft keine Arbeitsgemeinschaft dulden wird, die außerhalb der Partei in öffentlichen Erklärungen oder gesellschaftlicher Praxis eine im Grundsatz andere Politik vertritt als die, die sozialdemokratische Parteitage mehrheitlich festgelegt haben. Wenn man dies erreichen will, ohne der Partei einen unkalkulierbaren Blutverlust zuzumuten, wird dies weit mehr Umsicht und Anstrengung erfordern, als zur Zeit in den meisten Teilen der Partei für die innerparteiliche Problematik aufgewandt wird. Die Jungsozialisten befinden sich heute in einer intellektuellen Krise — und zwar eben wegen des Scheiterns *der Praxis* der Doppelstrategie. Sie haben — durch die Identifizierung von „Sozialismus" mit der These vom „Grundwiderspruch", durch die Übernahme weitreichender Sozialisierungsforderungen — ihren eigenen Mitgliedern Erfolgserlebnisse verweigert; in dieser Richtung „geht nichts". So kommt es, daß die einen sich mit dem Reformismus arrangieren und bald als „Opportunisten" abgestempelt werden; die anderen steigen aus der Politik aus — und nur wenige bleiben, verbittert, zurück und versuchen, die nachdrängenden neuen Generationen mit einem riesigen Stoß von „Papers" vom Grundwiderspruch zu überzeugen. Derweil macht die „Schüler-Union" Proselyten. Die Partei muß ihrer Jugendorganisation helfen, aus dieser Krise herauszufinden.

Ein Rückzug auf die Institutionen, ein ängstliches Zurückzucken der Sozialdemokratie vor der Aufgabe der Mobilisierung der Bevölkerung würde die politische Kreativität der Partei entscheidend mindern. Ein solcher Rückzug würde nämlich die Informationskanäle zu den Bruchstellen unserer Gesellschaft abschneiden; sie würden immer weiter aufbrechen — und bald wären sie wirksame Demonstrationsobjekte für eine Politik des *gewaltsamen* sozialen Wandels.

Denn das Konzept der „Basismobilisierung" war (und ist) ja de facto nicht auf die Basis *als Mehrheit*, sondern auf unterdrückte, an den Rand gedrängte, unterprivilegierte Minderheiten bezogen. So sehr es auch das Ziel gewesen sein mag, *„die"* Arbeiter, *„die"* Lehrlinge massenhaft zu mobilisieren — gerade dies ist nicht gelungen. Warum? Weil *„die"* Arbeiter, *„die"* Lehrlinge in ihrem Bewußtsein auf mittlere ökonomische Ziele hin orientiert sind und weil die politische Sensibilität der aktiven Jungsozialisten sich nicht auf die Erhöhung der durchschnittlichen Arbeitereinkommen, sondern auf die großen „Ungerechtigkeiten" richtete: auf die Probleme von Heimzöglingen und Gastarbeitern, von Strafgefangenen und Obdachlosen. In manchen Zirkeln wurde die Arbeit mit Bürgerinitiativen sogar denunziert, als man die — eigentlich gar nicht erstaunliche — Entdeckung machte, daß sich in Bürgerinitiativen sehr schnell die artikulationsgewohnten Angehörigen der Mittelschichten mit ihren Interessen durchsetzen. Daraus erklärt sich auch der Konflikt, den die „Basismobilisierung" innerhalb der SPD auslöste, die in diesen Mittelschichten die größte Zahl ihrer Wähler und Mitglieder hat.

Die SPD ist — wie die Gewerkschaften — eine Massenorganisation; sie ist angewiesen auf Mehrheitsbildung und kann also die Interessen der Mehrheit nicht außer acht lassen. Die SPD ist aber auch eine Partei, die von ihrem Wertsystem her Leid, Elend und Ungerechtigkeit soweit wie möglich beseitigen, jedenfalls eindämmen will. Daraus folgt: Die SPD muß als Organisation die „Massen" — die im übrigen nicht in einem romantischen Zustand auf großen Plätzen oder in Demonstrationszügen existieren, sondern in kleinen Gruppen vor dem Fernsehschirm oder am Arbeitsplatz — ansprechen, muß sauber ihre Interessen vertreten und eine Sprache sprechen, die diese Massen verstehen; sie kann sie nicht dauernd vor den Kopf stoßen, ihnen erklären, wie „entpolitisiert“ sie seien und wie sehr sie am Leid ihrer Mitmenschen stumpf vorüberlebten. Die SPD als Organisation muß aber andererseits — wenn sie nicht nur gewählt werden, sondern auch etwas verändern will — gerade auch die Schwächsten mit ihrer Politik berücksichtigen, sie vertreten. Vereinfacht gesagt: Sie muß versuchen, einen Interessenausgleich zwischen Mittel- und Unterschichten herbeizuführen; sie muß die Mittelschichten dafür gewinnen, eine Politik zu unterstützen, die auch den wirklich Schwachen dient. Das ist bitter schwer, aber wenn es unmöglich wäre, wäre parlamentarische Demokratie nichts anderes als eine Veranstaltung auf dem Rücken der Unterschicht; wir hätten dann seit der französischen Revolution nur die Zahl derer vergrößert, die sich auf Kosten der anderen ein erträgliches Leben machen können. Das ist der Kern des Vorwurfs der antireformistischen Linken gegen die SPD; wenn sie ihn nicht bestätigen will, *muß* sie jenen waghalsigen Interessenausgleich versuchen.

Die SPD muß also beides tun: die Quartiere des Elends mitten im relativen Wohlstand aufsuchen und Konzepte entwickeln, wie sie zu sanieren sind. Und gleichzeitig den Kontakt zu den Bedürfnissen der Facharbeiter, der technischen Intelligenz aufrechterhalten, um sie für eine wirksame Reformpolitik zu gewinnen. Denn sie werden leicht zu einem Resonanzboden für kleinbürgerliche Demagogie.

Wenn wir dieser Aufgabe gerecht werden wollen, muß sich die Sozialdemokratie bemühen, überall *reformistische* Verwaltungen zu stellen. Doppelstrategie muß von einer avantgardistischen Veranstaltung der Jungsozialisten zu einer koordinierten Politik der SPD werden. Dann entsteht die Möglichkeit realer, kreativer Veränderung — auch an den Bruchstellen der Gesellschaft. Dann werden Bürgerinitiativen nicht mehr — wie heute noch allzu oft — zu feindseligen Trupps, die gegen eine sozialdemokratische Verwaltung Sturm laufen; dann werden sie zu Frühwarnsystemen, die der Verwaltung zeigen, wo sie reformierend und humanisierend eingreifen muß.

Um dies — neue — Konzept der Doppelstrategie durchzusetzen, sind allerdings Änderungen auf *beiden* Seiten notwendig. Die Jungsozialisten — oder: die an der Basis aktiven Sozialdemokraten — müssen aufhören, ihre Arbeit als Fraktionstätigkeit innerhalb der Gesamtpartei zu betrachten; sie müssen sich an die Beschlüsse der Gesamtpartei halten. Und die sozialdemokratischen Verwaltungen, insbesondere die gewählten Organe und Körperschaften müssen — im Rahmen einer gemeinsam auf Parteitagen beschlossenen Politik — mit den in den Bürgerinitiativen arbeitenden Sozialdemokraten kooperieren, müssen also auch oft in den Verwaltungsvollzug im Sinne der Betroffenen eingreifen, so Konflikte mit der eigenen Bürokratie riskieren und neue Lösungen gegen die Routine durchsetzen.

Auch dieses Konzept wird nicht ohne, zuweilen heftige, Konflikte akzeptiert werden können. Die Beschneidung der Bezüge von Chefärzten in einem Krankenhaus wird auf den Widerstand dieser Ärzte treffen; und von denen sind auch manche in der SPD. Sozialtherapie im Strafvollzug wird nicht bei allen Richtern, Staatsanwälten und Vollzugsbeamten Begeisterung auslösen; auch nicht bei allen sozialdemokratischen. Und kompensatorische Erziehung im Vorschulalter kann scharfe Reaktionen von Mittelschicht-Eltern hervorrufen — nicht nur von denen, die in der CSU organisiert sind. Wenn wir allerdings *diese* Konflikte auch wegdisziplinieren wollten, verlören wir bald die Schubkraft einer Reformpartei; wir würden zu karitativ motivierten Verwaltern des Status quo. Dazu darf es nicht kommen.

In all diesen Konflikten werden die Parteiführungen auf allen Ebenen eine wichtige Aufgabe haben. Sie müssen hier, statt nur zu reagieren, *bewußte* Politik machen. Sie müssen aktiv dafür sorgen, daß Bürgerinitiativen nicht von der DKP oder kommunistischen Sekten majorisiert werden; und daß, wenn dies einmal passiert sein sollte, die Sozialdemokraten eine derartige Initiative verlassen. Sie müssen darauf achten, daß sich die Partei um die Problemgebiete der jeweiligen Stadt, des jeweiligen Landkreises kümmert, daß sie die erste ist, die Mißstände aufgreift, Ungerechtigkeiten anprangert. Und sie wird — mit Respekt vor dem Entscheidungsspielraum der Mandatsträger — dafür sorgen müssen, daß Verfehlungen, die auch einmal sozialdemokratischen Bürgermeistern, Stadträten, Landtagsfraktionen etc., unterlaufen können, korrigiert werden.

Dies bedeutet: Die Vorstände müssen ihre Führungsaufgabe gerade bei der Koordination von Gremienarbeit und Basisarbeit wahrnehmen. Sie dürfen nicht, wie heute allzu oft, entweder blind auf der Seite der Mandatsträger stehen und diese im Hinblick auf ihre Popularität auch dann stützen, wenn sie konservative Politik machen, oder aber voller Lust am Unorthodoxen jede Aktion „von unten" als wahren Volkswillen interpretieren. Die Vorstände dürfen weder die Agenten der Gremienarbeit noch die Agenten der Basisarbeit sein; sie müssen beides zusammenbinden.

Wenn sich solche Politik durchsetzte, könnten reformistische Verwaltungen im übrigen auch jene abergläubische Berührungsangst gegenüber der nichtreformistischen Linken aufgeben. Es ist selbstverständlich, daß eine sozialdemokratische Verwaltung nicht daran interessiert sein kann, einen aktiven kommunistischen Funktionär zum Beamten zu machen; sie wird berücksichtigen, was eine kommunistische Verwaltung im umgekehrten Falle mit einem aktiven Funktionär der SPD täte. Aber sie könnte die aufgeregten Kampagnen der Konservativen gegen Bürgerinitiativen, in denen auch einmal ein Kommunist auftritt, gegenüber der Arbeit von Forschungsgruppen und Vereinen, die Randgruppenarbeit betreiben, mit mehr Gelassenheit quittieren. Eine reformistische Verwaltung, die eine einheitliche, bevölkerungsnahe Sozialdemokratie hinter sich weiß, wäre in der Lage, die reformerischen Impulse, die auch von der Tätigkeit der extremen Linken ausgehen können, aufzunehmen, deren revolutionäre Folgerungen aber zu neutralisieren. Einem kommunistischen Soziologen oder einem antireformistischen Sozialarbeiter vertraut man, wenn man aus guten Gründen eine andere Politik vertritt, keine Entscheidungskompetenzen in der Verwaltung an; aber daß der Soziologe, nur weil er Kommunist ist, keine guten Ideen zur Stadtplanung haben könne oder der Sozialarbeiter nicht in der Lage wäre, vernünftige Hinweise zur Sozialisierung von suchtgefährdeten Jugendlichen zu geben, ist dummes Zeug. Hier könnte — und müßte — das Selbstbewußtsein reformistischer Verwaltungen größer sein als die Angst vor konservativer Agitation.

Ich verkenne nicht, daß Reformprozesse weitere Reformerwartungen anstoßen. In einer versteinerten politischen Umgebung wirkt eine kleine Verbesserung wie ein großer Wurf; in einem Klima der Reformen erscheint das Durchsetzbare oft als kümmerlicher Kompromiß. Die sozialliberale Koalition hat dies seit 1969 am eigenen Leib gespürt. Das ist die „Revolution der steigenden Erwartungen". Aber entweder muß man dieses Risiko eingehen oder auf die Bewahrung des Status quo einschwenken. Nur wer dieses Risiko nicht scheut, kann einen nichtkatastrophischen Wandel in unserer Gesellschaft sicherstellen. Deshalb: kein Rückzug auf die Institutionen, keine Preisgabe der Basismobilisierung, der aktiven Sorge um die abgedrückten Minderheiten.

Aber auch keine Preisgabe der Mehrheit. Reformkonzepte, die in unmittelbarem Kontakt mit den Betroffenen entwickelt wurden, können nur soziale Realität werden, wenn sie eine Verwirklichungschance haben. Deshalb muß die Sozialdemokratie darauf achten, daß ihre Bemühung um die Minderheiten nicht ihren Kampf um die Mehrheit unwirksam macht. In diese Gefahr aber ist sie in den vergangenen Jahren immer wieder geraten.

Die Sozialdemokratie hat sich in der Bundesrepublik nicht ausreichend klargemacht, daß — wie es schon Bernstein am Ende des letzten Jahrhunderts prognostizierte — ein großer, entscheidender Teil der Arbeiterschaft in die Mittelschichten hineingewachsen ist. Diese Arbeiter entwickelten auch ein spezifisches Mittelschichtbewußtsein. Dies bedeutet aber, daß all diese Menschen für das Pathos des Kampfes für die Unterprivilegierten, für den (zuweilen etwas romantisierenden) Begriffsapparat der Arbeiteremanzipation nicht mehr ansprechbar sind. Da die Sozialdemokraten nun aber seit 1968/69 — in dem Bestreben, die Partei zusammenzuhalten — mehr pazifizierende Formeln nach innen als zündende Formeln nach außen entwickelten, gerieten sie in die Gefahr, an den Bedürfnissen großer Teile ihrer Wähler vorbeizureden. Sie entwickelten eine Rhetorik gegen die Mittelschichten, die in der Bundestagswahl 1972 eine scheinbare Bestätigung fand. Aber nur eine scheinbare; ohne die große Welle der Zustimmung für Willy Brandt, für die Ostpolitik, ohne die spezifische psychologisch-politische Konstellation des November 1972 hätte diese Rhetorik schon damals zu einem Mißerfolg der sozialliberalen Koalition führen können.

Ich verweise als Beispiel für die falsche Rhetorik auf die Bildungspolitik. Die Sozialdemokratie hat bei den aufgestiegenen Facharbeitern und Angestellten, die ihre Kinder — unter anderem auf Grund sozialdemokratischer Bildungswerbung — unter Opfern aufs Gymnasium geschickt haben, den Eindruck erweckt, die Sozialdemokraten täten nur etwas für Industriearbeiter, soziale Unterschicht und Gewerkschaften.

Von einer Benachteiligung der Mittelschicht kann de facto gar keine Rede sein; und ebensowenig ist es richtig, daß die Sozialdemokraten in den Bildungsinhalten — bei Lesebüchern oder Rahmenrichtlinien — ein pluralistisches Konzept zugunsten eines dogmatischen Marxismus aufgegeben hätten. Trotzdem muß man folgendes konstatieren: Während noch 1965 oder 1968 in Fragen der Bildungspolitik von der CDU/CSU niemand ein Stück Brot nahm, war die Bildungspolitik in den Wahlkämpfen des Jahres 1974 ein Schlager für dieselbe CDU/CSU. Die sozialdemokratische Rhetorik verhinderte die Umsetzung reformerischer Konzepte, verurteilte sie zur Wirkungslosigkeit.

Ebenso hat die SPD — auf Grund eines falschen Politisierungsbegriffes, der eine rastlose, den Bürger überfordernde politische Beteiligung einer möglichst großen Zahl von Menschen verlangte — die Verankerung in vielen gesellschaftlichen Gruppen verloren. Ich nenne als Beispiele Sportvereine, Freizeitorganisationen, also Institutionen, in denen vordergründig keine Politik gemacht wird. Aktive Sozialdemokraten waren in den letzten fünf Jahren — auch weil sie durch innerparteiliche Tätigkeit ausgelastet waren — zu selten dort, wo die Arbeitnehmer ihre Freizeit verbringen. Die Partei hat sich zu sehr mit sich selbst beschäftigt und hat dabei den Kontakt mit den Bedürfnissen der nicht-politisierten Menschen verloren oder jedenfalls geschwächt. Derartige Tendenzen zehren an der Kraft zur Mehrheitsbildung.

Schöpferischer Reformismus muß aber beides in sich vereinen: Kreativität und Durchsetzungskraft. Schöpferischer Reformismus muß Reformkonzepte auch gegen den Zeitgeist entwickeln und sie dann dem Zeitgeist aufprägen. Schöpferischer Reformismus muß die Sensibilität und das Unrechtsbewußtsein von Minderheiten zur Veränderung von Mehrheiten benutzen. Eine schwere, vielleicht eine unlösbare Aufgabe; jedenfalls die Aufgabe der SPD.

## 5. EINE NEUE KOALITION?

Kann die Sozialdemokratie diese Aufgaben bewältigen?

Überwindet sie ihre Wachstumsstörungen, konsolidiert sie sich als eine handlungsfähige *und* kreative Koalition verschiedener sozialer Schichten, als große, linke, demokratische Volkspartei? Ich habe am Anfang dieses Kapitels versucht, die verschiedenen psychologischen Profile zu charakterisieren, die innerhalb der Sozialdemokratie miteinander kooperieren. Ich sagte: Die alte „Struktur“ zerfällt. Die alten Koalitionen bildeten sich seinerzeit, als nach Beschluß des Godesberger Programms die soziale Umstrukturierung der SPD, ihr Erfolg bei den oberen Mittelschichten einsetzte. Diese alten Koalitionen werden auf die Dauer nicht mehr tragfähig sein. Zwar wird es — wie seit mehr als hundert Jahren — in der SPD weiterhin einen rechten und einen linken Flügel geben; aber diese beiden „Flügel“ werden anders zusammengesetzt sein und anders miteinander umgehen.

Vielleicht bildet sich sogar — und das wäre die große Chance der Stabilisierung — durch eine gezielte Kooperation der gemäßigten Linken und der gemäßigten Rechten ein neues Parteizentrum um die Führung, wie dies zu Bebels Zeiten schon einmal der Fall war. Eine solche Entwicklung böte die Chance zur Fortführung der Reformpolitik bei gleichzeitiger Erhaltung der Regierungsfähigkeit. Aber es gilt auch umgekehrt: Wenn die Regierungsfähigkeit durch eine Wahlniederlage 1976 verlorengeht, ist die Gefahr eines erbarmungslosen Flügelkampfes und damit das Scheitern jener neuen sozialen Koalition um so wahrscheinlicher.

Analysiert man die „alten“ Gruppierungen, so kommt man zu dem Ergebnis, daß sowohl der „linke Flügel“ als auch die „Kanalarbeiter“ sich in eklatanten Schwierigkeiten befinden. Die „Kanalarbeiter“, in den fünfziger Jahren zuerst in der Bundestagsfraktion als Freundeskreis gegen die Akademisierung des Parlaments entstanden, verlieren mehr und mehr die Basis in weiten Teilen der Organisation, vor allem in Groß- und Universitätsstädten; die rapiden Veränderungen in der Sozialstruktur der Partei wirken sich aus. Im übrigen räumen viele ihrer Protagonisten im Zuge der normalen Generationsablösung die wichtigen Funktionen. Den Jüngeren, die nachrücken, fehlt der enge persönliche Kontakt, der oft noch bis in die Sozialistische Arbeiterjugend der Jahre vor 1933 zurückreicht. Zwar treten jüngere, „technokratische“, zumeist akademisch ausgebildete Politiker — ohne sozialistische Emphase, aber mit sozialem Engagement — an ihre Stelle; aber ihnen fehlt einerseits die enge Bindung an die alte Arbeiterbewegung, und andererseits sind sie zumeist (emotional) offener nach links hin. Sie entdecken allzu oft, daß viele ihrer Kollegen, die aus dem „linken" Flügel kommen, zwar innerparteilich eine andere Machtbasis haben, aber in der praktischen Politik kaum anderes vertreten als sie selbst. Der eine kommentiert dies hämisch, der andere sachlich; jedenfalls verringert es die Distanz.

Dem „linken Flügel", der auf den Parteitagen in Saarbrücken und Hannover Erfolge verzeichnen konnte, geht es ähnlich. Er war bisher eine Koalition von Teilen des liberalen Establishments mit der „Gegenkultur" und der alten, marxistischen SPD-Linken. Deren Koalition wird brüchig — und zwar von allen Seiten. Die „Gegenkultur" ist in der gesamten Gesellschaft auf dem Rückzug. Zwar wurden und werden im stetigen Prozeß sozialdemokratischer Sozialisation viele ihrer Vertreter in die reformistische Politik integriert; aber der „Nachschub" aus der jungen Generation wird geringer und geringer. Und vor allem: diejenigen, die in Fundamentalopposition verharren, merken immer deutlicher, daß die SPD nicht die Partei ist, mit der sie ihre Ziele verwirklichen können. Also wenden sie sich anderen linken Gruppierungen zu oder retirieren ins Privatleben. Dies verringert den Resonanzboden des linken Flügels in der Partei. Ich glaube also, daß das Bündnis vieler Linksliberaler mit der humanistischen Linken, das in den sechziger Jahren durch gemeinsame Opposition gegen das „alte" Parteiestablishment zustande kam, nun seinem Ende zugeht. Es hat für die SPD wichtige Funktionen gehabt: Die Integration von vielen Angehörigen der „Neuen Linken" in die SPD und die Durchsetzung neuer, wichtiger Problemstellungen. Seit dem Hannoverschen Parteitag von 1973 setzt — auch im linken Flügel — eine neue Entwicklung ein; er konsolidiert sich als eine reformsozialistische Gruppierung, die inzwischen auch Durchsetzungsfragen diskutiert und die sozialistischen Schwärmer aller Kategorien diszipliniert.

In der rationalen Kooperation dieser beiden Gruppierungen — einer sozialliberal-rationalistischen und einer reformsozialistischen — sehe ich die Chance der deutschen Sozialdemokratie im nächsten Jahrzehnt. Wenn sie — über die Gewerkschaften und die Arbeitsgemeinschaft für Arbeitnehmer — den Kontakt mit den breiten Schichten der Industriearbeiterschaft behält und auf reformistischem Kurs bleibt, wird es der Konservatismus schwer haben, zu dieser sozialen Konstellation ein Gegenwicht zu bilden.

Aber: diese Konstellation ist gefährdet; sie kann sich zerreiben. Die SPD darf kein Verein von Beamten ab A 13 aufwärts werden, aber auch keine Subkultur der unteren Klassen gegen die eigenen Kinder. Nostalgische Sehnsucht nach der Homogenität des Arbeitersportvereins hilft nicht weiter. Die SPD muß eine Pluralität der Lebensstile zulassen — wie eine Pluralität der politischen Motivationen. Wenn ihr die schwierige Integration gelingt, wird sie die deutsche Politik im letzten Viertel dieses Jahrhunderts prägen. Wenn sie ihr mißlingt, kann sie zurückfallen in die Rolle einer beachtlichen, aber nicht regierungsfähigen Daueropposition.

Beide Wege sind offen. Die Partei muß entscheiden, auf welchem sie weitergehen will.

# Anmerkungen

I. Kapitel: *Reform in einer kapitalistischen Demokratie*

1 Jürgen Habermas, Legitimationsprobleme im Spätkapitalismus, Frankfurt 1973, S. 133.
2 W. I. Lenin, Staat und Revolution, in: Werke Bd. 25, Berlin 1960, S. 507.
3 Adolf A. Berle, Macht — Die treibende Kraft der Geschichte, Hamburg 1973, S. 18.
4 Juso-Bezirksinfo Südbayern November/Dezember 1973, S. 26 f.
5 Jürgen Habermas, Niklas Luhmann, Theorie der Gesellschaft oder Sozialtechnologie — Was leistet die Systemforschung? Frankfurt 1971, S. 253.
6 Habermas, Legitimationsprobleme, a. a. O. S. 110.
7 Berle, a. a. O. S. 22.
8 Lenin, Staat und Revolution, S. 424.
9 Vgl. Francis L. Carsten, Revolution in Mitteleuropa 1918—19, Köln 1973, S. 60 ff.
10 Vgl. Horst Heimann, Wissenschaftskonzeption, Pluralismuskritik und politische Praxis der Neuen Linken, in: Aus Politik und Zeitgeschehen, Beilage zur Wochenzeitschrift Das Parlament vom 4. April 1970.
11 DER SPIEGEL Nr. 19 vom 5. Mai 1969, S. 204.
12 Hans Albert, Traktat über kritische Vernunft, Tübingen 1968, S. 177.
13 Zit. nach DIE ZEIT Nr. 36 vom 31. August 1973, S. 3.
14 Max Weber, Der Beruf zur Politik, in: Max Weber, Soziologie, Weltgeschichtliche Analysen, Politik, Stuttgart 1956, S. 175.
15 Ebd. S. 181.
16 Rossana Rossanda, Die sozialistischen Länder; Ein Dilemma der westeuropäischen Linken, in: Kursbuch 30, 1972, S. 8.
17 Ebd. S. 10.
18 Konkret vom 23. August 1973, S. 18.
19 Max Weber, a. a. O., S. 183.
20 Vgl. Peter von Oertzen, Thesen zur Strategie und Taktik des demokratischen Sozialismus in der Bundesrepublik Deutschland. Referat, gehalten auf dem Unterbezirksparteitag der SPD Frankfurt am 16./

17. November 1973, 2. Fassung, S. 23 u. 36. Sowie: Der Fall Hamburg: Systemüberwindende Reformen, rote Punktaktion und das Bündnisproblem. Wortprotokoll einer Diskussion zwischen Hans Ulrich Klose und Siegmar Geiselberger, hrsg. v. Bayerischen Seminar für Politik, München, als Manuskript gedruckt.

21 Albert, a. a. O., S. 173

22 In: Die neue Gesellschaft, Heft 11, 1973, S. 878.

23 Zur Chileproblematik vergl. Kapitel IV/4.

24 Wolf Dieter Narr, Gewalt und Legitimität, in: Leviathan 1/1973, S. 16.

25 Max Weber, a. a. O., S. 175.

26 Habermas formuliert diese drei „Probleme" so: „Ich denke dabei an die Störung des ökologischen Gleichgewichts, an die Verletzung von Konsistenzforderungen des Persönlichkeitssystems (Entfremdung) und an die explosive Belastung internationaler Beziehungen ... Die ökologischen Gleichgewichte bezeichnen eine absolute Grenze des Wachstums; die weniger handgreiflichen anthropologischen Gleichgewichte bezeichnen eine Grenze, die nur um den Preis einer Veränderung der soziokulturellen Identität gesellschaftlicher Systeme überschritten werden kann. Die selbstdestruktive Gefährdung des internationalen Gleichgewichts schließlich ist ein Folgeproblem des Wachstums destruktiv verwendbarer Produktionskräfte." (In: Legitimationsprobleme, a. a. O., S. 61.)

27 Ausdrücklich in diesem Sinne beispielsweise André Gorz und Lelio Basso.

28 Hans Albert, a. a. O., S. 171.

29 Vgl. Habermas in: Habermas/Luhmann, a. a. O., S. 243: „Das einwandfreie Verfahren des Zustandekommens einer Norm, also die Rechtsförmigkeit eines Vorgangs, garantiert als solche nur, daß die im politischen System jeweils vorgesehenen, mit Kompetenzen ausgestatteten und als kompetent anerkannten Instanzen die Verantwortung für geltendes Recht tragen. Aber diese Instanzen sind Teil eines Herrschaftssystems, das im ganzen legitimiert sein muß, wenn reine Legalität *als Anzeichen* der Legitimität soll gelten können."

30 John Kenneth Galbraith, Economics and the Public Purpose, Boston 1973; Ota Šik, Der dritte Weg, Die marxistisch-leninistische Theorie und die moderne Industriegesellschaft, Hamburg 1972; Herbert Ehrenberg, Zwischen Marx und Markt, Frankfurt 1973.

31 Claus Offe, Strukturprobleme des kapitalistischen Staates, Frankfurt 1972.

32 Vgl. Habermas, Legitimationsprobleme, a. a. O., S. 57 f.

33 Eduard Bernstein, Die Voraussetzungen des Sozialismus und die Aufgaben der Sozialdemokratie, Stuttgart, 1899, S. 81.

34 Vgl. Der Thesenstreit der Jungsozialisten, Reinbek bei Hamburg 1973. Sowie: Ota Šik, a. a. O., S. 339: „Die Schlußfolgerungen von Marx, nach denen die Störungen des Makrogleichgewichts, in der Form zyklischer allgemeiner Wirtschaftskrisen, immer häufiger und mit größerer Stärke und verheerenden Folgen im Kapitalismus auftreten würden, müssen jedoch in diesem Zusammenhang als durch die kapitalistische Weiterentwicklung überholt angesehen werden." Ebenso Claus Offe, a. a. O., S. 179, und Habermas, Legitimationsprobleme, a. a. O. Vgl. auch Udo Bermbach, Zwischen Reform und Repression.

Kann der Staat wirtschaftliche, gesellschaftliche und politische Prozesse noch steuern? In: DIE ZEIT vom 28. September 1973, S. 15.

35 Oertzen, a. a. O., S. 19 A.

36 Ebd. S. 15.

37 Šik, a. a. O., S. 429.

38 Protokoll Außerordentlicher Parteitag Bad Godesberg 1959, S. 19.

39 Vgl. Karl Georg Zinn, Sozialistische Planwirtschaftstheorie, Berlin, Köln, Mainz, 1971.

40 Bernstein, a. a. O., S. 107. Vgl. zu den wirtschaftspolitischen Fragen auch die Kritik an den „Antikonzepten" der Neuen Linken, in: Ehrenberg, zwischen Marx und Markt.

41 Protokoll Godesberg, a. a. O., S. 14.

42 Vgl. das nächste Kapitel.

43 Oertzen, a. a. O., S. 12.

44 Protokoll Godesberg, a. a. O., S. 15.

45 Vgl. Šik, a. a. O., S. 429/31: „Nur solche Veränderungen des Gesellschaftssystems werden kommen, die auch objektiv herangereift sind, das heißt, die durch wachsende Widersprüche und sozialökonomische Schwierigkeiten Interessen einer Gesellschaftsmehrheit an der Realisierung dieser Änderungen hervorrufen ... Jede Machtübernahme durch eine organisierte Minderheit in einer Lage, in der die Mehrheit der arbeitenden Menschen gegen eine sozialistische Gesellschaftsformation eingestellt ist, muß zu einem Machtregime führen."

46 Barrington Moore, Über Fortschritt, Revolution und Freiheit in: Zur Geschichte der politischen Gewalt, Frankfurt 1969, S. 17.

47 Oertzen, a. a. O., S. 24.

## II. Kapitel: *Erkenntnis und Politik*

1 Vgl. vor allem die Arbeiten von Robert Paul Wolff, Herbert Marcuse, Johannes Agnoli u. a., gesammelt bei Franz Nuscheler u. Winfried Steffani, Pluralismus, Konzeptionen und Kontroversen, München 1972. Dort auch eine Darstellung der Pluralismus-Kritik von rechts, von Carl Schmitt, Werner Weber u. a.

2 Ebd. S. 220 f.

3 Vgl. Habermas, Legitimationsprobleme, a. a. O., S. 77.

4 Lenin, Staat und Revolution, a. a. O., S. 434.

5 Karl Marx, Kritik des Gothaer Programms, in: MEW Bd. 19, S. 21.

6 Lenin, Staat und Revolution, a. a. O., S. 483 f.

7 MEW Bd. 21, S. 275.

8 Vgl. dazu den Artikel „Abbildtheorie" in: Georg Klaus, Manfred Buhr, Philosophisches Wörterbuch, Berlin 1969, S. 32 ff.

9 Klaus/Buhr, a. a. O., S. 33 f.

10 Robert Heiss, Wesen und Formen der Dialektik, Köln-Berlin 1959, S. 143 f.

11 Klaus/Buhr, a. a. O., S. 866.

12 W. I. Lenin, Materialismus und Empiriokritizismus, in: Werke Bd. 14, Berlin 1962, S. 122.

13 Klaus/Buhr, a. a. O., S. 688.
14 In: Klaus/Buhr, a. a. O., S. 1176.
15 Paul A. Baran, Volkswirtschaftliche Planung, in: Zur politischen Ökonomie der geplanten Wirtschaft, Frankfurt 1968, S. 95, zit. nach Wilfried von Bredow, Vom Antagonismus zur Konvergenz?, Frankfurt 1972, S. 78.
16 In: Alfred Schmidt (Hrsg.), Beiträge zur marxistischen Erkenntnistheorie, Frankfurt 1969, Einleitung, S. 8.
17 Vgl. Jürgen Habermas, Erkenntnis und Interesse, Frankfurt 1968, S. 66.
18 Theodor W. Adorno, Max Horkheimer, Dialektik der Aufklärung, Amsterdam 1947, S. 233.
19 Alexander Kluge, Oskar Negt, Öffentlichkeit und Erfahrung, Frankfurt 1972, S. 60.
20 Ebd. S. 65.
21 Ebd. S. 22.
22 Ebd. S. 24 f. (Hervorhebungen von mir, P. Gl.).
23 Ebd. S. 86. Vgl. im übrigen Horst Heimann, a. a. O.
24 Habermas, Legitimationsprobleme, a. a. O., S. 150.
25 Ebd. S. 148 f.
26 Von Habermas (P. Gl.).
27 Hans Albert, Der Mythos der totalen Vernunft, in: Adorno u. a., Der Positivismusstreit in der modernen Soziologie, Neuwied und Berlin 1969, S. 210 f.
28 Karl R. Popper, Die offene Gesellschaft und ihre Feinde, 2 Bde, Bern 1957/58.
29 Ebd. Bd. 2, S. 333.
30 Ebd. S. 334 f.
31 Ebd. S. 334.
32 Vgl. Albert, Traktat, a. a. O., S. 8 ff.
33 Vgl. ebd. S. 163, sowie Habermas, Legitimationsprobleme, a. a. O., S. 146 f.: „Allerdings bleibt auch dieses Programm im Kern nichtkognitivistisch, weil es an der Alternative zwischen Entscheidungen, die rational nicht motiviert werden können, und Begründungen bzw. Rechtfertigungen, die allein kraft deduktiver Argumente möglich sind, festhält."
34 Albert, Traktat, a. a. O., S. 174.
35 Klaus/Buhr, a. a. O., S. 867.
36 Vgl. Karl Marx, Das Kapital, Bd. 1, MEW Bd. 23, sowie: Klaus/Buhr, a. a. O., Artikel „Warenfetischismus", S. 1141, sowie: Peter Bremer; Warenproduktion und Sozialismus, in: Peter Hennicke (Hrsg.), Probleme des Sozialismus und der Übergangsgesellschaften, Frankfurt 1973.
37 Engels, Die Entwicklung des Sozialismus von der Utopie zur Wissenschaft, MEW Bd. 19, S. 224.
38 Bremer, a. a. O., S. 130.
39 Politische Ökonomie des Sozialismus und ihre Anwendung in der DDR, Berlin 1969, S. 263 (zit. nach Bremer, a. a. O.).
40 Lenin, Staat und Revolution, a. a. O., S. 438 f. (die letzte Hervorhebung von mir, P. Gl.).
41 Ebd. S. 440.

42 Klaus/Buhr, a. a. O., S. 1038.
43 Bremer, a. a. O., S. 136.
44 Lenin, Staat und Revolution, a. a. O., S. 477 f.
45 Vgl. Walter Bühl, Konflikt und Konfliktstrategie, München 1972, S. 21.
46 Ebd. S. 11.
47 Vgl. Habermas/Luhmann, a. a. O., S. 61.
48 Zit. nach Fritz Vilmar, Strategien der Demokratisierung, Bd. 1, Darmstadt und Neuwied 1973, S. 31 f. (Hervorhebungen von mir, P. Gl.).
49 Ebd. S. 23.
50 Albert, Traktat, a. a. O., S. 176.
51 Die These tritt in verschiedenen Variationen auf: Hauptvertreter sind Kurt Zieschang, die Autoren von „Imperialismus heute", Berlin-Ost 1967 und Jürgen Kuczynski. Vgl. besonders: Margaret Wirth, Kapitalismustheorien der DDR, Frankfurt 1972, Rainer Petrowsky, Zur Entwicklung der Theorie des staatsmonopolistischen Kapitalismus. In: Probleme des Klassenkampfs 1 (1971). Ich verdanke viele Einsichten über die Stamokap-Diskussion der unveröffentlichten Arbeit von Lothar Kramm „Die Rolle des Staates in der demokratisch-kapitalistischen Gesellschaft", Manuskript. Vgl. auch: „Der Thesenstreit um Stamokap". Die Dokumente zur Grundsatzdiskussion der Jungsozialisten. Reinbek b. Hamburg, 1973.
52 Vgl. Vilmar, a. a. O., Bd. 1, S. 218.
53 Zit. ebd. S. 219 f.
54 Autorenkollektiv, Der Imperialismus der Bundesrepublik Deutschland, Frankfurt 1971, S. 102.
55 Vgl. Lothar Kramm, a. a. O., S. 20.
56 Kluge/Negt, a. a. O., S. 88.
57 Ebd. S. 108 f.
58 Ebd. S. 109.
59 Roland Posner, Diskurs als Mittel der Aufklärung, in: Marlis Gerhardt (Hrsg.), Linguistik und Sprachphilosophie, München 1974, S. 280 ff.
60 Ebd. S. 297 f.
61 Vgl. Albert, Traktat, a. a. O., S. 180: „Die soziale Verankerung einander widersprechender Auffassungen in der jeweiligen Macht- und Interessenkonstellation einer Gesellschaft ist unter kritizistischem Gesichtspunkt nicht ohne weiteres als ein Mangel zu betrachten, denn man kann ja nicht davon ausgehen, daß die Wahrheit — oder das Gemeinwohl — offenbar ist, so daß Kontroversen sich erübrigen müssen, weil irgendwelche privilegierten Instanzen in der Lage sind, die vollkommene Problemlösung zu verkünden ... Andererseits kann aber die Diskussion unter Umständen — wie das ja nicht selten auch im Bereich der Wissenschaft der Fall ist — zu keiner Einigung führen, so daß, wenn sich die politische Entscheidung nicht aufschieben läßt, trotz divergierender Anschauungen eine Lösung dieser Probleme erzielt und durchgesetzt werden muß. Diese Situation kann hier um so eher zustande kommen, als in der politischen Kontroverse Wert- und Sachprobleme miteinander verbunden aufzutreten pflegen und divergierende Wertgesichtspunkte zu verschiedenen Lösungen führen können. Es geht ja nicht in erster Linie um die Wahrheit, sondern um

eine befriedigende Lösung praktischer Probleme. Daß dabei trotzdem in ganz erheblichem Umfang kognitive Fragen und damit auch die Wahrheitsfrage bedeutsam sind, bedarf keiner Erläuterung. Das heißt nicht etwa, daß alle Beteiligten an die gleichen ‚letzten Werte' glauben oder dieselben ‚obersten Ziele' haben müßten, damit ein praktisch wirksamer Konsenz in politischen Fragen erreichbar ist. Vielmehr können bestimmte Lösungen solcher Probleme sehr oft von verschiedenen Gesichtspunkten, von divergenten Wertauffassungen, Interessen her als praktikabel beurteilt werden. Wo ein solcher Konsenz nicht erreichbar ist, müssen aus praktischen Gründen oft Entscheidungsmechanismen in Funktion treten, bei denen die Zahl der Stimmen für oder gegen bestimmte Lösungen den Ausschlag gibt."

62 Für die wissenschaftliche Diskussion über Dialektik vgl.: Karl R. Popper, Was ist Dialektik? In: Georg Lührs, Thilo Sarrazin, Frithjof Spreer, Manfred Tietzel (Hrsg.), Kritischer Rationalismus und Sozialdemokratie, Berlin, Bonn 1975. Sowie: Roland Simon-Schaefer, Dialektik, Kritik eines Wortgebrauchs, Stuttgart-Bad Cannstatt 1973.

63 Vgl. Klaus/Buhr, a. a. O., S. 246.

64 Vgl. dazu Robert Heiss, a. a. O., S. 140 ff.

65 Marx, Das Kapital, Nachwort zur zweiten Auflage, MEW Bd. 23, S. 27.

66 Friedrich Engels, Herrn Eugen Dührings Umwälzung der Wissenschaft, MEW Bd. 20, S. 131.

67 Ebd. S. 128 f.

68 Autorenkollektiv, Ideologie des Sozialdemokratismus in der Gegenwart, Frankfurt 1972, S. 37 f.

69 Bernstein, a. a. O., S. 22.

70 Ebd. S. 26 und 36.

71 Vgl. auch Popper, a. a. O., Bd. 2, S. 51 f., wo es nach einer Darstellung der Hegelschen „dialektischen Triade" heißt: „Ich gebe gerne zu, daß dies keine schlechte Beschreibung der Weise ist, in der sich eine kritische Diskussion und damit auch das wissenschaftliche Denken manchmal abwickeln mag. Denn die Kritik besteht immer in dem Aufweis gewisser Widersprüche oder Diskrepanzen, und der wissenschaftliche Fortschritt besteht hauptsächlich in der Beseitigung von Widersprüchen, wo immer sie auftreten. Aber das bedeutet, daß das Vorgehen der Wissenschaft auf der Annahme der *Unzulässigkeit und Vermeidbarkeit von Widersprüchen* beruht, was zur Folge hat, daß die Entdeckung eines Widerspruchs den Wissenschaftler zwingt, alles zu seiner Beseitigung zu unternehmen; und es ist wirklich so, daß die Wissenschaft zusammenbrechen muß, sobald auch nur ein Widerspruch zugelassen wird. Aber Hegel zieht aus seiner dialektischen Triade einen ganz anderen Schluß. Da Widersprüche die Mittel sind, durch die Wissenschaft fortschreitet, so zieht er den Schluß, daß Widersprüche nicht nur zulässig und unvermeidlich, sondern auch in hohem Grade erwünscht seien. Das ist eine Lehre, die jedes Argument und jeden Fortschritt zerstören muß. Denn wenn Widersprüche unvermeidbar und erwünscht sind, dann besteht kein Bedürfnis zu ihrer Beseitigung und damit muß aller Fortschritt enden."

72 G. W. F. Hegel, Grundlinien der Philosophie des Rechts, hrsg. v. Johannes Hofmeister, Hamburg 1955, S. 274.

73 In: Neue Justiz, Nr. 12/1969.
74 Ebd.
75 Vgl. Poppers Ableitung aus dem § 270 der Rechtsphilosophie, a. a. O., Bd. 2, S. 55 ff.
76 Neue Justiz, a. a. O.
77 Karl Eduard von Schnitzler in: Neue Deutsche Presse 9/1968.

III. Kapitel: *Reformismus und demokratischer Sozialismus*

1 So halte ich die Kritik von Jochen Steffen an Alexander Schwan für völlig berechtigt: Schwan stellt sich nie die notwendige und offene Frage, ob wir mit den uns zur Verfügung stehenden Instrumenten unsere schönen Ziele denn erreichen können. Siehe Jochen Steffen, Strukturelle Revolution, Reinbek bei Hamburg 1974, S. 52 ff.
2 Vgl. auch A. Schwan, Keine Brücke zwischen Vision und Praxis, in: FAZ vom 26. 8. 1974. Schwans Replik tarnt sich bedauerlicherweise als Rezension eines Unbeteiligten. Genausowenig fragen sich allerdings viele Verfasser von Juso-Resolutionen, wohin die von ihnen empfohlenen Instrumente führen würden, wenn man nicht nur über sie reden, sondern sie auch verwenden wollte.
3 Bernstein, a. a. O., S. 140.
4 Paul Sering, Jenseits des Kapitalismus, Regensburg 1948, S. 202. (Hervorhebung von mir, P. Gl.)
5 Vgl. Protokoll Godesberg, a. a. O., S. 103 und S. 14.
6 Steffen, a. a. O., S. 20.
7 Zit. nach Peter Handke, Als das Wünschen noch geholfen hat, Frankfurt 1974, S. 78 f.
8 Vgl. dazu die in diesem Buch zitierten Arbeiten von Popper und Albert, insbesondere Albert, Traktat, a. a. O.
9 Protokoll Godesberg, a. a. O., S. 101.
10 Steffen, a. a. O., S. 82. Vgl. auch S. 90.
11 Horst E. Richter, Lernziel Solidarität, Reinbek bei Hamburg 1974.
12 Vgl. u. a. Renate Damus, Vergesellschaftung oder Bürokratisierung durch Planung in nachkapitalistischen Gesellschaften, in: Leviathan 2/74. S. 179 ff.
13 Vgl. Sering, a. a. O., S. 200 f.
14 Ebd. S. 201.
15 Vgl. Klaus Epstein, Die Ursprünge des Konservatismus in Deutschland, Frankfurt, Berlin, Wien 1973.
16 Karl Mannheim, Ideologie und Utopie, Frankfurt 1952, S. 172 f.
17 Vgl. ebd. S. 182 f.
18 Ebd. S. 220.
19 Ebd. S. 216.
20 Ebd. S. 216.
21 Richter, a. a. O., S. 18.
22 Waldemar von Knoeringen, Anthropologische Orientierung der Politik, SPD-Bezirk Hessen-Süd, Dokumentation zum Bezirksparteitag 1968, S. 8 ff.

1 Vgl. Beschlüsse — Ordentlicher Bundeskongreß der Jungsozialisten in der SPD in München, 25.—27. Jan. 1974, hrsg. vom Bundesvorstand der Jungsozialisten, Bonn.

2 Es gibt — außer verstreuten Äußerungen verschiedener Parteiführer — eigentlich nur zwei Versuche zusammenfassender Würdigung: die in Broschüren veröffentlichten Antworten des Parteivorstandes auf die Münchner und Bremer Beschlüsse der Jungsozialisten. Diese Antworten gehen aber über eine Wiederholung der seit 1959 bekannten Thesen zur Marktwirtschaft, Volkspartei, Parlamentarismus etc. nicht hinaus und sind ganz und gar nicht in der Lage, der emotionalen Durchschlagskraft neomarxistischer Formeln etwas entgegenzusetzen. Vgl. Stellungnahmen, Reihe Jugend, Heft 1 und Heft 2; Herausgeber: Vorstand der SPD, Bonn.
Auch der erste Ansatz einer neueren Diskussion in der Neuen Gesellschaft 1/1972, S. 60 ff., ist noch unbefriedigend. Immerhin gibt es bei Herbert Ehrenberg (Blick zurück nach vorn, S. 60 ff.) erste tastende Versuche einer historischen Analyse des Reformismus und bei Dieter Bauer (Weißer Riese Krise, S. 64 ff.) ein richtiges Gespür für die Thematik: das Thema Krise ist in der Tat zentral und verdiente eine ausführliche Diskussion. Nur sollten sich die kritischen Diskutanten den amüsiert überlegenen Ton abgewöhnen und endlich damit aufhören, ständig mit der (sicherlich richtigen) Erkenntnis hausieren zu gehen, daß die sozialwissenschaftlich ausgebildeten jungen Theoretiker sich nur schwer verständlich machen können: die Sprachkritik ist — bei aller Berechtigung — inzwischen weidlich abgegriffen. Interessant: Bruno Friedrich, Integration ist besser als Konfrontation. Überlegungen zum gegenwärtigen Standort der Jungsozialisten, in: Vorwärts, 3. 2. 1972.

3 Thesen zur politischen Ökonomie und Strategie, a. o. Bundeskongreß der Jungsozialisten in Hannover 11. bis 12. Dezember 1971, o. O. u. o. J.

4 Abgedruckt in JRSO; vgl. Barrington Moore, Soziale Ursprünge von Diktatur und Demokratie, Frankfurt am Main 1969, S. 599/600.

5 Beschlüsse, a. a. O., SS 1—8.

6 Thesen, These 1.

7 Ebd., These 5.

8 Ebd., These 8.

9 Beschlüsse, a. a. O., S. 1.

10 Thesen, These 18.

11 Thesen, These 46.

12 Ebd., These 18.

13 Beschlüsse, a. a. O., S. 1.

14 Thesen, These 54.

15 Ebd., These 20.

16 Ebd., These 53.

17 Ebd., These 27.

18 Ebd., These 48.

19 Ebd., These 51.

20 Beschlüsse, a. a. O., S. 2.
21 Ebd., S. 2.
22 Thesen, These 35.
23 Ebd., These 32.
24 Ebd., These 26.
25 Beschlüsse, a. a. O., S. 5.
26 Vgl. André Gorz, Zur Strategie der Arbeiterbewegung im Neokapitalismus, Frankfurt am Main 1970; ders., Der schwierige Sozialismus, Frankfurt am Main 1969; ders., Die Aktualität der Revolution, Frankfurt am Main 1970; Lelio Basso, Zur Theorie des politischen Konflikts, Frankfurt am Main 1967. — Vgl. zum Einfluß von Gorz und Basso auf die Jungsozialisten auch den vorzüglichen Aufsatz von Norbert Gansel, Die Strategie in der Diskussion der Jungsozialisten, in: Norbert Gansel (Hrsg.), Überwindet den Kapitalismus oder was wollen die Jungsozialisten? Reinbek bei Hamburg 1971.
27 Gorz, Strategie, S. 9.
28 Ebd.
29 Ebd., S. 16.
30 Ebd., S. 17/18.
31 Ebd., S. 17.
32 Ebd., S. 19.
33 Lelio Basso, a. a. O., S. 70.
34 Gansel, a. a. O., S. 99.
35 Aus der Resolution „Wirtschaftspolitik", zit. nach Gansel, a. a. O., S. 89.
36 Gorz, Der schwierige Sozialismus, S. 67 f.
37 Vgl. Moore, a. a. O., S. 578.
38 Gorz, Der schwierige Sozialismus, S. 80.
39 Ebd., S. 80/81.
40 Ebd.
41 Gorz, Die Aktualität der Revolution, a. a. O., S. 51.
42 Ebd.
43 Gansel, a. a. O., S. 98.
44 Gorz, Der schwierige Sozialismus, S. 77 f.
45 Ebd., S. 87.
46 Gorz, Der schwierige Sozialismus, a. a. O., S. 118 f.
47 Ebd., S. 118.
48 Ebd., S. 69.
49 Vgl. Gorz, Sartre und der Marxismus, in: Der schwierige Sozialismus, a. a. O., S. 215 ff.
50 Ebd., S. 117.
51 Ebd., S. 123, Anm.
52 Ich weise noch einmal auf den strategischen Charakter dieser Bemerkungen hin; ich will niemanden überreden, meine Auffassung zu teilen, daß sehr abrupte soziale Wandlungen in westeuropäischen Industriegesellschaften heute nicht lohnen. Nur: Wer trotzdem an ihnen festhält — und, ohne es zu teilen, verstehe ich dieses moralisch-politische Urteil angesichts des Leidens, das in diesen Gesellschaften heute anhält —, sollte sich (und andere) nicht belügen, indem er so tut, als ließe sich der Sozialismus ohne furchtbare Opfer erreichen. Er muß — bei Abwägung der Opfer bei der einen oder der anderen

Handlungsweise — handeln; die Güterabwägung aber sollte auf einer realistischen Analyse beruhen.

53 Jochen Steffen hat dies eingewendet; in Steffen ‚Strukturelle Revolution, a. a. O., S. 255.

54 Ebd.

55 Moore, a. a. O., S. 528, Anmerkung 6.

56 Ebd., S. 144.

57 Ebd., S. 144.

58 Ebd., S. 101.

59 Ebd., S. 491.

60 Ebd., S. 492. Ob man die Theorie von den „Hauptleidtragenden“ übernimmt oder nicht, ist dabei unwichtig: Wichtig ist allein die unbestreitbar richtige These von der Bedeutung der Bauern bei vielen Revolutionen.

61 Ebd., S. 550.

62 An verschiedenen Stellen der Analysen in JUSO, 11/12, 1971, etwa S. 37, aber auch an anderen Stellen.

63 Wolfgang Bauer, China und die Hoffnung auf Glück, München 1971.

64 Vgl. z. B. meine Analyse „Die Mitgliedschaft der SPD in München“, in: Jahresbericht der SPD, Unterbezirk München 1966/67, München 1968 sowie Bruno Friedrich, Anm. 66.

65 Vgl. Bruno Friedrich, Integration und Reform, in: Die Neue Gesellschaft, 2/1972, S. 91 ff.

66 Gorz, der schwierige Sozialismus, S. 80.

67 Gorz, Die Aktualität der Revolution, a. a. O., S. 26.

68 Ebd., S. 26/27.

69 Gorz, Der schwierige Sozialismus, S. 120/121.

70 Steffen, a. a. O., S. 255.

71 Moore, a. a. O., S. 578.

72 Josef Schleifstein, Bemerkungen zu einer Strategie der Arbeiterbewegung, in: 50 Jahre Novemberrevolution, 50 Jahre KPD, Marxistische Blätter, Sonderheft 3/1968, S. 174/175.

73 Gansel, a. a. O., S. 83.

74 Steffen, a. a. O., S. 253.

75 Ebd., S. 254.

76 Ebd., S. 255.

77 Ebd., S. 256.

78 Lans Matthöfer sagt völlig zu Recht: „Diese Zeitungen können jetzt gut von angeblich unnötigen Überspitzungen abrücken. Das neue Regime ist etabliert, der Zweck ist erzielt. Nun kann man das tun, was in der Bundesrepublik populär ist: Man kann demokratische Sprüche von sich geben. In dem Moment, wo es galt, Stellung für die parlamentarische Demokratie zu beziehen und Front gegen den Militärputsch zu machen, hat ein Teil der deutschen Presse und auch ein Teil der Abgeordneten sein wahres Gesicht und seine wahren Interessenprioritäten gezeigt.“ In: Blätter des Bielefelder Jugendkulturringes, Nr. 272, Nov./Dez./Jan. 73/74, S. 32, und vgl. auch M. Kriele, Gründe für einen Putsch, in: DIE ZEIT vom 21. September 1973.

79 Vgl. Dieter Nohlen, Chile, Das sozialistische Experiment, Hamburg 1973, S. 68.

Dieses Buch gibt überhaupt einen breiten, in den Fakten exakten Überblick über die chilenische Entwicklung; Nohlen steht politisch wohl auf der Seite der chilenischen Christdemokraten, die unter Frei zwischen 1964 und 1970 eine sozialreformerische Politik betrieben — aufgrund der sozialen Verhältnisse selbstverständlich weit *links* von den europäischen sozialdemokratischen Parteien, im Prinzip sicher „reformistisch". Eher auf der Seite der UP stehen Boris/Ehrhardt, Chile auf dem Weg zum Sozialismus, Köln, allerdings schon 1971 erschienen und deshalb für die neuere Entwicklung nicht mehr einschlägig. Allendes eigene Position zeigt Regis Debray/Salvadore Allende, Der chilenische Weg, Neuwied, Darmstadt, Berlin 1972. Ferner empfehle ich für die konservative (aber trotzdem demokratische, nicht mit Fälschungen arbeitende) Position den Aufsatz von David Holden, Allende and the Myth Makers im ENCOUNTER, Januar 1974. Mir waren im übrigen sehr nützlich die Berichte, die Karl Heinz Stanzick regelmäßig über die chilenische Entwicklung an die Friedrich-Ebert-Stiftung gab.

80 Vgl. Nohlen, a. a. O., S. 179.

81 Ebd., S. 264.

82 Ebd., S. 174.

83 Ebd., S. 222 u. Anmerkungen.

84 SPIEGEL, 43/1972, S. 134.

85 Matthöfer, in: blätter des bielefelder jugendkulturringes, Nov./Dez./Jan. 1973/74, S. 27.

86 Vgl. Holden, a. a. O., S. 14.

87 Nohlen, a. a. O., S. 213; vgl. auch derselbe, Warum scheiterte Salvadore Allende?, in: aus politik und zeitgeschichte, 20. Oktober 1973, S. 16.

88 Vgl. Holden, a. a. O., S. 15.

89 Ebd.

90 Nohlen, Warum Allende . . . , a. a. O., S. 16.

91 Nohlen, S. 181.

92 Ebd., S. 184.

93 Ebd., S. 198.

94 Ebd., S. 175.

95 Horst Bieber: Wie Allendes Experiment scheiterte, in: DIE ZEIT Nr. 39 vom 21. Sept. 1973, S. 3.

96 Nohlen, Warum Allende . . . , a. a. O., S. 9/10.

97 Vgl. Bieber, a. a. O., Holden, a. a. O., S. 18, Nohlen, a. a. O., S. 177.

98 Vgl. Holden, a. a. O., S. 18. Nohlen, a. a. O., S. 265/266, Stanzick, a. a. O.

99 Bieber, a. a. O.

100 Nohlen, a. a. O., S. 184.

101 Resolution der Sozialistischen Partei auf dem XXII. Parteitag von Chillán 1967, zit. nach Nohlen, Warum Allende . . . , S. 11.

102 Nohlen, a. a. O., S. 306.

103 Bieber, a. a. O.

104 Nohlen, a. a. O., S. 184.

105 Boris/Ehrhardt, a. a. O., S. 281.

106 Nohlen, a. a. O., S. 305/306.

107 In: FAZ, 24. 9. 1974.

108 Matthöfer, a. a. O., S. 27; vgl. auch Matthöfer, Die Lehren, in: Konkret, Febr. 1975.
109 Nohlen, a. a. O., S. 338.
110 Nohlen, Warum Allende . . . , S. 20.
111 Matthöfer, a. a. O., S. 29 f.

V. Kapitel: *Die Programmdiskussion der SPD: Von Godesberg nach Hannover*

1 Protokoll Godesberg, a. a. O., S. 55.
2 Ebd., S. 58 f.
3 Ebd., S. 82.
4 Ebd., S. 83.
5 Ebd., S. 86.
6 Ebd., S. 98.
7 Ebd., S. 99 f. (Hervorhebungen von mir, P. Gl.).
8 Ebd., S. 99 (Hervorhebungen von mir, P. Gl.).
9 Ebd., S. 100 f. (Hervorhebungen von mir, P. Gl.).
10 Ebd., S. 103 f. (Hervorhebungen von mir, P. Gl.).
11 Ebd., S. 13.
12 Ebd., S. 15.
13 Ebd., S. 79.
14 Ebd., S. 87 f.
15 Ebd., S. 181.
16 Ebd., S. 182.
17 Ebd., S. 183.
18 Ebd., S. 17.
19 Ebd., S. 18.
20 Ebd., S. 19 f.
21 Ebd., S. 19.
22 Vgl. die in der Vorlage 3 und 4 zusammengefaßten Anträge zum Bundesparteitag der SPD; vgl. ebenso die Zeitschrift der Jungsozialisten in der SPD, JUSO, Doppelnr. 11/12 1972 mit dem Thema „Langzeitprogramm — kritische Stellungnahme zum Problem einer gesellschaftspolitischen Langzeitplanung , sowie die Reden und Anträge des Bundeskongresses 1973 der Jungsozialisten in der SPD vom 9.—11. 3. in Bonn-Bad Godesberg.
23 Johano Strasser, Strategiediskussion, Rede auf dem Bundeskongreß 1973 der Jungsozialisten in der SPD, Manuskript S. 4.
24 Karsten D. Voigt, Strategie im EG-Bereich, Rede auf dem Bundeskongreß 1973 der Jungsozialisten in der SPD, Manuskript S. 11.
25 Protokoll Parteitag Hannover 1973, S. 115.
26 Vgl. Ota Šik, Der dritte Weg, a. a. O., S. 286 f.
27 Vgl. Claus Offe, Das politische Dilemma der Technokraten, in: Texte zur Technokratiediskussion, hrsg. v. Claus Koch und Dieter Senghaas, Frankfurt 1970, S. 156 ff.
28 Robert L. Heilbronner, Wachstum und Überleben, in: Aus Politik und Zeitgeschehen, B 3/73 v. 20. Januar 1973, S. 28.

29 Dennis Meadows u. a., The Limits of Growth, New York 1972 (deutsche Ausgabe: Die Grenzen des Wachstums, Stuttgart 1972), sowie: The blueprint for Survival, in: The Ecologist, Januar 1972.
30 Heilbronner, a. a. O., S. 35.
31 Ebd., S. 35.
32 Ebd., S. 36.
33 Protokoll Hannover, S. 379 ff.
34 Offe, Dilemma, a. a. O., S. 166.
35 Ebd., S. 161.
36 Ebd., S. 161f.
37 Ebd., S. 165. Die empirische Analyse Offes bleibt richtig, auch wenn man seine Prämissen bezüglich der Kritik am „spätkapitalistischen System" nicht teilt.
38 Protokoll Hannover, S. 100.
39 Ebd., S. 91.
40 Ebd., S. 126.
41 Ebd., S. 127.
42 Ebd., S. 252.
43 Ebd., S. 331.
44 Ebd., S. 965.
45 Ebd., S. 965 f.
46 Ebd., S. 966.
47 Albert, Traktat, a. a. O., S. 95.
48 Das Wachstumsproblem im Langzeitprogramm, in: JUSO, Zeitschrift der Jungsozialisten in der SPD, 11/12 1972, S. 30 ff.
49 Ebd., S. 31.
50 Ebd., S. 32.
51 Ebd., S. 33.
52 Protokoll Hannover, S. 32.
53 Ebd., S. 114.
54 Ebd., S. 186.
55 Ebd., S. 317.
56 Ebd., S. 966 f.
57 Ebd., S. 95.
58 Ebd., S. 96.
59 Allerdings dürften auch schon an diesem Punkt — bei der zentralen Planung — innerhalb der Minderheit krasse Widersprüche auftreten. Die Ablehnung eines Zentralverwaltungssystems nach dem Vorbild der Sowjetwirtschaft ist auch in dieser Minderheit weit verbreitet. Die Alternativen (z. B. Arbeiterselbstverwaltung) sind vielfältig, aber im einzelnen wenig ausgearbeitet.
60 Protokoll Hannover, S. 199.
61 Ebd., S. 218.
62 Ebd., S. 249 f.
63 Ebd., S. 370.
64 Vgl. Protokoll Godesberg, a. a. O., S. 189 und 565.
65 Vgl. Rudi Arndts Beitrag, Protokoll Hannover, S. 291.
66 Protokoll Hannover, S. 969.
67 Vgl. Kapitel IV.
68 Protokoll Hannover, S. 84 f.
69 Ebd., S. 84 f.

70 Ebd., S. 138.
71 Ebd., S. 757.
72 So Norbert Gansel auf dem Parteitag, ebd., S. 377.
73 Voigt, Strategie im EG-Bereich, a. a. O., S. 11.
74 Protokoll Hannover, S. 213 f.
75 Ebd., S. 139. Ich bin auf dem Parteitag allerdings darauf hingewiesen worden, daß die Formulierung Schepsmeiers — und überhaupt die ganze Rede — schon auf dem Bundeskongreß der Jungsozialisten auf scharfe Kritik stieß.
76 Vgl. dazu Kapitel IV, sowie: Jochen Steffen, Kommt der kalte Bürgerkrieg? In: Spontan Nr. 9/72, S. 30: „Wer einem Löwen spielerisch in den Schwanz kneift, darf sich nicht darüber wundern, daß Prankenhiebe, die als Antwort erfolgen, kein Spaß sind."
77 Protokoll Hannover, S. 141.
78 Ebd., S. 329 f.
79 Ebd., S. 967 f.
80 In: Wirtschaftswoche Nr. 20 vom 11. Mai 1973, S. 32.
81 Ebd., S. 31.
82 Die Formulierungen stammen von Johano Strasser, der sie mit Bezug auf das „Bündnis aller nichtmonopolistischen Kräfte" — das er kritisch analysiert — gebraucht. Johano Strasser, Strategiediskussion, Rede auf dem Bundeskongreß der Jungsozialisten, Manuskript, S. 5.
83 In seinem Eifer, die zerstörerische Richtung der SPD nachzuweisen, schreckt Biedenkopf übrigens auch vor unlauteren Methoden nicht zurück. So zitiert er Horst Ehmke folgendermaßen: Die marktwirtschaftliche Ordnung ist „weder gerecht noch vernünftig". Er zitiert — scheinbar — korrekt: Die Worte „Weder gerecht noch vernünftig" hat Horst Ehmke in der Tat gesagt. Die Worte „Die marktwirtschaftliche Ordnung" aber stellen eine (Biedenkopfsche) Zusammenfassung der Charakterisierungen von Fehlentwicklungen der Marktwirtschaft dar. Es ist in Wirklichkeit nicht „die marktwirtschaftliche Ordnung", die er für ungerecht und unvernünftig erklärt. Er hat wörtlich gesagt: „Eine Gesellschaftsordnung, in der jeder Privatmann ‚möglichst noch mit Euro-Dollars beliebige Investitionen machen kann, Verschleißproduktion, umweltfeindliche Produktionen usw. und dann, wenn die Konjunktur überschäumt, werden die öffentlichen Mittel für Kindergärten, Schulen und Krankenhäuser gestrichen — eine solche Gesellschaftsordnung ist weder gerecht noch vernünftig." Diese Art des Zitierens kommt nahe ans Fälschen heran (vgl. Peter Glotz, Kohls Biedenkopf, in: Vorwärts, 24. 5. 1973, S. 5). Vgl.: Protokoll Hannover, S. 199. Vgl. auch eine weitere, ebenso unzutreffende wie mißgünstige Darstellung der Ereignisse des Hannoverschen Parteitags im Handelsblatt vom 19. April 1973: „Wird sich Leistung dann noch lohnen? Das Handelsblatt analysiert die neue sozialdemokratische Wirtschaftspolitik.", Dokumente zur Zeit 2, Sonderdruck.
84 Protokoll Godesberg, S. 213.
85 Protokoll Hannover, S. 199. Biedenkopfs Mahnung, a. a. O., S. 40: „Noch nie hat sich die politische Freiheit und damit politische Demokratie im Angesicht umfassender staatlicher Wirtschaftsplanung durchgesetzt", ist also sozialdemokratisches Gedankengut mindestens seit 1959.

86 Protokoll Godesberg, S. 307 f.
87 Ota Šik, a. a. O., S. 339 f.
88 Ebd., S. 341.

## VI. Kapitel: *Die Zukunft der SPD als Organisation*

1 Protokoll Hannover, a. a .O., S. 102 f.
2 Vgl. Hermann Kahn, Modell für 1980, in: Grosser, Münchmeyer, Oetker, von Weizsäcker, Das 198ste Jahrzehnt, Hamburg 1969.
3 Richter, Solidarität, a. a. O., S. 9.
4 Fritz Vilmar, a. a. O., Bd. I, S. 23.
5 Jochen Steffen, a. a. O., S. 22.
6 Zustimmend dazu Willy Brandt, Über den Tag hinaus, Hamburg 1974, S. 107.
7 Natürlich muß man auch hier jeden einzelnen Fall abwägen. Richard Löwenthals Verdienste um die Sozialdemokratie sind größer als der Schaden, den er als Alibi-Sozialdemokrat in einer Organisation verursacht, die de facto der CDU/CSU zugute kommt.
8 Es wird genau zu überprüfen sein, ob man den hauptamtlichen Apparat der SPD, insbesondere die SPD-Unterbezirksgeschäftsführer, nicht spezifisch daraufhin schulen muß. Überhaupt wird das Berufsbild des hauptamtlichen Mitarbeiters immer differenzierter; ich zweifle daran, daß die innerparteilichen Probleme der SPD auf Dauer mit der heute im Durchschnitt gegebenen Ausbildung (und Bezahlung) der Geschäftsführer zu bewältigen sein werden.
9 Rote Hilfe West-Berlin, Staatsgewalt, Reformismus und Politik der Linken, in: Kursbuch 31 (Mai 1973), S. 47.
10 Oertzen, a. a. O., S. 23.
11 Vilmar, a. a. O., Bd. I, S. 291 (Hervorhebung von mir, P. Gl.).
12 Oertzen, a. a. O., S. 36.
13 Rote Hilfe West-Berlin, a. a. O., S. 58.

# Register